소설, 어떻게 읽을 것인가

소설, 어떻게 읽을 것인가
— 이야기의 이론과 해석

제1판 제 1쇄 2010년 2월 19일
제1판 제11쇄 2024년 6월 28일

지은이 최시한
펴낸이 이광호
펴낸곳 ㈜문학과지성사
등록번호 제1993-000098호
주소 04034 서울 마포구 잔다리로7길 18(서교동 377-20)
전화 02)338-7224
팩스 02)323-4180(편집) 02)338-7221(영업)
전자우편 moonji@moonji.com
홈페이지 www.moonji.com

ⓒ 최시한, 2010. Printed in Seoul, Korea.

ISBN 978-89-320-2037-2 93800

* 이 책의 판권은 지은이와 ㈜문학과지성사에 있습니다.
  양측의 서면 동의 없는 무단 전재 및 복제를 금합니다.

소설, 어떻게 읽을 것인가

이야기의 이론과 해석

최시한 지음

문학과지성사
2010

머리말

바야흐로 '이야기(서사)의 시대'라고 한다. 전자 매체의 발달로 이른바 문화산업이 융성하면서 자주 듣게 된 말이다. 하지만 인간은 '이야기하는 존재'이기에, 인간의 시대는 항상 이야기의 시대였다. 원시인들도 동굴 안에서 입담 좋은 누군가의 이야기에 귀를 기울이며 밤늦도록 울고 웃었다.

소설은 문자언어를 매체로 삼는, 매우 발달된 형태의 이야기이다. 현대가 이야기의 시대라면 이 언어예술은 큰 대접을 받을 것 같은데, 오히려 매체를 종합적으로 활용하는 영화한테 왕좌를 빼앗기고 있다.

그렇다면 이제 소설은 역사의 뒤안길로 사라지고 말까? 세력은 꺾여도 그렇게 되지는 않을 것이다. 말은 가장 편리하고 정교한 삶의 도구일 뿐 아니라, 말을 사용한다는 것 자체가 곧 우리 삶의 핵심을 이룬다. 소설을 쓰고 읽는 행위는 고도로 긴장된 삶을 사는 행위이다. 한 편의 소설이 전개되는 과정, 또 그것을 읽는 과정 자체가 의미 있고 재미있는 체험이요, 진지하게 사는 삶 자체인 것이다. 그러므로 말이 존재하는 한, 형식은 달라질지 몰라도, 말의 예술은 존재할 것이요 그 가치를 잃지 않을 터이다.

소설은 다른 이야기 갈래에 비해 인간의 내면을 깊고 섬세하게 그려낸다. 그리고 온갖 사물과 영향을 주고받는 그 내면의 움직임을 독자 스스로, 정신적으로 체험하게 한다. 시각·청각을 사로잡는 영화나 연극에 비해 감각적 강렬함은 떨어져도, 소설은 내면적 강렬함을 불러일으키고 독자 자신의 삶을 쇄신시키는 장점을 지니고 있다. 이는 소설을 읽다가 자기도 모르게 멈추고, 한참 동안 사색에 빠지는 독자의 모습을 상상하면 얼른 짐작할 수 있을 것이다.

요컨대 소설은 문화산업 시대가 요구하는 스토리의 보고일 뿐 아니라 매우 근원적이고 보편적인 가치를 지니고 있다. 소설을 읽는 일은 체험을 풍부하게 하는 일이요, 값진 내면적 능력을 기르는 활동이다.

오늘의 한국에서 소설은 그 정체와 가치가 적절히 인식되고 있지 않은 듯하다. 소설'에 관한' 조각 정보를 암기하는 데 몰두하는 문학교육 탓도 있지만, 전통적인 이야기, 특히 고소설과 연의류(演義類)를 바탕으로 형성된 효용론적 소설관에 매인 데 원인이 있다. 게다가 근대소설이 일제강점기에 자리 잡다 보니 왜곡도 일어났다. 그래서 한국의 소설계는 비교적 단조롭고 딱딱하며, 대중소설과 외국소설들이 그 빈자리에 왕성하게 기생하고 있다.

 이 책은, 소설을 소설답게 읽고 즐기는 데 도움을 주기 위해 지은 것이다. 무엇보다 소설에 관한 고정관념을 해체하고, 소설 자체를 합리적으로 체험함으로써 사고력과 감성적 능력을 기르는 데 이바지하고자 하였다. 소설을 읽는 동안, 독자는 인간과 환경, 현실과 상상, 이미지와 이념 등이 얽힌 수풀 속에서 멀리 깜박이는 불빛을 향해 나아간다. 지금 한국에서 이 여행 혹은 탐색을 도우려면, 작품 해석의 방법과 과정을 구체적으로 보여주는 한편, 중등학교 문학교육에 대한 비판적 접근이 필요하다. 이 책이 교과서에 자주 실리는 작품들을 주요 대상으로 삼고 읽기의 실제 모습을 보인 것은 그 때문이다.

 본래 이 글은 『함께 여는 국어교육』 2005년 여름호부터 2007년 11·12월호까지 8회에 걸쳐 연재되었다. 책으로 펴내기 위해 다시 보니, 용어와 방법론을 다듬지 않으면 안 될 형편이었다. 그래서 장을 추가하고, 필자가 지은 『소설의 해석과 교육』(문학과지성사, 2005)에서 벌였던 이론적 모색을 덧붙이고 또 다듬다 보니 본래와는 꽤 다른 글이 되었다.

 짧지 않은 시간 동안 애를 쓰기는 썼으나, 그 결과 무엇이 태어났는지 의문스럽다. 소설이란 '무엇인가'보다 그것을 '어떻게 읽을 것인가'에 초점을 두면서, 기존의 이론을 나름대로 정리하고 다시 체계화하려다 보니, 용어를 새로 만들기도 했고, 주(註)를 생략하기도 하였다. 과연 타당한 노릇인지 두렵다. 이제 독자 여러분의 의견을 경청할 따름이다.

  소설 읽기에 왕도는 없다. 그렇더라도 부디 이 책이 이야기 이론에 보탬이 되고, 소설교육의 개선에 이바지하며, 자신의 말과 정신으로 인생을 더 깊이 체험하고 세련시키는 일에 대한 관심을 북돋웠으면 한다.

  원고를 검토해준 동학 여러분과 오래 기다려준 문학과지성사에 감사를 드린다.

2010년 1월
최시한

| 차례 |

머리말 5
일러두기 10

1. 소설, 소설 읽기 11
2. 서술상황과 초점화 26
3. 사건(1) 60
4. 사건(2) – 갈등 90
5. 플롯 113
6. 시간 140
7. 공간 170
8. 인물 195
9. 인물형상화 220

주요 대상 작품 목록 241
참고 서적 249
찾아보기 252

일러두기

* 자주 해석 대상으로 삼은 작품의 목록과 대상 판본 관련 사항을 뒤의 '주요 대상 작품 목록'에 따로 정리해놓았다.
* 각주는 따로 붙이지 않았으며, 참고서적은 필자가 주로 참고하였고 독자들도 참고하면 좋을 것만 골라서 목록을 뒤에 붙였다.
* 용어, 작품 제목 '찾아보기'를 뒤에 붙였으니 사전처럼 활용하기 바란다.
* 자주 사용하는 문장부호의 뜻은 다음과 같다.
  『　』: 장편소설, 저서
  「　」: 단편 및 중편소설
  　/　: 나열
  　\　: 대립, 갈등
  "　": 원문 그대로 인용
  '　': 강조

1 소설, 소설 읽기
•• 기본적인 용어와 읽기 요령

 소설을 어떻게 읽을 것인가에 대해 논의하려면, '소설이란 무엇인가'를 먼저 살펴야 할 것처럼 여겨진다. 이때 소설이라 일컫는 고정된 '무엇'이 있고, 독자는 그 특징에 맞게 '어떻게' 읽어야 한다고 생각하기 쉽다. 하지만 독자가 어떤 글을 어떤 식으로 읽으면 그게 소설이다, 혹은 독자가 어떤 식으로 읽기 때문에 그 글은 소설이 된다고 볼 수도 있다. 이렇게 소설의 특징을 그것을 읽는 방법과 관습의 특징으로 보면, '무엇인가'와 '어떻게 읽을 것인가'는 하나의 문제이다. 여기서는 되도록 그런 입장에 서서 '소설이라 일컫는 것'을 파악해보기로 한다. 이 책을 읽어가면서 파악하는 게 바람직하지만, 일단 착수하는 데 도움을 주기 위해서이다.
 아주 달라 보이는 글들도 다 소설이라고 하는 형편이라서, 사실 소설은 그 윤곽을 붙잡기 어렵다. 그러나 소설이 지닌 모습과 읽는 활동을 여러 면에서 관찰하고 분석하다 보면, 특성이 잡히고 더 적절하게 읽는 길도 찾을 수 있을 것이다. 아울러 그 과정에서 앞으로 이 책에서 펼칠 논의의 기본 틀과 용어도 익히게 될 터이다.

1. 허구적 이야기

사람은 주로 언어로 자기를 표현하고 정보를 교환한다. 소설은 예술품이기 전에, 언어로 된 담화의 일종이요 의사소통 매개체의 하나이다. ㄱ이 어떤 사람이냐는 질문을 받았다고 하자. 우리는 여러 방식으로 대답할 수 있다. ㄱ의 모습과 특징, 그와 관련된 사실 등을 구체적으로 '묘사'하거나 '설명'할 수 있다. 이와는 달리, 어떤 상황에서 ㄱ이 했던 행동을 '이야기'함으로써 그의 성격과 됨됨이를 제시할 수도 있다. 여기서 이야기(narrative, 서사(敍事))란 한마디로 사건의 서술을 가리킨다. 이야기에서는 인물의 행동들이 의미 있게 연결되어 사건을 이루고, 또 그것이 '그래서~, 때문에~' 식으로 인과성 있게 연쇄되어 줄거리story를 이룬다. 이야기의 특징은 사건 곧 '상황 또는 상태의 변화'를 여럿 품고 있는 이 줄거리가 있다는 점이다. 그래서 이야기를 하는 행위는 '줄거리 서술하기' 곧 '스토리텔링storytelling'이요, 이야기 감상하기의 핵심은 '줄거리 잡기'라고 할 수 있다.

인간은 이야기로써 삶을 이해하고 표현하며 영위하는 존재이다. 옛이야기는 물론 성경 같은 경전(經典), 역사 서술, 사건 기사 등이 대부분 이야기라는 사실에서 짐작할 수 있듯이, 이야기는 인간의 기본적인 인식 양식이자 표현 및 전달 양식의 하나이다. 우리가 그 속에 묻혀 살기에 잘 의식하지 못할 뿐이지, 인간은 세상을 '이야기식'으로 파악하고 전달하기에, 이야기 행위는 삶 자체의 핵심을 이루며 그 갈래도 다양하다. 소설은 세상에 널려 있는 이 이야기의 한 갈래이다.

이야기의 제재는 무엇보다 사람이요 사람의 삶이다. 이야기꾼은 경험과 지식, 생각과 감정, 있는 것과 있었으면 하는 것 등을 인물과 사건으로 그리고 결합하여 하나의 세계를 창조해낸다. 그 세계가 실제 경험세계를 모방한 구체적인 것이기에, 경험적 이야기처럼 정말 '있었던' 것으로 간주되든 허구적 이야기처럼 '있을 법한' 것으로 간주되든, 이야기는 누구나 친근하고 흥미롭게 즐길 수 있다. 그리고 그것을 감상하는 동안, 실제 경험세계라면 불가능하거나 큰 대가를 치러야 할 체험을 쉽게 해볼 수 있으며, 갖가지 지식을 얻기도 한다. 특히 허구세계가 극적으로 펼쳐지는 허구적 이야기의 경우, 그 간접적 의사소통 자체가 특수한 체험일 뿐 아니라, 그 체험의 인식적 가치(의미)와 정서적 가치(재미)가 매우 크다. 그 체험은 의식의 차원에서 나아가 무의식의 차원에서도 이루어져, 인간의 근원적 욕망과 꿈을 드러내고 또 성취시킨다.

오늘날 소설은 영화와 함께 허구적 이야기 예술의 대표적 하위갈래이다. 그런데 거의 모든 서술 매체를 종합적으로 사용하는 영화와는 달리, 소설은 언어만을 매체로 사용하는 '이야기문학'이요, 그 언어가 운문이 아니라 산문인 '허구적 산문'이다. 말은 반드시 하는 사람이 있게 마련이므로, 또 소설은 희곡과 달리 대화와 여러 가지 서술이 섞인 산문이므로, 소설에는 창작 주체이자 경험적 존재인 작자와 구별되는 허구적 존재, 곧 서술자라는 서술 주체가 따로 있으며, 서술자의 중개 역할이 내용과 독자의 반응에 큰 영향을 끼친다. 하지만 소설, 희곡, 영화는 모두 이야기이기에 줄거리를 주고받을 수 있고, 허구이기에 상상의 세계를 무한히 펼칠 수 있다.

2. 재미와 의미의 숲

그런데 실제 일어난 사건을 다룬 경험적 이야기도 하는 이에 따라 다르다. 여기서 알 수 있듯이, 이야기에 그려진 세계의 모습과 의미는, 그 제재의 성격은 물론 그것을 바라보고 서술하는 자의 상황과 관점, 서술 자체의 형식 등에 많은 영향을 받는다. 또 이야기는 인물의 행동과 사건의 전개가 그럴듯해야 하고 전체적으로 인과적(因果的)이고 통일되게 구성되어야 하므로, 이야기의 제재들은 작품 구조에 맞추어 원래의 모습이 변하게 된다. 소설 같은 허구적 이야기는 경험적 이야기와 달리 현실 혹은 사실에 구속을 덜 받는데, 그 때문에 서술하는 자가 오히려 더 자유롭게, 또 의미와 표현을 더욱 흥미롭고 강렬하게 하기 위해 사물을 어떤 관점이나 의도에 따라 '낯설게' 변용(變容)하여 표현할 수 있다. 소설 내부의 현실은 외부의 경험 현실을 모방한 '허구(거짓)'이지만, 경험 현실에 얽매이지 않기 때문에 오히려 진실을 압축하고 꿈을 마음껏 펼쳐서 감동적으로 표현할 수 있는 것이다.

여기서 이야기, 특히 허구적 이야기 속의 현실은 경험적 현실을 닮았으되 매우 변용된 현실로서, 어떤 생각과 경험을 간접적으로 표현하고 전달한다는 것을 알 수 있다. 소설의 작자는 어떤 생각과 느낌을 설명문이나 논설문처럼 직접 설명하거나 논증하여 전달하지 않는다. 대신 서술자라는 중개자를 내세워 그의 말로, 하나의 독립된 세계를 형상화(形象化) 혹은 극화(劇化)하여, 독자로 하여금 그것을 자기 머릿속의 모니터(의식공간)에 다시 그려내면서, 그 생각과 느낌을 스스로 체험하도록 한다. 이때 그려진 세계의 모습 자체와, 그에 대한 서술자의 말, 그리고 이 모두의 체험 행위'를 통해' 독자는 재미를 맛보며, 인간과 현실을 새로이 알고 판단하게 된다. 때문에 작자는 이러한 재미와 의미의 숲을 창조하는 자이고, 독자는 그 숲을 걷는 자이다. 이렇게 본다면, 소설은 단순히 의사소통의 매개체라기보다 여러 주체들(창작주체, 서술주체, 시각주체, 행위주체, 독서주체)이 대화하는, 여러 겹으로 된 의사소통의 마당이며, 어떤 면에서 소설 읽기는 대화'에 대한' 대화, 의사소통'에 관한' 의사소통 행위라고 할 수도 있다. 어떤 문제를 풀어가는 과정이요, 과연 어떻게 해야 풀 수 있는가를 모색하는 행위 그 자체일 수 있다는 말이다.

3. 소설의 요소와 층위

앞에서 같은 사건을 다룬 이야기도 하는 이에 따라 달라진다고 하였다. 그런데 하나의 이야기도 읽는 이에 따라 해석이 달라질 수 있다.

이야기 속에 담긴 경험이든 이야기를 하고 듣는(읽는) 행위 경험이든, 의사소통 행위와 관련된 '경험'이라는 것은, 사실 매우 모호하고 유동적이며 주관성을 띠고 있다. 그러므로 소설을 읽는 과정에서 일어나는 복잡한 정신 활동을 이해하고 또 적절히 하기 위해서는, 우선 소설 자체의 구성 요소와 그들이 작용하는 추상적 층위 또는 차원을 나누어 볼 필요가 있다. 물론 하나로 융합된 것을 이렇게 인위적으로 가르는 작업은, 어디까지나 소설 작품과 그와 관련된 활동을 합리적으로 설명하고 더 잘하기 위한 것이다.

[표 1]

줄거리(스토리)		서술
사건	시간	플롯
인물	공간	인물형상화
		초점화

위의 표에 따르면 소설이라는 이야기는 줄거리를 서술한 것이다. 여기서 줄거리는 인물을 포함한, 본래 일어난 순서로 된 사건의 연쇄이다. 줄거리가 '서술된' 것을 가리킨다면, 서술은 줄거리를 '서술하는' 행위 및 그 결과(담화)를 가리킨다. 바꿔 말하면, 서술이 독자가 직접 감상하는 작품 자체를 뜻한다면, 줄거리는 그것을 읽으면서 독자가 이해하고 상상한 것, 그러니까 본래의 인과관계에 따라 재구성된 사건들, 나아가 그것이 존재하는 허구적 현실을 뜻한다(여기서 서술행위와 직접 관련된 '초점화' 같은 것을 따로 분리하여 층위를 셋으로 나누기도 하나, 이 책에서는 따르지 않는다).

소설은 이야기 중에서도 매우 발달된 형태요 말로 만든 예술품이다. '줄거리'가 거의 그대로 작품의 '서술'에 해당하는 단순 형태의 설화, 동화 등과 달리, 소설은 서술이 정교하고 복잡하다. 필요하다면 작은 사건도 길고 자세하게, 또 순서를 바꾸어 인과관계에 관심을 갖도록 서술한다. 그리고 독자가 흥미롭게 끝까지 읽게끔 정보를 조절하여 의문을 일으키고 그 답을 지연시키기도 한다. 그래서 독자가 섬세하게 반응하면서 읽어야 하고, 줄거리도 서술을 요약하고 재구성해야 잡힌다. 이야기를 하는 행위 즉 서술 행위만 보더라도, 소설에서는 서술주체(서술자)의 대상에 대한 앎의 정도, 태도, 위치, 거리 등이 다양하고, 말을 하는 그와 대상을 보는 시각주체(초점자)가 다른 경우도 많다. 한마디로 소설의 서술은 표현을 강화하고 독자의 반응을 북돋우기 위한 갖가지 기법이 사용되어, 행위주체(인물)들의 행동으로 이루어진 줄거리를 '낯설게 한다.'

그 결과, 소설에는 여러 주체와 그들이 존재하는 각 시간 차원의 현실이 뒤섞여 존재한다. 그리고 소설을 읽을 때 독자는 시간이 어느 대목은 빨리 흐르고 어느 대목은 천천히 흘러가는 듯이 느끼거나, 하나의 장면에서 여러 개의 줄거리선(story line)이 교차한다든지 갈라져나간다고 추리하기도 한다. 또 나중 일어난 일을 먼저 읽게 되어 의문에 빠지는가 하면, 어디서는 서술자가 서술한 대로 이해하지만 어디서는 주어진 서술을 바탕으로 스스로 판단하고 상상하여 '읽어 넣는다.' 따라서 작품은 줄거리로 환원되기 어려운 점들을 지니게 된다.

이러한 활동은, 소설과 소설 읽기를 앞 [표 1]의 왼쪽과 오른쪽, 즉 무엇what에 해당하는 줄거리 층위와 어떻게how에 해당하는 서술 층위로 나누어 생각해보면, 잘 이해하고 발전시킬 수 있다. 이야기 작품은 줄거리를 어떤 매체를 가지고, 어떤 형식으로 서술한 결과인데, 줄거리가 비슷해도 이 서술에 따라 작품은 각기 다른 모습과 의미를 지니게 된다. 그러므로 서술된 것만 대강 훑고, 서술 자체의 형식, 혹은 그것을 낳은 서술 행위를 눈여겨보지 않는 독자는, 작품 고유의 색깔과 의미를 섬세하게 읽기 어렵다. 그리고 파악한 줄거리가 과연 적절한지, 어떤 인물을 자기가 그렇게 파악하는 근거는 무엇인지 등을 판단하고 검증하기 어렵다.

4. 소설 읽기

소설을 읽을 때 독자가 상상하는 것, 말하자면 자기 속의 모니터에 떠올리며 관심을 갖는 것은 줄거리 층위의 것들이다. 그중에서도 주로 사건과 인물인데, 이때 크게 두 가지 다른 읽기 활동이 동시에 벌어지는 것으로 보인다. 우선 독자는 어떤 사건이 일어나고 있는가를 파악하고자 한다. 사건을 중심으로, 무엇이 먼저 일어나고 나중에 일어났으며, 그래서 어떤 원인에서 어떤 결과가 빚어졌고 또 빚어질 것인가를 따지고 추측하는, 비유해서 말한다면 일종의 '수평적(시간적)' 활동을 벌인다. 이는 눈으로는 작품에 서술된 것을 그 순서대로 읽으면서, 머리와 가슴으로는 사건을 본래 일어난 대로, 인과관계에 따라 재구성하는 작업이다.

아울러 독자는 갖가지 형태로 제시되거나 암시된 사실들을 행동의 주체 즉 인물 중심으로 모으고 해석한다. 그와 함께 여러 하위사건들을 결합하고 수렴시켜 점차 전체 이야기의 상부(上部) 혹은 심층에, 핵심 사건들을 수렴하여 지배적 갈등을 내포한 중심사건을 설정하고 그 의미를 해석한다. 이러한 작업은 앞의 수평적 활동과 대조시켜 '수직적(공간적)' 활동이라 일컬을 수 있다. 이 활동이 사건과 인물의 구체성이 유지되는 줄거리 층위에서 이루어진다면, 작품의 제재(題材, 구체적·추상적인 재료)와 주제 해석은 다시 그 너머의 추상적 공간인 '주제적 층위'에서 이루어진다.

수평적 읽기가 행동들 사이의 인과관계를 따져서 '어떤 사건이 일어났는가'라는 의문을 해결하는 일이라면, 수직적 읽기는 인물의 욕망과 갈등을 중심으로 작품 전체 구조가 '무엇에 관한 이야기인가'에 대한 답을 마련하는 일이다. 앞이 인과적·통합적이라면 뒤는 연상적(聯想的)·계열적(系列的) 작업이다. 읽기 활동을 두 가지로 나누어 본 이러한 진술은, 소설을 이루는 요소들이 크게 두 가지 종류임을 전제한다. 그것은 인물의 행동처럼 사건 그 자체에 해당하는 것과, 인물 자체와 공간처럼 의미를 형성하고 수렴하는 것(사물), 달리 말하면 사건의 시간 질서 및 인과관계에 묶인 것과 그로부터 비교적 자유로우면서 주제를 형성하고 사건 전개를 돕는 것이다.

〔표 1〕의 요소들은 줄거리/서술의 왼쪽과 오른쪽이 아니라, 이와 같이 위와 아래 즉 (서술 형식이라기보다 '행위'의 문제인 '초점화'는 제외하고) 사건/인물(사물)의 층위로 다시 나누어 생각해볼 수 있다. 앞

에서 소설 읽기를 수평적 활동과 수직적 활동이 복합된 것으로 보았는데, 지나친 단순화를 무릅쓰고 말해보면, 주로 사건 층위는 수평적으로, 인물 층위는 수직적으로 읽는다고 할 수 있다. 사건의 표면적 모습이나 과정만 아는 데 머물고, 그것이 왜 일어났으며 관련 인물과 상황에 궁극적으로 어떤 의미를 지닌 것인가를 읽지 못하는 독자는, 사건 중심의 수평적 읽기에 그치고, 이 두 차원 모두를 대상으로 두 가지 읽기를 고루 하지 못하는 셈이다. 사건의 표층 줄거리 파악에서 나아가, 인물들의 욕망과 작품 전체를 관통하는 심층 갈등을 여러 맥락에서 파악하기 위해서는 두 활동을 종합적으로, 깊이 있게 해야 한다.

한편 이러한 과정에서 독자는 서술된 것을 바탕으로 서술되지 않은 것—생략되거나 암시만 되어 틈으로 남아 있는 것, 내용과 관련된 지식과 정보, 떠오르는 독자의 경험 등—까지 상상하고 연결하면서, 심층에 함축된 것을 드러내거나 비판하는 새 말을 지어낸다. 경험세계에 존재하는 것과 허구세계에 그려진 것을 서로 관련지어 의미를 파악하면서, 서술에서 줄거리로, 다시 표층 줄거리(사건의 겉모습 요약)에서 심층 줄거리(사건의 속뜻 혹은 궁극적 의미 요약)로, 그리고 마지막의 주제적 층위로 나아가는 이것이 바로 작품의 '해석'이다.

이제까지 작품 자체의 구조와 그에 따른 독자의 정신 활동을 중심으로 읽기 또는 해석에 대해 살폈다. 각도를 달리하여, 이번에는 소설 내부의 현실과 외부 현실의 관계 중심으로, 또 그것을 매개하는 언어의 기능 중심으로 살펴보자. 소설을 읽는 동안 독자는 허구세계의 겉모습과 속모습이 무엇과 흡사한가(재현성), 그 자체의 전개가 필연적인가

(인과성), 그리고 어떤 의미가 있는가(진실성 또는 가치성) 등에 관심을 갖는다. 독자는 이 '해석의 세 차원'에서 소설에 그려진 형상을 사회현실의 모방으로 읽기도 하고, 다른 어떤 것을 표현하기 위한 매개체로, 보다 보편적인 무엇에 대한 비유나 상징으로 읽기도 한다. 그 서술에 사용된 언어의 기능을 지시적으로 읽기도 하고 비유적으로 읽기도 하는 셈이다. 현실의 겉모습을 재현했다고 보기 어려운 환상적인 이야기라도 그럴듯하게, 내적 필연성을 지닌 것으로 받아들이는 것은 그 때문이다. 물론 작품에 따라 다르나, 읽는 과정에서 독자는 대개 표층적 읽기를 할 수밖에 없는 초기 단계에는 지시적으로 읽다가 점차 비유적으로 읽게 되는 경우가 많다. 이는 글을 쓰거나 읽는 이가 처음에는 '개인적인 나(자아)'로서 출발하지만 점차 '사회적인 나'로 변해가는 것과 비슷하다.

한편, 독자는 의미 요소들 사이에서 대립(갈등)적 관계나 통합적 관계를 발견 혹은 설정함으로써 의미구조의 논리를 세운다. 이러한 활동에서, 〔표 1〕의 요소들 가운데 특히 시간과 공간은, 허구적 현실의 해석에 필요한 배경지식을 제공함으로써, 해석을 위한 역사적 맥락과 사회문화적 맥락 설정에 도움을 준다. 이러한 여러 활동에는 갈래의 규범, 문학사적 관습, 독서 경험 등, 한마디로 읽기의 관습이 작용하기도 한다.

작품을 잘 읽는다는 것은 이런 종합적 활동, 즉 주체와 객체가 하나 되고, 개인적인 동시에 집단적(관습적)이며, 사람의 이성적 능력과 감성적 능력이 모두 수준 높게 요구되는 언어와 사고 활동을 적절하고 깊이 있게 하는 것이다. 또한 그러기 위해 작품의 줄거리와 서술, 표층과 심층, 작품 자체의 구조와 이들이 의미와 감동을 낳는 여러 맥락 등을 구별하고 적절히 활용하는 것이다.

따라서 소설 읽기의 목표는, 모든 것의 원천이며 견고한 관념인 듯 여겨지는 이른바 '작자의 의도'라든가 '주제' 따위를 찾아내는 데 있다고 하기 어렵다. 사실 주제라는 것도 '작자의 의도'나 '작품 속'에 금고 안의 돈뭉치같이 들어 있다기보다, 작자로부터 독립된 완성체인 작품을 바탕으로, 독자의 해석에 의해 형성되는 것이다. 소설을 읽는 과정은 그것을 쓰는 과정을 닮았는데, 실제로 독자는 눈으로 읽고 있는 이야기를 바탕으로, 작자처럼 종합적이고 창조적인 활동을 하여, 마음속으로 자기 이야기를 쓰기도 한다.

앞에서 사건이란 상황 또는 상태의 변화를 가리킨다고 하였다. 소설은 인간과 그 사회에서 일어나는 변화 혹은 움직임을, 그에 관련된 갖가지 요인과 함께 구체적·총체적으로 서술한다. 예를 들어 윤흥길의 「장마」는 '나'의 할머니와 외할머니가 갈등하다가 화해하는 과정을, 집의 안과 밖, '나' 개인과 '나'가 속한 가정, 나라 등에 존재하는 여러 사실 및 사건과 연관 지어 서술한다. 독자는 그것을 읽으면서, 그들에 관한 자신의 경험과 지식을 새로이 '구성'하고 인식한다. 무슨 동기에서 또 무엇을 중심으로 읽든 간에, 독자는 그러는 동안 모르던 것을 알게 되고, 무엇이 더 인간다우며 가치 있는가를 의식하고 판단하는 힘을 기르게 된다. 대부분의 독자는 재미가 있기 때문에 소설을 읽는데, 그 재미 가운데 가장 바람직한 것이 바로 이런 인식과 각성의 힘을 기르고 발휘하는 재미이다.

  정명환의 말처럼, 문학은 "현실적으로 체험하거나 머릿속에서 상상하는 구체적 사례(事例)를 통해서 진선미(眞善美)와 관련된 일을 한다." 문학의 언어는 단지 어떤 메시지를 전하기 위해서 존재하지 않는다. 그 하나인 소설은 인물과 사건을 가지고 가치 있는 무엇을 체험시키려는 것이지, 이미 정해진 무엇을 확인하고 전달하는 도구가 아니다. 무릇 탁월한 말이 그렇듯이, 좋은 소설은 기존의 관습과 규범이 억압한 것을 풀어놓고, 이기심과 고정관념을 뛰어넘는 가치를 추구하여, 독자를 자기 자신과 현실의 벌거벗은 모습에 직면하게 한다. 따라서 소설을 잘 읽는다는 것은, 정확하게 읽는다기보다 적절하고 깊이 있게, 또 다양하고 세련되게 읽는 것이며, 감동을 맛보면서 사물의 고갱이를 보는 눈을 얻는 것이다. 그것은 '나는 누구이며 어떻게 살아야 하는가'라는, 인간의 궁극적인 숙제를 푸는 데 도움을 주는 지적(知的)이고 정서적인 활동이다.

5. 독자의 기본 자세

  이제까지의 논의를 바탕으로, 소설을 읽을 때 독자가 지녀야 할 기본적인 자세에 관해 간추려보자.

  첫째, <u>스스로</u> 읽어야 한다. 작품 읽기는 정신 활동이요 능력을 기르는 활동이기 때문이다. 이는 '존재의 집'(하이데거)이라는 언어로 하는, 작품에 관한, 또 작품을 통한 앎(지식)과 함(체험, 능력)의 활동이다. 생각하기와 느끼기에도 능력이 필요하고, 이 능력에는 급수가 있다. 또 해석은 궁극적으로 '나'가 하는 것이며, 능력은 주체적으로 많이 해보지 않으면 길러지지 않는다. 소설에 관한 지식이나 남의 말 짜깁기를 소설 읽기와 혼동하는 이가 많기 때문에, 이 당연한 이야기를 굳이 먼저 하지 않을 수 없다.

둘째, 인간과 삶의 모습을 깊이 느끼고 생각하며 읽어야 한다. 작품 읽기는 상상 활동이자 사유 활동이기 때문이다. 사건의 겉모습이나 '눈으로' 대강 훑는 데 그치지 말고, '마음과 머리로' 동감하면서, 사건이 일어나고 전개되는 이유를 따지며, 인물의 욕망과 그것을 가로막는 장애 사이의 갈등을 자기 일처럼 느끼고자 해야 한다. 특히 갈등의 발생 원인과 그 해결 과정에서 인간과 사회의 속내를 깊이 알고 체험할 필요가 있다. 소설 읽기는 작품 안에 있는 하나의 정답을 찾는 일도 아니요 현실에서 벗어나 딴 세상으로 가는 일도 아니다. 그것을 읽는 과정에서 사물에 대해 더 알고, 보다 인간답게 타자와 만날 수 있는 존재로 자기를 성숙시키는 일, 인간의 활동 가운데 아주 중요한 그 활동을 소설이라는 예술 작품을 가지고 하는 것이다. 좋은 소설이란 바로 이러한 활동이 가능하게 하는 작품이다.

셋째, 작품 자체의 질서와 논리에 충실하게 읽어야 한다. 해석은 독자 각자가 하는 것이지만, 각 작품은 고유의 질서와 논리를 지니고 있고 자체의 구조에 따른 의미를 지닌다. 따라서 자기 감정에 사로잡혀 작품 자체에서 멀어지거나(감정의 오류), 작자의 의도를 지레짐작하여 작품을 거기 꿰맞추어서는(의도의 오류) 곤란하다. 소설은 허구요 언어예술이기에, 그 언어는 역사서술이나 논설문의 언어처럼 지시적 기능 위주가 아니다. 소설의 언어가 기록과 증언의 언어일 수는 있으나, 소설이 기록하고 증언하는 방식은 역사나 논설하고 다르다. 또한 소설은 윤리를 진지하게 다루지만, 그 윤리는 기존의 규범적 가르침, 정치적 주장 등과 같은 게 아니라 그들을 반성하고 비판하는 윤리이다. 그러므로 소설 속에 들어 있는 어떤 사실이나 사건을 소설 밖의 그것으로 곧바로 환원시켜 이해한다면, 작품 고유의 질서와 맥락을 소홀히 하는 셈이다. 예를 들어 역사소설은 역사가 아니다. 역사소설 속에 등장하는 역사적 사건과 인물은, 소설의 질료요 전체 작품 구조를 이루는 일부이다. 소설은 사회와 문화의 산물이지만 그것을 초월하므로, 소설에 그려진 사회와 문화는 먼저 소설의 일부로서 해석되어야 한다.

6. '소설'이라는 용어

이 글에서 말하는 소설이란 엄격히 말하면 '근대소설'이다. 한국에서 그것은 조선시대에 발달한 고소설의 전통이 서구의 영향을 받아 변하면서 20세기 초에 틀 잡힌 갈래이다. 일반적으로 18세기 영국에서 형성되어 발전해온 이야기문학의 대표적 갈래, 즉 영어권의 novel과 동일시된다. 이는 근대에 접어들면서 일어난 변화들, 곧 봉건적 신분계급의 붕괴에 따른 시민계층 및 개인의 대두와 정치적 민주화, 산업이 발달하면서 일어난 자본주의의 성장과 도시화 등을 배경으로, 또 이들을 내용으로 삼아 발달해왔다.

2 서술상황과 초점화
•• 누가 어떻게 바라보고 서술하는가

1. 이야기

태초에 '이야기'가 있었다. 아니, 무엇이 있었는지는 모르지만, 그때 일어났다는 일들이 이야기로 전한다. 누가 누구를 낳고, 그가 무엇 때문에……그래서……식으로 이어지는 이야기 말이다. 우리는 그 이야기를 하며, 또 그러는 우리들 자신의 이야기를 만들면서 살아왔다. 한국어에서 '이야기하다'가 '말하다'와 같은 뜻으로 쓰이기도 하는 것은 우연이 아닌 듯하다. 인간의 경험과 지식은 말이 아니라면 후대에 전해지고 쌓이기 어려웠을 터인데, 그 말은 대부분 이야기이다. 그런 뜻에서, 태초에 말이 있었고, 그 말은 거의가 이야기였다.

그런데 태초는 그만두고 어제 하루 동안 일어난 일조차도, 가만히 생각해보면 그 의미와 인과관계가 분명하지 않다. 물론 우리는 어떤 의도를 가지고 행동하여 바라던 결과를 얻기도 하지만, 뜻밖에 우연히 누구를 만나고, 습관적으로 무엇을 먹으며, 어떤 계획에 따라 행동했으나 엉뚱한 결과에 이르기도 한다. 평소에 행실이 나빴던 사람이 오후 3시쯤 계단에서 구르는 것을 보았는데, 그것은 인과응보(因果應報)일 수도 있지만 그렇지 않을 수도 있다.

그럼에도 사람은 경험하고 생각한 것들 중에서 무엇을 택하고 거기에 어떤 뜻을 부여하며 이것과 저것을 연결하여, 마침내 줄거리 있는 이야기를 만들어낸다. 그때 체험한 것에 상상한 것을 보태기도 하고, 우연해 보이는 일들 뒤에 존재하면서 모든 것을 지배한다는 운명이라든가 절대자의 섭리를 설정해 넣기도 한다. 그러지 않는다면, 길 없는 산속에서 헤매듯이, 결국 갖가지 경험의 늪에 빠져 무엇을 졸가리지게 알지 못하거나 살아가는 의미와 목표를 붙잡지 못하게 되기 쉽기 때문이다. 인간은 '이야기하는 존재'이다. 인간의 삶이란 이야기를 만드는 작업, 곧 이야기 형식으로 자기의 삶을 정리하는 동시에, 어떤 '욕망과 특질을 지닌 인물'로 살아가는 자기의 이야기를 창조하는 작업이다. 사람은 '이야기를 한다'는 데서 나아가 '이야기를 산다'고 할 수 있다. 우리가 어떤 자리에서, "솔직히 말해서, 나, 나라는 사람은 말이야……" 같은 말로 자기 삶을 회상하거나 고백하기 시작할 때, 그때 느끼곤 하는 어떤 혼란과 전율을 떠올려보면 짐작이 갈 것이다.

이야기란 무엇인가? 이야기는 소설, 서사시, 전(傳) 등과 같은 역사적 갈래(장르)의 상위(上位)에 놓인 이론적 갈래 양식이다. 여기서 이야기는 좁은 의미의 이야기, 곧 '서사문학'만을 가리키지 않는다. 서구의 수사학은 인간이 무엇을 표현하는 담화 양식을 흔히 설명·묘사·서사·논증(논술) 네 가지로 나누는데, 이야기는 바로 그중 하나인 서사(敍事, narrative)이다. 다른 양식들과 달리 시간성이 보존된 이것은, 한마디로 의미 있게 연결된 '사건의 서술'을 가리킨다. 여기서 사건이란 인물의 행동들로 이루어진 상황 혹은 상태의 변화로서, 시간의 흐름 속에 놓인 것이다. 이 사건이 인과적으로 연쇄되면 주어(인물) + 동사(행동) 형태의 문장을 뼈대로 엮어지는 이야기의 골자 즉 줄거리가 되므로, 이야기는 '줄거리의 서술' 또는 '줄거리가 있는 것'이라고 바꿔 정의할 수도 있다. 이 정의에서 '서술'은 매체를 가지고 사건을 진술하는 행위이자 그 결과(작품, 담화)이다. "소금장수가 깊은 산골로 소금 장사를 떠났다. 호랑이가 배가 고파서 그 소금장수를 잡아먹으려고 했다……"와 같은 옛날이야기는, 그 줄거리와 서술이 거의 같다. 하지만 소설은 서술이 세밀하고 교묘한 데다 규모가 크므로, 독자가 그것을 해석하고 간추려야 그 줄거리를 나름대로 '잡을' 수 있다.

 21세기는 복합매체의 시대이다. 따라서 서술의 매체가 언어 위주가 아니다. 영화처럼 매체를 종합적으로 사용하는 이야기는, 영화관에서 관객이 접하는 그 서술이 언어만이 아니라 몸짓, 영상, 소리 등 여러 가지로 이루어져 있어서, 그 모두를 함께 '읽는' 능력이 있어야 줄거리를 설정할 수 있다.

2. 이야기의 갈래

이야기는 도처에 존재하며, 그에 속하는 갈래도 매우 다양하고 많다. 여기서 이야기는 앞서 지적한 특성 곧 줄거리가 있다는 '이야기성(性)'을 가지고 나눈 이론적 갈래(기본유형)이지, 역사적 갈래 곧 '전(傳)'이나 '신소설' '환상소설' 등과 같이 관습적으로 정해진 특징이 있으며 특정한 어느 시기에 생기고 없어지는 갈래가 아니라는 점에 유의해야 한다. 어떤 화학 성분처럼, 이야기성은 실제로 일상에서 접하는 갖가지 말과 전달 매체에 들어 있을 수 있다. 신문 기사는 기본적으로 이야기성이 지배적인 갈래가 아니지만 그중 사건 기사에는 줄거리가 있다. 또 영화, 연극, (연속)만화 등은 문학이 아니지만, 설화나 소설 같은 이야기문학처럼 줄거리를 지녔으므로 함께 이야기에 속한다.

처음에 이야기는 입말(음성언어)로 하는 '설화(신화, 전설, 민담)' 위주였을 터이나 점차 다양해졌다. 그 가운데 시간적으로 매우 앞서고 중요한 것이 '역사'이다. 설화가 어머니라면, history는 story의 아버지격이다. 이 역사가 실제 일어난 사건을 다룬 경험적 이야기인 데 비해, 상상하여 꾸며낸 사건을 다룬 허구적 이야기가 있다. 대개 이 허구적 이야기, 그중에서도 이야기문학(서사문학)에 속하는 것만을 이야기라고 여기는 경향이 있으나, 그것은 '허구적인 이야기의 상위갈래'이다. 문자가 발명되고 인쇄술이 발전함에 따라 중심 매체가 글말이 되면서 그것이 이야기의 중심에 놓이기도 하였으나, 최근 전자 매체의 발달로 말미암아 영화가 그 자리를 차지해가고 있다. 이렇게 볼 때 '디

[표 2]

	허구성	매체	역사적 갈래
이야기	허구적	언어	(서정문학) 서사시 (서사문학) **소설**, 동화, 설화, (시나리오) (희곡문학) 희곡, 극시
		언어+그림	만화, 그림책
		언어+소리(음악)	라디오 방송극, (줄거리 있는) 노래
		몸짓+소리+(언어)	무용극, 무언극
		언어+몸짓+소리	판소리, 탈춤
		언어+몸짓+소리+그림 등	연극, 오페라, 뮤지컬, **영화**, 텔레비전 드라마, (줄거리 있는) 컴퓨터 게임/뮤직 비디오/시청각 교재/광고
	경험적	언어	(교술문학) 이야기 수필, 전기, 기행문, 기록문학(다큐멘터리), 수기 **역사**, 논픽션, 르포, 사건 기사 (줄거리 있는) 대화/연설
		언어+몸짓	
		언어+몸짓+소리+그림 등	영상 다큐멘터리

지털 시대'를 맞아 이야기하기, 즉 스토리텔링storytelling이 중요시되는 것은 그다지 새로울 게 없는, 당연한 일이다.

  이야기는 허구성 유무, 매체, 창작 목적 등에 따라 여러 가지로 나뉜다. 그 갈래를 정리하면 [표 2]와 같다(표 오른쪽의 역사적 갈래는 이야기의 특성이 지배적이고 현재 존재하는 것들 위주로 추린 것이다. 매체 가운데 '언어'는 입말과 글말 모두일 경우도 있고 그중 하나일 경우도 있다. '그림'은 형상, 색채 등을 포함한다).

이야기는 이렇게 다양하고 또 그만큼 중요하다. 대부분의 예술이 이야기이며, 종교적 가르침을 담은 경전들이나 근본적인 지식을 쉽게 풀이한 책들이 대개 이야기인 것은 그것의 중요성을 웅변해준다. 오늘날 이른바 문화콘텐츠의 중심에 있는 것도 이 이야기이다. 교육 또한 마찬가지여서, 학교에서는 '이야기를' 교육할 뿐 아니라 '이야기로' 교육한다. 과목이 무엇이든 교과서와 교사의 말에는 이야기가 많은 것이다.

이야기는 인간의 체험을 구체적으로, 흥미 있게, 총체적으로 그려내며, 또 그 의미를 되새김질하게 한다. 어린이가 심심하면 이야기를 해달라고 조르거나 만화영화를 보며, 어른도 대화나 소설, 텔레비전 드라마, 영화 등을 통해 타인과 세상 이야기에 몰두하는 것은, 단지 시간을 때우기 위함이 아니다. 이야기를 즐기는 동안 우리는 거기 그려진 것을 뼈대 혹은 바탕 삼아 자기의 경험, 지식 등을 나름대로 재구성하면서, 무엇을 단편적으로 알기보다 총체적으로 체험하며 소통한다. 현실에서 불가능한 것을 마음껏 실현하기도 한다. 한마디로 이야기를 통해 현실을 이해하고 그에 적응하면서 '사는' 것이다. 그러므로 이야기를 하거나 읽다 보면 당연히 인간의 내면과 사회, 문화를 몸으로 새롭게 인식하게 되고, 마음을 다스리고 고양시키며, 사고력과 표현력도 풍부히 기르게 된다.

3. 서술상황과 서술자

등잔불 옆에서 옛날이야기를 하는 할머니와 골똘히 그것을 듣고 있는 아이의 모습을 상상해보자. 할머니의 이야기 속에서는 대개 인물들이 원하는 것을 얻거나 얻지 못하며, 모르던 것을 새로이 알고 발견한다. 이처럼 할머니와 같은 화자(話者)가, 아이와 같이 그것을 듣는 청자(聽者)에게, 어떤 사건에 대해 이야기를 하는 것이 이야기 행위의 기본상황이다. 이야기 행위를 입말이 아니라 글말로 하면, 화자-청자는 작자-독자가 된다.

인간은 경험과 지식을 보존하고 전하려는 역사적·모방적(재현적) 충동에 따라 경험적 이야기를 한다. 또 이와 대조적으로, 꿈과 진실을 담아 즐기고 감동시키려는 낭만적·교훈적 충동에 따라 허구적 이야기를 하기도 한다. 대개 이야기는 그런 충동들이 뒤섞여 태어나는데, 오늘날 이야기에 관한 이론은, 앞의 〔표 2〕에서 보았듯이, 허구성 유무를 기준으로 허구적 이야기와 경험적 이야기를 구분하는 동시에, 각각 그것을 이야기하는 존재 즉 화자 또한 구별한다.

여기서 논의의 범위를 화자가 반드시 존재하고 큰 역할을 하는 이야기, 곧 언어만을 서술의 매체로 삼는 이야기로 좁혀보자. 말이 있으면 말하는 사람, 즉 화자가 있다. 앞에서 이야기를 '사건의 서술'로 정의하였는데, 경험적 이야기에서 사건을 서술하는 화자는 실제 경험세계에 존재하는 역사적 존재, 즉 작자이다. 이야기 수필「은전 한 닢」의 화자 '나'는 작자 피천득인 것이다. 한편 허구적 이야기에서는 경험세계와 구별되는 허구세계가 펼쳐지고, 둘은 밀접하지만 일단 별개의 세계이므로, 각각의 화자도 같은 존재로 볼 수 없다. 「소나기」의 작자는 황순원이지만, 이 작품은 그의 수기(手記)가 아니므로 첫 문장 "소년은 개울가에서 〔……〕 윤초시네 증손녀라는 걸 알 수 있었다"고 말하는 이는 황순원이 아닌 것이다. 이렇게 이야기 행위가 이중으로 벌어지는, 그러니까 작자가 서술(창작)한 이야기 속에서 또 누군가에 의해 서술이 벌어지는 허구적 이야기에서, 그 작중의 화자는 '서술자 narrator'라고 불러 작자와 구별한다. 서술자는 허구세계를 말로써 서술하는 화자로서, 그가 자신이 그려내는 세계 안에 있든 밖에 있는 것처럼 여겨지든, 그 세계 '때문에' 존재하는 허구적 존재이다.

다시 말하면, 소설로 대표되는 허구적 이야기에서는 화자(발신자)-청자(수신자) 관계가 기본적으로 두 겹 혹은 그 이상 존재한다. 작자-독자 관계와 별도로, 그 안에 서술자-작중독자 관계가 존재하는 것이다(둘 사이에 내포 작자 implied author-내포 독자 implied reader의 관계를 한 겹 더 설정하는 경우도 있다). 따라서 독자는 서술자가 작중독자에게 해주는 말을 엿듣거나, 스스로 작중독자라는 허구의 존재가 되어 서술자의 말을 듣는 셈이다. 이를 그림으로 나타내면 다음과 같다.

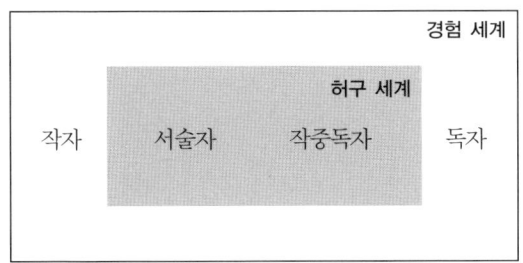

논리적으로 발신자와 수신자는 한 쌍이다. 전자는 후자를 전제하며, 후자가 있어야 서술 행위와 의사전달이 이루어질 수 있다. 하지만 서술 또는 서술된 세계 자체에서 항상 이들의 존재가 구체적으로 드러나 있는 것은 아니다. 특히 허구적 이야기의 경우, 서술자의 존재가 일인칭 서술의 '나'와 같이 허구세계에 구체적으로 드러날 수도 있지만 그렇지 않을 수도 있고, 작중청자 역시 드러나기도 하고 잠복해 있기도 하며, 그 역할이 바뀌기도 한다. 단편소설「눈길」(이청준)의 '나'는 잠복된 작중청자 누군가에게 말을 하는 서술자인데, 어머니가 옛날 일을 말할 때는 청자가 된다. 아내의 노력으로 그렇게 입장이 바뀌면서, '나'는 마음도 바뀌게 된다.

소설을 이루고 있는 말, 곧 그 서술을 하는 자를 서술자가 아니라 작자라고 여기기 쉽다. 하지만 앞에서 살폈듯이 소설은 허구적인 이야기이다. 이는 우선 소설의 '서술에 담긴' 인물과 사건이 허구라는 뜻이지만, 그보다 먼저 그들에 대해 '서술 행위를 하는' 자가 허구적 존재라는 뜻이기도 하다. 소설은 말로 이루어진 환영(幻影)이기에, 그 말을 하는 동시에, 그 말을 통해 존재하는 자도 환영이다. 소설을 창작한 이가 작자임은 분명하지만, 소설은 작가의 수기나 기록(記錄)이 아니기에, 작자는 자기가 창조한 허구세계 안에 하나의 독립된 개체로 존재하지 않는다. 단편소설「사랑손님과 어머니」의 창작 주체 주요섭은 서술주체 '나'(옥희)가 아니고, 그 세계에 살지도 않는다. 말하자면 가족관계 등록부에 이름이 올라 있는 작자는, 거기 이름이 올라 있지 않은 인물들이 사는 세계의 바깥, 즉 경험세계의 시공(時空)에 사는 존재이다. 허구세계가 경험세계를 모방한 것이기는 해도, 그와 본질적으로 다르다는 사실이 여기서 분명히 확인된다. 만약 어떤 학생이 「사랑손님과 어머니」를 읽고 선생님께, "옥희가 유치원생인데 어떻게 이렇게 말을 잘합니까? 있을 수 없는 일이잖습니까?"라고 질문한다면, 그 답은 "소설이니까 있을 수 있는 일이다"가 적절할 것이다. 옥희가 허구세계에 사는 존재이니 그럴 수 있다. 어차피 허구니까 '불신을 알아서 중단하고' 그냥 그럴듯하게 읽어주는 관습이 있다는 뜻이다.

　세상은 이야기로 가득하지만 모든 이야기가 이야기다운 이야기는 아니다. 소설은 말의 예술이다. 말을 일반적인 경우보다 특수하게, 문학적으로 사용한 이야기다운 이야기이다. 이 '꾸며낸' 세계는, 우리가 사는 세계와는 달리 시작(발단)과 끝(결말)이 있으며, 어떤 관점에 따라 소재를 변용하고 결합하여 '만든,' 따라서 우리가 사는 모호한 세계보다 훨씬 인과적이고 질서 있는 세계이다. 그리고 경우에 따라 작자적(전지적) 서술자와 같이 신적(神的)인 존재, 경험세계에는 있을 수 없는 존재가 모든 것을 속속들이 알려주기도 하는 세계이다. 따라서 그것을 읽는 독자 또한 일상생활에서는 하기 어려운 체험을 할 수 있다. 타인의 속마음이나 미래에 닥칠 일을 다 안다든가, 어떤 일관된 논리와 질서, 예컨대 어리석음과 비참한 운명에 휘둘리는 존재로 인간을 바라보는 비극적 세계관에 따라 세상을 바라볼 수도 있다. 이러한 체험을 좀더 적절하고 깊이 있게 하려면, 무엇보다 먼저 소설을 이루고 있는 서술 그 자체를 적합하게 읽을 수 있어야 한다.

　요컨대 서술자는 작자에 의해 창조된 존재로서, '서술'의 주체요 사건과 인물을 독자에게 중개하는 자이며, 궁극적으로 사회와 인간에 대한 작자의 생각을 독자에게 전달하거나 형성시키는 매개자이다. 제1장에서 본〔표 1〕을 활용하여 말해보면, 서술자는 '줄거리'를 '서술'로 바꾸는 자라고 할 수도 있다. 사건 기사를 서술하는 필자가 기자이고 수필을 서술하는 '나'가 수필가 자신인 것과는 달리, 그는 작자와 일단 구별되는 존재이다. 그런데도 이상(李箱)의 단편소설「날개」를 읽고, 그 서술자이자 인물인 '나'를 작자와 혼동하여 '이상은 참 이상한 사람'이라고 한다면, 실은 그 독자가 이상한 사람인 셈이다. 이는 악역만 맡는 배우를 악당이라고 여기는 것과 흡사한 행동이기 때문이다.

오늘날 소설이 앉아 있던 허구적 이야기의 왕좌를 차지해가고 있는 영화는, 연극이 그렇듯이 여러 매체를 사용하는 공연물이므로 엄격히 말해 서술자가 없다. 소설은 오로지 언어만을 매체로 독자에게 이야기를 말하여 '들려준다'고 할 수 있지만, 영화나 연극은 관객에게 직접 '보여주기' 때문이다. 하지만 영화에도 서술자와 비슷한 게 없지 않은데, 그것은 바로 카메라의 렌즈이다. 서술자가 말하거나 전하여주지 않으면 독자가 알 수 없듯이, 렌즈가 보여주지 않은 것을 관객은 볼 수 없다.

4. 초점화, 시점

'아' 다르고 '어' 다르다는 속담이 있다. 같은 말이라도 어떻게 하느냐에 따라 그 뜻이 매우 달라진다는 말이다. 소설에서도 마찬가지이다.

소설의 서술은 일단 모두 서술자의 말인데, 그가 하는 서술 자체의 모습과 그의 서술 태도가 어떠한가, 곧 그가 대상을 독자에게 어떤 태도로, 어떤 관점 혹은 위치에서, 어느 정도까지 중개하느냐에 따라 서술의 형태와 내용이 매우 달라진다.

 소설의 서술은 이론적으로는 모두 서술자의 말이다. 직접화법으로 된 인물의 대화도 서술자가 옮겨주어야 독자에게 전해지니까 일단 그가 중개하는 말이라 할 수 있다. 모두 '서술자의 입김을 쏘인,' 그의 화법 혹은 문체에 따른 말인 것이다. 하지만 대화라든가 자세한 묘사 등을 동원하여 자세히 그려 보여줌으로써 서술자가 개입하지 않은 듯하고, 그래서 독자가 직접 바라보는 것 같은 효과를 일으키는 서술이 있다. 이에 따라 서술자의 개입 정도 혹은 그가 사물을 표현하고 전달하는 양태(모습)를 기준으로 서술을 둘로 나눠볼 수 있다. 서술자는 설명하고 요약하여 들려주기telling를 하기도 하고, 매체가 말이므로 내내 들려주는 방식이기는 하나, 눈에 선하게 장면으로 묘사하여 보여주기showing를 할 수도 있다. 전자가 직접적이라면 후자는 간접적이요, 전자가 추상적이고 주관적·주체(화자) 중심적이라면 후자는 구체적이고 객관적·대상중심적이다.

 보여주기는 들려주기보다 서술자의 개입이 제한적인, 보다 극화(劇化)된 서술방식으로서, 근대에 이르러 크게 개발되었다. 그래서 고소설에서는 장면 묘사를 찾기 어려우나 근대소설에서는 이를 많이 볼 수 있다. 이 둘이 함께 뒤섞여 있는 게 소설의 특징이다. 같은 '이야기 양식'이라도 희곡에는 서술자가 없고 그의 들려주기 또한 없으므로 '이야기(서사) 문학'이 아니다. 희곡은 어떻게든 행동으로 보여주어야(공연되어야) 하는 데 비해, 소설은 때때로 서술자가 그냥 말로 요약하고 풀이하여 들려줄 수 있기에, 특히 인물의 내면이나 사건의 의미를 쉽고 자세하게 표현할 수 있다.

서술 양태로부터 그 서술을 하는 주체로 시선을 옮겨보자. 자세히 살펴보면, 소설에서 말하는 주체는 서술자 말고도 또 있다. 인물도 말을 한다. 화법 형태로 볼 때 소설의 서술은 크게 직접화법으로 따옴표가 붙은 인물의 대화와 서술자의 말인 바탕글(地文)로 이루어져 있다. 그런데 직접화법으로 된 인물의 말 속에도 그가 인용하는 남의 말이 들어 있고, 따옴표가 붙지 않은 서술자의 바탕글에도 인물의 목소리의 흔적이 남아 있는 간접화법 서술이 있다. 화법의 형태가 어떠하든 서술에는 여러 발화주체의 '목소리'가 뒤섞여 있는 것이다.

대상을 '서술하는' 국면이 아니라 '바라보는' 국면, 즉 인식 또는 지각(知覺) 국면에 주목하면 양상은 더 복잡해진다. 서술자는 항상 자기 목소리로 서술하지도 않지만, 자기 눈으로 본 것만을 서술하지도 않는다. 인물의 눈을 통해서나 제3의 위치에서 볼 수도 있는 것이다. 대상들을 '바라보거나,' 어떤 대상에 초점을 맞추어 '보게 해주는' 시각주체, 혹은 독자가 볼 수 있게 빛을 비추어 대상을 드러내는 일종의 광원(光源)은, 상상 이상으로 그 정체가 모호하고 위치 또한 유동적이다. 영화에서 카메라의 위치와 각도가 얼마나 특수하고 자주 바뀌며, 그에 따라 관객이 피사체를 보는 방식이 얼마나 시공을 초월하는가를 생각해보면 대강 짐작이 갈 것이다. 바로 앞 장면에서 두 연인을 한 화면에서 본 관객은, 다음 장면에서 남자의 눈과 일치된(이른바 '시점 샷') 카메라를 통해 여자의 눈에 고인 눈물을 클로즈업하여 본다. 이와 같이 대상을 보고 말하는 행위는 가치중립적인 허공에서 이루어지지 않는다. 항상 어떤 주체(들)가 관여하여, 특정한 태도와 관점을 지니고, 특정한 상황과 이해관계 속에서 이루어지게 마련이다. 따라서 한마디로 각 주체와 그의 태도는 이념적 성격을 띤다.

대상을 인식하는 주체가 대상에 관하여 어느 정도까지 인식하느냐도 이런 서술 행위 관찰에서 중요한 국면이다. 인식주체는 대상의 내적인 부분까지 보고 성찰할 수도 있으며, 외적인 부분만 제한적으로 관찰할 수도 있다. 이는 자기가 자기 이야기를 하는 일인칭 서술에서도 마찬가지이다.

이러한 사실들에서 알 수 있는 것은, 서술자는 중개자로서 매우 중요한 역할을 하되 매우 복잡한 '서술 행위'를 하여, 그 결과 소설의 서술은 매우 다양하고 복합적인 모습과 성격을 지니게 된다는 사실이다. 여러 담화 주체들의 욕망, 가치관 등이 밴 목소리와 시선이 혼합된, 다성적(多聲的)인 특성을 띠는 것이다. 기존의 가치와 관습을 답습하는 통속소설 같은 것은 덜 그렇지만, 소설은 어떤 갈등이 존재하는 세계를 제시하되 그에 대한 판단은 어느 단계에서 중지하거나 심층에 내포시키므로, 이러한 뒤섞임이 활발하게 일어나서 소설의 한 특성을 이룬다. 결국 대상과 그에 대한 생각을 제시하는 방식이 수필, 설명문 같은 글은 직접적이고 단성적(單聲的)이라면 소설은 간접적이요 다성적인 것이다. 소설을 적절히 읽으려면 이러한 서술 자체의 특성을 잘 알고 그에 걸맞게 읽어야 한다. 서술의 상황과 방식, 즉 누가(주체), 언제(시간적 차원), 어디서(조망점), 어떤 입장(관점)으로 보고 말한 것인가를 서술 자체에서 잘 고려하면서, 또 여러 관점과 가치에 대해 열린 자세로 읽어야 하는 것이다.

서술 행위를 살피기 위해 사용되어온 용어 가운데 하나가 '시점(視點)'이다. 시점은 서술자가 허구세계 안에 존재하는가 밖에 존재하는가, 대상을 내적으로 분석하는가 외적으로 분석(관찰만) 하는가를 기준으로 넷으로 분류돼왔다. 그러나 이 이론은 '누가 보느냐'와 '누가 말하느냐,' 달리 말해 '보는 자'와 '말하는 자'를 구별하지 않은 개념이라 하여, 근래에는 앞의 보는 행위 중심으로 '초점화focalization'라는 제라르 주네트의 용어를 주로 쓴다. 이에 따르면, 서술되는 대상을 보고 인식하는 주체 곧 시각주체(초점자focalizer)와 발화주체(서술자)는 구별되며, 전자의 양상이 분류의 주된 대상이 된다.

5. 구별의 기준

이론적으로는 구별되지만, 서술자가 자기 눈으로 보고 자기 '목소리'로 서술하여 두 주체를 겸하는 경우가 많은 데서 짐작할 수 있듯이, 사실 보는 행위와 말하는 행위는 '서술 행위' 속에 뒤엉켜 있다. 그래서 여기서는 초점화에만 국한하지 않고, 서술 행위의 상황 즉 서술상황의 양상을 구별하고 그 특징을 설명하는 데 필요한 기준점들을 아울러 정리해보기로 한다.

- 서술자는 허구세계, 즉 줄거리 안에 존재할 수도 있고 (경험세계는 아니지만) 밖에 존재하는 것처럼 여겨질 수도 있다[일인칭 서술/ 작자적(삼인칭) 서술].
- 서술자는 주로 자기 이야기를 할 수도 있고 남의 이야기를 할 수도 있다(동종서술/이종서술).
- 서술자는 자기의 존재가 드러나게 개입하여 서술할 수도 있고 덜 그러하게 서술할 수도 있다(주권적 서술/제한적 서술).

- 서술자는 대상을 자기의 눈으로 보고 말할 수도 있고, 다른 인식주체가 본 것을 말할 수도 있다. 즉 서술자는 보는 자(초점자)를 활용하지 않을 수도 있고 할 수도 있다(제로초점화 서술/초점화 서술, 혹은 서술자-초점자 서술, 인물-초점자 서술).
- 초점자는 대상을 그 속까지 인식·지각할 수도 있고 겉만 그럴 수도 있다(속 초점화 서술/겉 초점화 서술).

  이 지각의 국면 외에도, 초점자와 대상 (나아가 서술자와 대상) 사이의 관계는 크게 위치(고정/가변/다중), 심리적 태도(거리), 이념적 입장 등의 국면에서 살피고 구분할 수 있다.

  F. K. 슈탄젤은 서술상황을 작자적 서술상황, 일인칭 서술상황, 인물(시각)적 서술상황의 셋으로 나누었다. 그가 분류에 사용하는 기준은 앞의 것들 가운데 세 가지, 곧 서술자가 허구세계 안에 존재하느냐

밖에 존재하느냐, 그의 대상에 대한 태도와 앎의 정도가 주권적이냐 제한적이냐, 그리고 대상을 인물-초점자의 눈으로 보느냐 그런 중개자 없이 직접 자기 눈으로 보느냐 등이다. 이 대립의 짝들에서 앞에 놓인 특징을 강하게 지닌 것으로 세 유형을 잡았는데, 이는 어디까지나 유형을 나누고 서술 행위의 특성을 분석하기 위한 이론적 기준이다. 그러므로 그 경계가 분명하지 않고 실제 작품에서는 혼합된 경우가 많음을, 슈탄젤은 강조하고 있다.

6. 서술상황과 초점화 읽기

앞에 열거한 사항들 가운데 기존의 논의에서 소홀히 해온 것은, 보기는 인물이 보고 서술은 서술자가 하는, 시각주체와 서술주체가 별도인 경우이다. 이야기의 역사를 보면, 시선과 서술의 주체가 모두 작가처럼 여겨지는 한 존재인 이른바 '삼인칭 전지적(작자적) 시점'에 가까운 서술이 주류를 이루었는데, 오늘날에는 두 역할이 나뉜 경우도 많다. 예를 들면 서술자가 허구세계 밖에 있는 작자적 서술상황에서 그가 허구세계 내부의 어떤 인물의 눈으로 대상을 지각(知覺)하고 서술함으로써, 그 서술의 주어를 '나'로 바꾸면 일인칭 서술과 비슷해지는 경우가 늘어난 것이다. 시각주체가 항상 어떤 인물로 여겨지는 것은 아니지만, 어떻든 대상을 반영하는 거울이나, 대상이 독자에게 보이게끔 빛을 비추는 광원에 해당하는 그 존재가 초점자이다. 다음 서술을 보자.

산을 내려오는데 떡갈나무 잎에서 빗방울 듣는 소리가 난다. 굵은 빗방울이었다. 목덜미가 선뜻선뜻했다. 그러자 대번에 눈앞을 가로막는 빗줄기.

비안개 속에 원두막이 보였다. 그리로 가 비를 그을 수밖에.

그러나 원두막은 기둥이 기울고 지붕도 갈래갈래 찢어져 있었다. 그런대로 비가 덜 새는 곳을 가려 소녀를 들어서게 했다. 소녀는 입술이 파랗게 질려 있었다. 어깨를 자꾸 떨었다.

무명 겹저고리를 벗어 소녀의 어깨를 싸주었다. 소녀는 비에 젖은 눈을 들어 한 번 쳐다보았을 뿐, 소년이 하는 대로 잠자코 있었다. 그러면서 안고 온 꽃묶음 속에서 가지가 꺾이고 꽃이 일그러진 송이를 골라 발밑에 버린다.

소녀가 들어선 곳도 비가 새기 시작했다. 더 거기서 비를 그을 수 없었다.

*밖을 내다보던 소년이 무엇을 생각했는지 수수밭 쪽으로 <u>달려간다</u>. 세워놓은 수숫단 속을 비집어보더니, 옆의 수숫단을 날라다 덧세운다. 다시 속을 비집어본다. 그러고는 <u>소녀</u> 쪽을 향해 손짓을 한다.

수숫단 속은 비는 안 새었다. 그저 어둡고 좁은 게 안됐다. <u>앞에</u> 나앉은 소년은 그냥 비를 맞아야만 했다. 그런 소년의 어깨에서 김이 올랐다. (황순원, 「소나기」)

위에는 소나기를 피하려 애쓰는 소년과 소녀의 모습이 서술되고 있는데, 이 작품의 많은 부분이 그렇듯이, 처음에는 그 광경을 초점화하는 위치가 소년 쪽 어디이거나 소년(의 눈)이다. 그런데 *표 부근에서 그것이 소녀로 바뀐다. 거의 모든 서술은 사실 매우 이상스런 존재― 소나기가 내리는 들판에 존재하지 않지만, 작품 밖 어느 곳에 존재한 다고 볼 수도 없는, 이른바 삼인칭 서술자―의 '목소리'로 이루어져 있으나, *표 이후는 주로 소녀가 보거나 생각한 것을 서술한 것이다. 이렇게 초점자가 바뀜에 따라 앞에서는 소녀의 모습, 뒤에서는 소년의 모습이 주로 보이게 된다. 그런데 이때 민감한 독자한테는 그 모습보다 모습을 보는 주체의 상대를 생각하는 안타까운 마음, 곧 앞에서는 소년의 마음, 뒤에서는 소녀의 마음이 절실하게 부각된다. 이러한 초점화를 통해 초점자의 심정이, 그를 통해 상대를 보는 독자의 심정으로 전이되는 것이다.

이런 양상은 몇몇 작품에서만 볼 수 있는 게 아니다. 동화나 설화처럼 단순한 서술이냐 소설처럼 정교하고 복잡한 서술이냐에 따라 물론 차이가 있지만, 대상을 바라보고 서술하는 방식은 한 작품 안에서 고정될 수도 있고 수시로 바뀔 수도 있으며, 여러 방식이 겹쳐 사용될 수도 있다. 그 한 예로, 중편소설 「난장이가 쏘아올린 작은 공」(조세희)에서는 일인칭의 서술자-초점자가 장(章)마다 달라진다. 제1~3장의 '나'가 큰아들 영수, 둘째 아들 영호, 딸 영희로 바뀌는 것이다.

앞에서 소설의 서술에는 창작주체(작자), 서술주체(서술자), 시각주체(초점자)라는 세 주체가 관련되어 있음을 밝혔다. 당연하게도, 여기에는 두 명의 주체가 더 관련되어 있다. 읽기주체(독자)와 행동주체(인물)가 그들이다. 소설에는 이 여러 주체가 존재하는 사회현실은 물론, 그들의 목소리와 시선이 복잡하게 뒤섞이거나 겹쳐 있으므로, 대개 그들 사이의 어떤 엇갈림, 즉 반어(아이러니)적 현상이 일어나기 쉽고, 어떤 서술이 누구의 입장에서 나온 누구의 말인가를 분별하여 읽기 어렵다. 이때 독자와 가장 가까운 존재는 서술자인데, 그와 초점자 사이의 관계, 그리고 그들 각자의 대상에 대한 위치, 태도, 거리, 앎의 정도 등을 섬세하게 고려하지 않으면 안 된다. 이들이 뒤얽혀 이루어지는, 각 작품이 취하고 있는 서술의 상황은, 독자가 인물과 사건에 대한 정보를 얻고 이들을 해석하는 데 매우 큰 영향을 끼치는 까닭이다. 담는 그릇이 바뀌면 물의 모양도 달라지듯이, 서술자가 바라보고 또 말하는 상황과 방식이 조금만 달라져도 이야기는 매우 달라질 수 있다. 「사랑손님과 어머니」를 옥희가 여섯 살인 '지금 현재' 이야기하는 방식으로 서술하지 않고, 먼 훗날 어른이 되어 어머니가 재혼을 포기했던 일을 회상하는 방식으로 서술한다고 가정해보라. 또 아예 서술주체를 옥희 어머니로 바꾸어 그녀가 전체 사건을 바라보고 서술한다고 가정해보라. 매우 다른 작품이 되어버릴 것이다. 이처럼 서술상황과 초점화 방식이 변하면 소설의 형식만이 아니라 내용까지, 주제와 이념까지 달라질 수 있다. 초점화는 단지 '눈으로 보는' 문제에 그치는 게 아니라 '사상석(이념석)으로 보는' 관점의 문세까시 내포한다. 내상을 보고 말하는 행위는, 항상 어떤 태도와 관점으로, 어떤 상황과 이해관계 속에서 보고 말하는 것이게 마련인 까닭이다.

   이런 사실을 고려할 때, 작품의 주된 서술방식에 대한 관찰은 필요하지만, 그 서술상황이나 초점화 방식이 어떤 유형에 속하는가를 너무 따질 필요는 없다. 한 작품의 서술 형식이 고정돼 있지 않은 경우도 많고, 그런 구분 자체가 목적일 수 없기 때문이다. 서술 '형식'에 대한 관심은, 어디까지나 작품을 섬세하게 읽고 더 적절하게 반응하기 위해 필요한 것이다. 따라서, 무리한 분류나 하고 말 게 아니라, 작품을 읽는 동안 자신이 체험한 느낌과 생각이 왜 생겼으며, 그것은 과연 적절하고 가치 있는 것인가를 검증하면서 해석을 심화하는 데 이를 활용해야 할 것이다.

7. 「사랑손님과 어머니」의 서술상황

주요섭의 단편소설 「사랑손님과 어머니」는 많은 사람이 애독해왔고 국어과 교과서에 여러 번 수록되었다. 남녀 간의 은밀하고 애틋한 애정 주고받기라는 소재가 관심을 끌며, 달걀, 꽃, 풍금 같은 사물들을 적절히 활용한 사건 전개, 자연스럽고 긴밀한 구성 등이 돋보이는 작품이다. 특히 어린이의 입말로 서술되기 때문에 시점 혹은 초점화를 교육하는 자료로 자주 사용되어왔다. 하지만 서술방식이 이야기의 역사에서 일반적인 것, 곧 작자적(주권적) 서술이 아닌 데다가 내용과 조화된다고 보기 어렵고, 주제적 가치 면에서도 문제가 없지 않다.

이 소설의 '작품 속의 말하는 이,' 곧 서술자는 '나'이다. '옥희'라는 이름의 이 일인칭 서술자는 주인공이 아니지만 그렇다고 '관찰'만 하는 인물도 아니다. 내외를 하는 어머니와 사랑손님 사이를 오가면서 여러 행동을 하고 통신원 노릇도 하는 행위자로서, 영화로 치면 조연급 인물이다. 옥희는 이 소설에서 초점자인 동시에 서술자여서, 자기 눈으로 보고 자기 목소리로 이야기한다. 또 남 이야기만 하는 게 아니라 자기 이야기도 한다. 옥희는 유치원에 다니는 여섯 살 난 여자애인데, 하는 말이 아이답지 않게 섬세하고 표현도 풍부하다. 하지만 소설에서 그런 점은 별로 문제되지 않는다. 숭고한 얼굴처럼 생긴 바위가 보이는 동네에 하필이면 '어니스트Honest'라는 이름을 가진 사람이 살고(너새니얼 호손, 「큰 바위 얼굴」), 사막에서 난데없이 '어린 왕자'가 나타나 뜻 깊은 말을 해도(생텍쥐페리, 『어린 왕자』) 그래도 될 만하면 '불신을 중지하고' 그럴듯하게 받아들이는 게 소설을 비롯한 이야기 일반의 관습이요 약속이다.

이 작품에서 서술자가 옥희이기 때문에 생겨난 효과는 크게 두 가지로 여겨진다.

첫째, 독자가 이야기에 참여하는 재미를 맛보게 한다. 옥희가 어리다 보니 일반 독자보다 경험이 적고 판단력도 떨어져서, 하는 말을 그대로 믿을 수 없는 경우가 많다. 사실 이 작품의 중심사건, 곧 어머니의 사랑손님에 대한 생각과 감정이 자라고 갈등을 겪다가 좌절되는 과정을 옥희는 잘 알지 못한다. 일반적으로 독자는 서술자를 일단 신뢰한다. 특히 일인칭 서술의 경우는 더 그러한데, 옥희는 '신뢰할 수 없는 서술자'인 것이다. 어머니의 표정 변화가 사랑손님 때문에 일어난 줄 모르고 "어머니가 성이 났다"든가 "어머니가 아픈가 보다"라고 할 때, 독자는 옥희보다 우월한 위치에서, 그 말과는 엇갈리는, 어머니의 마음에 일어난 동요를 엿보고 상상하는 재미를 맛본다. 옥희는 진상을 모른 채 말을 하고 있고, 독자는 사건을 간접적, 부분적으로 제시하는 그 말을 바탕으로 진상을 상상하고 채워 넣는 서술상황인 셈이다.

이러한 상황은 「치숙(痴叔)」(채만식), 「우리들의 일그러진 영웅」(이문열) 등과 비슷하면서도 다른 상황이다. 이 작품들에서도 독자는 '나'의 말을 신뢰하기 어려운데, 그 이유와 불신의 정도는 서로 다르다. 「치숙」의 경우는 '나'가 비판받아야 할 사상, 즉 친일(親日) 사상을 지니고 있는 부정적 인물이기에 그 말을 믿기 어렵다. 한편 「우리들의 일그러진 영웅」은, '나'가 성숙하지 못했거나 부정적인 존재라기보다 갈등에 빠져 있는, 모순적인 인물이기 때문에 그가 하는 말을 거리를 두고 받아들이게 된다(이 작품은 뒤의 제6장에서 자세히 살필 것이다). 그래서 이 두 작품을 읽는 독자는 서술자의 신뢰할 수 없는 면 때문에 재미를 맛본다기보다 비판적 자세를 유지하면서 사태의 진상을 나름대로 파악하기 위해 긴장하게 된다.

옥희가 '신뢰할 수 없는 서술자'이다 보니 「사랑손님과 어머니」에는 엇갈림(반어, 아이러니)이 자주 일어난다. 독자가 맛보는 재미는 주로 이 때문에 생긴다. 앞에서 살핀 '말과 사실 사이의' 엇갈림(표현의 아이러니) 뿐 아니라, 행동의 '의도와 결과 사이의' 엇갈림(행위의 아이러니) 때문에 재미가 나는 때도 있다. 옥희가 철모르고 하는 행동이 의외의 결과를 낳을 때, 독자는 그 엇갈림에서 재미를 느끼며 나름대로 상상의 자유를 누리게 되는 것이다. 예를 들면 이렇다. 유치원에서 어머니께 드리려고 몰래 가져온 꽃을 보고 어머니가 어디서 났느냐고 묻는다. 옥희는 사실대로 말하기 부끄러워서, "사랑 아저씨가 엄마 갖다

주라고 줘"서 가져왔다고 한다. 어머니는 무척 "성을 낸" 뒤에, 그 꽃이 시들자 "찬송가 갈피에 곱게 끼워" 둔다. 결과적으로 옥희의 행동은 사랑손님과 어머니 사이에 애정이 오가게 한 셈이 되었는데, 그 진상을 막상 관련자 세 사람은 모르지만 독자는 안다. 그게 재미있다. 또한 독자는 그런 우발적인 행동이 의외의 결과를 낳게 만드는 상황, 그러니까 옥희는 아버지가 있었으면 좋겠고, 사랑손님과 어머니는 서로 관심을 갖고 있지만 표현은 못하는 그런 감춰진 속내를 상상하고 엿보는 재미를 누린다.

둘째, '순수하고 아름답다는 느낌'을 갖게 한다. 사실 미망인과 남편 친구 사이의 애정 관계는 흔한 소재요, 뻔해지기 쉬운 통속적 이야기이다. 또 한편으로는 눈살이 찌푸려지기 쉬운, 매우 복잡하고 미묘한 감정이 뒤얽히는 상황이다. 그런데 이 작품은 그것을 거꾸로 순진하고 단순한 어린애의 눈과 말로 드러냄으로써, 오히려 순수해 보이며 자세히 알고 싶게 만들고 있다. 많은 독자들이 이 작품에서 순수하고 아름답다는 느낌과 따뜻한 분위기를 맛보는 것은, 주로 어른의 세계를 아이의 시선과 목소리로 제시하는 그 초점화 방식 때문이다. 물론 어머니가 안 치던 풍금을 치다가 다시 치지 않게 되는 예처럼, 행동 변화를 통해 심리를 간접적으로 표현했기 때문이기도 하다.

8. 「사랑손님과 어머니」에서 일어난 사건

그런데 그 '순수하고 아름답다는 느낌'은 과연 적절하고 충분한 반응인가? 막연히 그런 느낌이 들고 또 남들도 다 그렇다고 해서, 그게 반드시 적절하거나 깊이 있게 읽은 결과라고는 할 수 없다.

그 느낌의 적절성 여부를 따지려면 먼저 그것이 무엇에 대한 느낌인지 살펴보는 게 순서일 터이다. 옥희가 서술을 하는 대상은 어머니요 어머니와 사랑손님 사이에서 일어난 사건이니까, 당연히 그에 대한 느낌이다. 그런데 옥희의 어머니, 혹은 그녀와 사랑손님 사이에는 무슨 일이, 왜 일어난 것인가?

옥희 어머니는 현재 "스물네 살인데 과부"이다. 옥희의 나이로 미루어 보면, 그녀는 열여덟에 결혼을 하고 일 년 만에 남편을 여읜 후, 유복자로 옥희를 낳았다. 사건은 옥희네 사랑방에 옥희 아버지의 옛 친구가 하숙을 들면서 시작된다. 남들이 예사롭게 보지 않을 일을, 발표 시기로부터 70년 이상 지난 요새 벌어진대도 입길에 오르내릴 그 일을, 역시 그들과 친구 사이인 옥희의 큰외삼촌이 주선한다. 이는 옥희 어머니 친정에서 처음부터 둘을 결합시키려는 의도가 있었고, 옥희 어머니도 어느 정도 마음의 준비가 되었기에 남의 눈을 의식하면서도 하숙을 허락한 것으로 추측된다. 이는 옥희가 사랑에 갈 때 단장을 시킨다든지 사랑손님이 좋아하는 달걀을 많이 사는 행동 등에서 간접적으로 드러난다.

한집에 사는 작은외삼촌은 요새 세상에도 내외를 하느냐고 자기 누나를 놀리지만, 옥희 어머니와 사랑손님은 내외를 심하게 한다. 하숙을 받을 때부터 계획된 것이 있었기 때문에, 도리어 더 심하게 그러는 성싶기도 하다. 여기에는 두 사람의 성격 탓도 있다. 사랑손님은 고지식하고 마음이 약한 편이어서, 끝내 적극적인 행동을 하지 못한다. 그런데 옥희 어머니가 내외하는 모습을 보면, 그 원인이 그녀의 성격보다 젊은 미망인의 삶에 온갖 제약을 가하는 현실에 있음을 짐작할 수 있다. 이를 보여주는 상징적인 사실이 두 가지 있다. 하나는 동네 사람들이 옥희를 "과부 딸"이라고 부른다는 점이다. 그리고 다른 하나는 옥희네 집 대문이라는 공간적 요소이다. 이 집에는 사랑 대문과 옆대문이 있는데, 옥희 어머니는 늘 옆대문으로만 출입한다. 홀아비도 그런 따돌림과 제약 속에서 살지는 않았던 것으로 미루어, 이는 남녀 차별에 뿌리를 둔 인습이다. 인습이 이렇다 보니, 양쪽 모두와 무람없이 대화하고 행동할 수 있는 옥희가 사건의 매개자와 통신원 역할을 맡게 되는 것이다.

이 작품의 중심사건은 무엇일까? 필자는 '젊은 미망인이 재혼을 하려 했으나 하지 못하였다'라고 본다. 사랑손님에 대한 감정 혹은 재혼을 하고 싶은 욕망이 커지고 그 때문에 갈등을 겪다가 결국 꺾이는 과정이 이 작품의 핵심 줄거리요, 그것을 아주 섬세하게 그린 것이 이 작품의 장점이다. 그 과정은 애정 욕망의 '거부'라기보다 '좌절' 과정이자 재혼의 포기 또는 실패의 과정이다. 이러한 해석은 무엇보다 사건 전개 과정에서 반복되는 그녀의 의미심장한 행동을 근거를 둔다. 이 작품에는 옥희 어머니가 옥희를 안고, 어떤 때는 울기까지 하면서 "엄마는 옥희 하나문 그뿐"이라고 말하는 장면이 네 번이나 나온다. 그 말 뒤에는 '나는 옥희 하나만 바라고 산다' '다른 세상일은 다 관심 없다'는 뜻의 말이 이어지거나 생략된다. 줄거리를 잡을 때 중요시해야 하는 것이 바로 이처럼 반복되는 행동이다.

　사랑손님은 교회에 따라가서 옥희 어머니를 본다. 옥희 어머니는 그것을 알고 무척 얼굴을 붉힌다. 옥희 어머니의 입에서 이 말이 처음 나오는 것은, 그 뒤에 일어난 사건에서다. 옥희가 다락에 숨었다 잠드는 바람에 집안이 발칵 뒤집히는데, 옥희를 찾자마자 어머니가 하는 첫 말이 그 말이다. 이로써 미루어 보면, 교회에서 사랑손님과 대면한 뒤로 옥희 어머니는 마음이 심하게 흔들린 상태였다. 앞에서 짐작했듯이, 사랑손님이 하숙 들어오는 일로 오빠와 말이 오갈 때부터 옥희 어머니의 심리적 갈등은 시작되어 있었고, 하숙을 들이기로 했을 때 이미 한 단계 결심이 섰다고 봐야 한다. 그런데 옥희의 행방불명은 이성(異性)에 대한 감정의 늪에 빠져 있던 옥희 어머니에게 딸의 존재를 돌연히 부각시킨 것이다. 이런 사실과 옥희 어머니의 내면을 간접적으로 드러내는, 아주 적절한 곳에 배치된 사건이다.

　두번째로 이 말을 하는 것은 옥희가 '꽃 사건'을 일으킨 날 저녁이다. 사랑손님이 보냈다는 꽃을 받은 날 밤에, 옥희 어머니는 달빛을 받으며 남편이 죽은 뒤로 한 번도 치지 않았던, 남편이 사준 풍금을 친다. 그리고 울면서 옥희에게 그 말을 한다. 이런 행동은, 마음이 사랑손님 쪽으로 마구 기우니까 불안하여 그냥 하는 행동일 수도 있고, 옥희가 마음에 걸려 결단을 못 내려서 하는 행동일 수도 있다.

　세번째로 이 말이 나오는 것은, 어머니가 사랑손님한테 고백이나 청혼의 말이 적힌 쪽지를 받은 뒤 "참으로 알 수가 없는 노릇"을 되풀이할 때이다. 옥희 어머니는 찬송가를 부르거나 풍금을 치다가 갑자기

울면서 그 말을 한다. 그 반복성이나 격렬함으로 미루어, 아무래도 "시험에 든" 옥희 어머니는 재혼하고 싶은 욕망을 물리치기 힘든 모양이나, "옥희 하나문 그뿐"이라며 체념을 하도록 만드는 강력한 무엇이 있음을 독자는 감지하게 된다.

　마지막으로 그 말을 하는 것은 사랑손님에게 거절 편지를 보내기 직전이다. 옥희 어머니는 비로소 갈등을 정리하면서, 아버지가 있었으면 좋겠다는 옥희한테 이렇게 말한다.

"〔……〕 옥희가 이제 아버지를 새로 또 가지면 세상이 욕을 한단다. 옥희는 아직 철이 없어서 모르지만 세상이 욕을 한단다. 사람들이 욕을 해. 옥희 어머니는 화냥년이다 이러구 세상이 욕을 해. 옥희 아버지는 죽었는데 옥희는 아버지가 또 하나 생겼대. 참 망측두 하지. 이러구 세상이 욕을 한단다. 그리 되문 옥희는 언제나 손가락질받구. 옥희는 커두 시집두 훌륭한 데 못 가구. 옥희가 공부를 해서 훌륭하게 돼두 에 그 까짓 화냥년의 딸, 이러구 남들이 욕을 한단다."

　사랑손님에게 쏠리는 감정과 재혼하고 싶은 욕망을 가로막은 것, 옥희 어머니가 겪어온 심리적 갈등의 한쪽 힘은 '세상'이요 '세상 사람들'이었다. 미망인의 삶을 구속하고 그 자식의 앞날까지 구속하는, 가부장제도(家父長制度) 아래 형성된 남성중심주의와 그 이념이 낳은 '세상'의 인습이었던 것이다〔사실 미망인(未亡人)이라는 말 자체부터가 남성중심주의의 산물이다. 남편이 죽었는데도 '아직 따라 죽지 못한 여인'이라는 뜻을 지녔기 때문이다]. 그러므로 이제까지 살핀 여러 내용과 앞의 서술을 종합하여 볼 때, 옥희 어머니가 재혼을 단념하는 행동은 스스로 원한 것이라기보다 사회의 억압에 의한 것이다. 여성에게만 정절(貞節)과 일부종사(一夫從事), 삼종지도(三從之道) 등을 강요했던 그 이념, 그것이 아직도 강력하게 사회를 지배하여 재혼하는 여자를 "화냥년"이라고 불렀던 1930년대 한국 현실의 억압 때문에, 어쩔 수 없이 자신의 인간적 욕망을 포기하는 것이다.

앞에 인용한 서술에 이어서, 어머니는 옥희더러 "엄마가 늙어서 꼬부랑 할미가 되어두 그래두 옥희는 엄마하구 같이 살"것을 다짐시킨 뒤, "엄마는 옥희 하나문 그뿐"이라는 말을 또 한다. 이 말은 이제 거의 절규나 신음에 가깝다. 그날 밤 거절의 편지를 손수건에 싸서 옥희에게 전달시킨 후, 옥희 어머니는 밤늦게까지 마지막으로 풍금을 친다. 옥희는 그게 "구슬프고 고즈녁한 곡조"였다고 하였는데, 그것은 단순하게 구슬픈 곡조가 아니다. 옥희 어머니가 다소 들떠 있던 앞부분에서 보았듯이, 그녀가 밤중에 풍금을 치는 것은 예사 행동이 아니다. 그것은 사랑손님에게 보내는, '나로서는 어쩔 수 없다'는 편지요, 어쩌면 '당신이 어떻게 해주었으면 좋겠다'는 애달프고 간절한 신호이다. 그러나 그 신호는 전달되지 않는다. 전달되었다 하더라도 아무런 상황의 변화를 가져오지 못한다. 세상은 그녀 편이 아니며, 상대 남자 또한 세상과 맞설 인물이 못 되는 까닭이다.

9. 「사랑손님과 어머니」 읽기 비판—초점화 방식과 이념

이제 돌이켜 다시 살펴보자. 무엇이 '순수하고 아름다운'가? 이제까지 살펴본 이 작품의 중심사건과 갈등, 결말 등은 그와 거리가 멀다. 옥희 어머니와 사랑손님이 맺어지지 못한 사건은 사회적 억압에 의한 개인의 좌절에 가까우므로 비극적이고 슬프기 때문이다. 옥희 어머니의 재혼 포기는, 그녀가 밤중에 옥희 아버지의 옷을 꺼내놓고 만지는 행동에서 알 수 있듯이, 옥희 아버지에 대한 애정이 남아 있기 때문인 면도 있다. 또 자기가 재혼하면 옥희를 제대로 돌보지 못할까 봐, 모성애로 자기를 희생하는 면도 있다. 하지만 이런 점들은 이 작품에서 핵심적인 게 아니라고 본다. 그것들을 지나치게 중요시한다면, 사회적 환경은 소홀히 한 채 옥희 어머니 개인의 내면에서만 원인을 찾는 해석이 되며, 그것도 그녀 자신의 욕망보다 그녀를 열녀나 모성애의 화신으로 보고 싶은 독자의 욕망, 나아가 그런 욕망을 부추기는 사회문화적 이념과 관습의 맥락을 너무 당연시한 해석이 된다.

옥희 어머니의 남편에 대한 애정과 딸을 위한 희생심까지도, 사실은 '순수한' 것이라 하기 어렵다. 이 작품의 시간적 배경이 된 1930년대 한국 현실의 맥락에 놓고 읽을 때, 그런 감정과 의지도 한 남편만 섬기는 게 여자의 도리라는 규범, 남자 호주(戶主)의 피가 섞인 사람만을 자식으로 여기는 제도와 관습, 또 그것들을 어기고 재혼한 여인이나 그녀의 자식을 낮춰 보는 인습 때문에 강제로 품게 된 것일 수 있기 때문이다. 재혼을 하면 자기는 "화냥년"이 되고 자기 딸은 "화냥년의 딸"

이 되는 사회에 억눌려 사는 여자가, 밤중에 죽은 남편의 옷을 꺼내놓고, "주춤하고 앉아서 고개를 위로 쳐들고 눈은 감고 무엇이라고 입술로 소곤소곤 외고 있는" 모습에서 순수함이라든가 희생심을 먼저 느낀다면, 적절한 반응이 아니라고 본다. 그녀가 되풀이해온 말은 "옥희 하나문 그뿐"이지 "옥희 아빠 하나문 그뿐"이 아니다.

요컨대 '순수하고 아름답다는 느낌'은 서술주체이자 인물인 옥희에 대한 느낌이라면 몰라도, 서술 대상, 곧 어머니와 사랑손님에 대한 것이라고는 보기 어렵다. 또 옥희 어머니에 대한 느낌이 '순수하고 아름다울' 수 있다 하더라도 그것은 그녀의 '정숙한 인격'에 대한 것이지 이 작품에 그려진 그녀의 '행동'에 대한 것은 아니라고 본다. 무엇보다 옥희 어머니의 선택은 불순하지도 않지만 순수하다 하기에도 적절치 않고, 아름다움과도 거리가 멀다. 개인으로서의 그녀와 사회인으로서의 그녀, 다시 말해 그녀의 개인적 자아와 사회적 자아는 갈등하고 있으며, 전자가 후자에 의해 억압당하는 까닭이다. 이러한 해석은 물론 앞에서와 같이 작품 자체의 서술을 바탕으로 한 것이다. 이 해석이 적절하다면, 작자 주요섭은 옥희 어머니라는 '청상과부'를 동정하면서, 그녀를 불행하게 만드는 가부장제도의 남성중심주의와 그에 따른 인습을 비판적으로 보기는 했던 셈이다.

그런데 왜 많은 독자들이 그 점을 읽지 않거나 못하고, 또 읽는다 해도 작품 전체나 재혼 포기라는 중심사건에 대해 '순수하고 아름답다'고 느끼며 판단하게 되는 것일까? 이것은 작자나 작품에서 비롯된 문제일까, 독자가 내린 불합리한 판단이나 무비판적으로 따른 어떤 관습에서 비롯된 문제일까?

　이 문제는 이렇게 생각해볼 수 있다. 작자는 옥희 어머니에게 원치 않는 선택을 강요하는 현실에 비판적인 생각을 지니고 있고, 그래서 이를 소재로 소설을 지었다. 그럼에도 불구하고 옥희를 서술자로 삼음으로써 옥희 어머니의 갈등과 좌절을 부드러운 분위기로, 순수하고 아름다운 것처럼 보이게 서술하였다. 그것은 주요섭 자신도, 비판적 의지와는 달리, 그것을 당연하고 아름답게 여기는 인습에 젖어 있었기 때문이다. 아니 어쩌면 그렇게 무의식적으로가 아니라 의식적으로, 남성중심주의를 미화하려는 생각을 여전히 마음 한 켠에 지니고 있었기 때문이다.

　한편 독자들 역시, 놀랍게도 남성이 아닌 여성들까지, 그 남성중심주의를 '자연스러운 것'으로 보도록 세뇌되어 있어서, 신뢰할 수 없는 서술자 옥희의 말을 비판적 시각으로 읽지 못했기 때문이다. 옥희는 어머니를 억압하는 세상의 인습을 제대로 볼 줄 모르는 어린애이므로 독자가 사회와의 갈등 측면을 상상해 넣으면서 읽어야 하는데도, 그 아이의 말에서 재미와 순수함을 주로 느낀 것이다. 독자들이 그렇게 읽는 까닭에는, 소설을 사회문화적 맥락에 놓고 읽는 데 둔감함과 함께, 앞에서 '녹자의 욕망과 그것을 지배하는 관습'이라고 한 것도 작용하고 있는 듯하다. 한국의 독자는 대개 남녀 간의 이른바 '순수한 사랑 모티프'를 맹목적으로 아름답게 보면서 좋아하는 낭만적 태도, '순수한 사랑 콤플렉스'라고 부를 수 있는 그런 태도를 지니고 있다. 아울러 춘향, 심청, 영채(이광수, 『무정』), 초봉(채만식, 『탁류』), 선비(강경애,

『인간문제』) 등과 같이 '가련한 여인'이 나오는 이야기를 좋아한다.

    요컨대 독자는 남성중심주의에 젖어 있고, 소설을 사회문화적 맥락에 놓고 읽는 데 둔한하며, 순수한 사랑 콤플렉스와 가련한 여인 이야기를 좋아하는 문학적 관습에 사로잡혀, 옥희 어머니의 불행을 사실적으로 보지 못한다. 그래서 작가가 남성중심주의를 철저히 극복하지 못하고 채용한 서술자 옥희의 태도와 화법에 끌리어, 그가 서술한 사건 및 인물과의 비판적 거리를 확보하지 못한다. 말하자면 '신뢰할 수 없는 서술자'의 말을 좇아서, 결국 옥희 어머니를 순수하고 아름다운 여인으로만, 독자 역시 옥희처럼 옥희 어머니를 보게 된 것이다.

10. 교육 자료로서의 문제점

    모순된 것들을 잘 조화시킨 까닭에 더욱 탁월해진 작품들이 있다. 비극적인 이야기를 순진한 어린애의 눈과 말로 서술하는 데 성공했기 때문에「사랑손님과 어머니」가 걸작이 되었다고 평가할 사람도 있을 것이다. 이 작품은 사회적 인습에 의한 개인의 좌절을 잘 그리고 있으며, 읽는 동안 그것을 깨닫도록 서술되어 있다고 보는 것이다. 하지만 이 작품에 그려진 현실은 순진한 눈으로 초점화됨으로써 더 진실되고 뜻 깊게 되었다기보다, 오히려 그 비극성이 흐려지고 감춰졌다고 본다. 제재(題材)와 초점화 방식 사이에 괴리가 있다고 보는 셈이다. 이는 이 소설을 옥희 어머니를 일인칭 서술자로 바꾸어 쓴다고 할 경우 어떤 소설이 될 것인가를 짐작해보면 알 수 있다.

초점화 혹은 서술방식은 단지 형식에 그치는 것이 아니라 주제, 이념 등과 밀접한 관계가 있다. 「사랑손님과 어머니」는 그 점을 잘 보여주는 예이다. 작가한테 '자연화'되어 있는 남성중심주의가 서술자 설정과 초점화 방식의 선택에 작용하고 있고, 그것이 작품에 금이 가게 하였기 때문이다. 이 작품에서 '순수하고 아름답다'는 느낌을 받은 독자들은 서술자와 서술 대상을 혼동하고, 이 작품에 깔려 있는 남성중심주의를 당연시하는 잘못에 빠졌다고 할 수 있다.

이렇게 볼 때, 이 작품은 오늘날 교육 자료로서, 특히 서술방식에 관한 교육 자료로서 부적합하다. 첫째, '신뢰할 수 없는 서술'이라는 특수한 서술이기 때문이다. 가장 전통적이고 일반적인 형태인 작자적 서술상황의 삼인칭 서술, 그 자연스럽게 '신뢰할 수 있는 서술'이 미숙한 독자에게 서술의 기본 방식을 지도하는 데 적합할 터이다. 둘째, 초점화 방식이 제재 및 주제의 표현에 효과적으로 이바지하고 있지 않아서, 통일성이 부족한 작품이기 때문이다. 셋째, 남성중심주의라는 바람직하지 않은 이념과 그것에서 비롯된 인습을 긍정적으로 보게 만들 가능성이 있기 때문이다. 이 점은, 지금 한 여성이 옥희 어머니와 같은 처지에 놓였을 때 어떻게 하는 게 옳은가를 생각해보면 확연해진다.

3 사건 (1)
•• 무슨 사건이 일어나는가

1. 사건

사람은 살아가면서 자신과 세상에 관해 끊임없이 인식하고 표현한다. 컴퓨터에 비유하자면, 시시각각 입력하고 출력한다. 이것은 선택의 여지가 없는 삶 그 자체이므로 항상 잘하고자 힘써야 하는 일이다.

소설과 같은 이야기를 읽을 때 우리가 어떤 인식과 표현 활동을 하는지 돌이켜보자. 영화, 연극, 만화 등 각종 이야기들을 감상하는 독자는, 그려진 것 자체를 맛보고 즐기는 쾌락 활동과 함께, 이런 물음들을 줄곧 던지고 대답하는 탐구 혹은 인식 활동을 벌인다―도대체 무슨 일이 벌어지고 있는 거지? 저 인물은 왜 저런 행동을 하는 걸까? 저런 일이 자꾸 벌어지면 결국 어떻게 되지? 이 모든 이야기의 의미는 결국 무엇일까?…… 이야기는 사건의 연쇄요 그 서술이므로, 독자가 이런 질문과 씨름하면서 주로 하는 활동 가운데 핵심적인 것이, 사건의 인과관계를 중심으로 여러 사실과 의미들을 결합하고 해석하는 일, 곧 줄거리 잡기이다.

처음에는 인물과 인물에게 일어난 일들의 겉모습만 부분부분 이해하다가 점차 이들을 거듭 뭉치고 압축해간다. 먼저 어떤 인물이나 사건 중심으로 여러 가닥의 줄거리선story line이 형성된다. 그러다가 점차 규모가 크고, 모든 작은 사건 및 줄거리들이 수렴되는 기둥 비슷한 것, 작품의 심층 또는 상층에 존재하는, 결국은 선(線)이 아니라 한 세트 혹은 뭉치 같은 핵심적 변화 ― 중심사건을 설정해가는 것이다.

여기서 '행동' '사건' '주제'를 논리적으로 구별할 필요가 있다. 인물의 행동은 사건을 이루지만 그 자체가 사건이라고는 하기 어렵다. 사건은 행동에 대한 반응과 해석을 내포하기 때문이다. 이와 비슷하게, 사건은 해석을 내포하지만 주제와 구별된다. 미역으로 끓인 미역국이 미역이 아니듯이, 사건은 작품을 이루고 그 지배적 의미를 형상화하지만, 앞에서 주제적 층위라고 부른 공간에 존재하는 추상적 의미 자체는 아니다. 사건은 허구세계의 시간적·공간적 물리성이 존재하는 줄거리 층위의 '형상'인 것이다.

설명을 더 자세히 해보면 이렇다. 일단, 사건이란 행동들의 결합이다. 물론 행동은 외면적인 것뿐 아니라 내면적인 것도 포함한다. 행동은 그 주체, 곧 인물이 있어야 하는 것이므로 기본적으로 주어와 동사의 연속으로 진술되며, 마디별로 뭉쳐지고 인과관계에 따라 연쇄된다

(S_1+V_1, S_2+V_2……). 이 연쇄가 '줄거리'이다. 그러므로 사건은 줄거리를 구성하는 단위이자, 마지막에는 한 작품의 줄거리 전체를 하나의 사건으로 볼 수도 있으니까, 심층에서는 줄거리 자체일 수 있다. 여기서 연속된 행동들을 어떤 수준에서 어떤 규모로 끊어서 하나의 '사건 기본단위'(화소, 모티프)로 잡느냐에 따라 전체 사건의 크기와 수가 정해짐을 알 수 있다.

사건은 어떤 내면적·외면적 변화를 내포한다. 시간 속에서의 변화나 움직임이 없다면, 말하자면 오늘이 어제와 같고 이 장면이 저 장면과 똑같다면, 사건은 벌어지지 않은 셈이기 때문이다. 따라서 사건은 의미 있는 '상황 또는 상태의 변화'라고 정의된다. 이야기가 시간예술인 것은 바로 이 상황의 변화를 내포하기 때문이다. 또 단편소설, 장편소설 등의 갈래 구분은, 서술 분량도 분량이지만, 이 상황 변화의 규모 즉 사건의 크기를 기준으로 삼은 것이라 할 수 있다.

사건이 상황의 변화라면, 논리적으로 단순화시켜 볼 때, 사건은 두 개의 상황, 즉 처음상황과 끝상황으로 구성되며, 변화를 일으키고 전개시키면서 이를 통해 해결되는 갈등을 내포한다. 그러므로 한 사건은, 작은 단위든 큰 단위든, 기본적으로 다음과 같은 형태, 곧 2~4문장(화소)의 한 연속체 sequence 형태로 정리될 것이다.

- 형태 1:   처음상황   ……⟶ 끝상황
- 형태 2:   처음(갈등 내포) 상황 ……(해결 시도)……⟶ 끝상황(결과)
- 형태 3: (원인 1) …… 처음상황 …… (원인 2) ……⟶ 끝상황

독자는 읽는 과정에서, 작품 속에서 일어나는 크고 작은 변화를 다 사건으로 판단할 수는 없으므로, 전체 이야기에서 그것이 차지한 비중과 기능, 해당 서술의 양 등을 고려하여 사건을 정하고 나눈다. 그리고 다시 여러 사건들을 뭉쳐서 더 크고 중요한 사건을 계단식으로 해석하고 '설정해'가는 것이다. 소설을 읽는 과정은 이렇게 작은 사건들이 중심사건을 형성하는, 혹은 작은 사건들이 중심사건에 수렴되어 그 수가 줄어드는 과정이다. 이는 사건의 모습과 의미가 구체적인 것에서 추상적인 것으로, 매개적인 것에서 핵심적인 것으로, 표층적인 것에서 심층적인 것으로, 주변적인 것에서 지배적인 것으로 바뀌는 과정이기도 하다. 소설의 전통 형식을 무너뜨리거나 혁신시키려는 실험적인 소설들—부조리소설, 반소설(反小說), 포스트모더니즘 소설 등—은 흔히 이 변화나 변화의 논리(인과성)와 정도를 없애거나 약화시켜서 무슨 사건이 일어난 것인지 얼른 파악하기 어려운 경향이 있는데, 이는 사건이 그만큼 소설의 중심 요소임을 반증해주는 사실이다.

얼핏 보기에 사건은 아주 자명한 듯하지만 그렇지 않은 경우가 많다. 함께 줄거리를 이루는 요소라도, 인물과 공간은 비교적 독자의 머리에 떠오르는 구체적인 형상을 지니고 있는 데 비해, 사건은 그렇지 않은 편이다. 기본적으로 '사건'은 추상명사이다. 그것을 이루는 '상황'과 '변화'는 시간의 흐름 속에 존재하는 추상적이고 유동적인 것이다.

그런데 사건도 처음에는 구체적인 모습을 띠는 것처럼 보인다. 소설에는, 논설문, 설명문 등과 같이 '형상(形象)'을 그리지 않는 글과는 달리, 세상에 존재하거나 사람이 상상할 수 있는 것들이 외면은 물론 내면까지 모습과 행동으로 그려져(형상화되어) 있다. 예를 들면 인물이 누구와 만나는 행동이라든가 그가 일하는 회사가 위기에 빠지는 과정이 자세히 서술되어 있는 것이다. 이런 겉모습 또는 표층 차원에서의 움직임이나 변화도 '상황의 변화'에 속하므로 하나의 사건, 이를테면 '표층적 사건'이라 할 수 있다.

하지만 '변화'는 표면적 모습이나 움직임이라기보다, 이들을 통해 알 수 있고, 이들에서 파악된 어떤 의미 혹은 해석을 내포한 말로 표현되게 마련이다. 따라서 사건은 서술 층위에 그려진 인물의 행동이나 상황 전개의 겉모습 자체라기보다, 궁극적으로 그것을 해석·판단하고 요약한 것으로서, 줄거리의 심층에 존재한다. 동화라든가 모험소설 같은 것은 사건이 서술에 드러나 있고, 서술자가 그에 대한 설명까지 해주기도 한다. 그래서 '주로 서술된 사건'과 '중심사건을 요약한 서술'이 비슷하다. 하지만 대부분의 근대소설에서 서술자는 되도록 뒤로 물러나 사건을 극적(劇的)으로 묘사하고 그에 관한 정보도 제한하거나 지연시키기에, 독자가 나름대로 상황 변화를 해석하고 요약, 즉 추상화를 해야 한다. 그러므로 사건은 소설 어딘가에 고정적으로 담겨 있거나 서술되어 있다기보다 독자와 작가가 만나는 독서 공간에, 소설의 모든 요소들이 수렴된, 여러 관련 주체와 객체의 합작품으로서 존재하며, 또 그 정체가 매우 유동적이게 된다.

사람이 살면서 무수히 겪는 사건들도 곰곰 따져보면, 그 정체 혹은 본질이 이것이라고 생각하다 보면 저것 같고 저것이라고 생각하면 이것 같다. 붙잡았다 생각하는 순간 미끄러져나가는 것이다. 소설의 '사건 요약·해석하기'도 그와 같아서, 그게 잘 되고 못 되고는 정확함이 아니라 적절함으로 판단하게 된다. 이는 독자의 감수성, 사고력, 표현력 등의 정신 능력과 가치의식, 현실에 관한 경험과 지식 등을 종합적으로 요구한다. 소설 읽기는 이들을 종합하고 발전시키는 일종의 정신 훈련 과정이기도 하다.

「메밀꽃 필 무렵」(이효석)의 중심사건, 곧 이 작품에 주로 그려진 상황의 변화 가운데 가장 핵심적인 변화는 어떻게 표현할 수 있을까?

허생원 일행이 봉평장을 다 본다 → 대화장을 보러 밤길을 간다

이와 같은 요약도 물론 필요하지만, 이는 너무 행동의 겉모습만, 즉 서술 표층의 변화만 간추린 것이다.

허생원이 외톨이로 산다 → 아들과 만난다(가족이 생긴다)

이는 사실에 어긋난다고 볼 수 있다. 나중에 그런 일이 일어나리라 짐작할 수는 있지만, 이 작품에서는 가족과 만나기는커녕 아직 동이가 아들인지 아닌지도 확실하지 않은 상태이기 때문이다. 그보다는 다음이 '지금 여기서 일어난' 일에 가깝다.

허생원이 동이를 남으로 안다 → 아들일지도 모른다고 생각한다

하지만 이것은 주변적 혹은 지엽적인 사건을 너무 중심에 놓은 듯하다. 이 사건은 작품의 후반부에서 주로 서술되며, 중심적 사건이라기보다 곁들여 벌어지는 보조적 혹은 파생적 사건이라 볼 수 있는 까닭이다. 이 작품을 허생원의 소망 → 성취의 이야기로 볼 가능성이 없지 않으나, 작품 전면(全面)을 고려하면, 그리고 일단 서술의 전면(前面)에 집중적으로 서술된 것 위주로 파악해보면, 다음이 더 중심사건으로 적합할 듯하다. 물론 이것도 보는 이에 따라 심층적 사건이라기보다 표층적 사건에 가깝다고 판단할 수는 있다.

허생원이 동이와(허생원과 동이가) 싸운다 → 화해한다

허생원과 동이는 충주집에 대한 애욕(愛慾) 때문에 싸운다. 그리고 화해를 하는데, 그 최종 상황을 보여주는 것이 젊은 동이가 늙은 허생원을 업고 물을 건너는 행동이다. 독자는 '허생원을 초점자로 삼은' 서술을 통해 둘이 부자간일지 모르며, 그러니 허생원도 자기의 나귀처럼 자식을 얻게 될 것이라는 사실을 짐작하고 또 바라게 된다. 하지만 그것은 싸웠다가 화해하는 중심사건의 전개 과정에 덧붙은, 후반부에 벌어진 사건이므로 이 '작품의' 중심사건이라 보기 어렵다. 이에 대하여는 다음 제4장에서 더 논의할 것이므로 여기서 그친다.

어떤 사람은, 「메밀꽃 필 무렵」의 중심사건에 대해 너무 거리가 먼 생각을 해왔다고, 또 짧은 소설인데도 중심사건을 얼른 붙잡지 못했다고 속상해할지 모르겠다. 하지만 꼭 그렇게 생각할 일은 아닐 것이다.

독해력의 수준이 마음에 들지 않게 된 원인은, 많이 읽지 않은 탓도 있겠지만, 사건이라든가 작품의 의미가 '소설 속'이나 '작자의 의도' 따위에, 금고 안의 물건처럼 들어 있는 듯 여겨서, 그것을 꺼내거나 누가 가르쳐주는 대로 외우면 된다고 생각하는 불합리한 교육과 읽기 습관 탓이 크다. 또한 사건이라는 것의 본질, 또 그에 내포된 의미 혹은 진실의 특성에 대한 이해 부족도 한 가지 원인이 된다.

이러한 점들을 넘어서려면, 이미 앞의 제2장에서 실감하였지만, 소설이라는 문학적인 글 읽기와 문학적이 아닌 글 읽기의 차이에 대해 살필 필요가 있다.

2. 사건과 현실

사건의 해석이 쉽지 않거나 사람에 따라 차이가 나는 것은, 함께 교통사고를 목격한 사람들 간에도 하는 말이 다른 경우가 있는 것처럼 어쩌면 자연스런 일이다. 삶이 본래 그러하고, 소설이 그러한 삶을 특정한 기준으로 판단해준다기보다 재현하여 체험시키는 갈래이기에, 오히려 이렇게 선명하지 않은 점, 따라서 실제로 무엇이 일어났는지를 파악하기 어렵고, 작품이 허용하는 범위 안에서이지만, 독자에 따라 달라질 수 있다는 점이 소설의 특징이요 강점일 수 있다. 논설문이나 설명문은 전달하려는 것을 직접적으로 명백히 제시하므로 글에서 그것을 잘 파악하는 게 우선이다. 따라서 읽기 행위의 대상, 곧 글 중심으로 읽게 된다. 이에 비해 소설은 독자와 대상이 긴밀하게 상호작용하면서 의미를 형성해간다. 이러한 차이를 소홀히 하면, 소설, 나아가 소설로 대표되는 허구적 이야기들을 그 특성에 걸맞게 감상하기 어렵다.

사건을 파악하는 일은 소설 어딘가에 감춰져 있는 '작가의 의도' 따위를 찾아내는 게 아니라, 독자가 소설 안의 세계에서 '누구에게 무슨 일이 일어났는가'에 대해 알고 느끼는 것이며, 그 일들이 '왜 일어났는가'를 상상하고 추리하는 것이다. 그런데 그런 활동들은 그것이 '어떤 사건인가'와 함께 그것이 '어떻게 서술되었는가'에, 사건의 성격과 표현기법에 크게 좌우된다. 작자는 독자로 하여금 자신이 바라는 어떤 체험을 하도록 사물을 '낯설게' 구성하고 제시하는데, 독자는 그것을 알거나 체험하였으며 상상할 수 있는 어떤 '낯익은' 현실을 모델 삼아 이해하되, 그 서술방식에 영향을 받으며 반응하기 때문이다. 바꿔 말하면, 갖가지 지식, 경험, 상상 등을 소재로 작자는 작품을 하나의 조직체로 구성하는데, 그 구성과 제시 방식에 따라 본래 소재들의 성격과 의미가 변한다. 그러므로 사건을 좀더 섬세하고 합리적으로 읽으려면, 적절한 현실 혹은 의미 맥락을 동원하되 그것을 작품의 서술 구조 속에서 해석해야 한다. 물론 여기에는 다른 작품을 읽었던 독자의 경험과, 그에 작용하는 문학적 관습도 관련된다. 앞에서 소설 읽기는 독자와 대상의 상호작용이라고 하였는데, 이 동원하고 관련짓고 해석하는 작업이 바로 그 작용의 중심을 이룬다.

사건과 사건을 읽는 활동의 특성을 살피기 위해, 그 활동의 질료 혹은 대상이 되는 '현실'에 대해 우선 짚어볼 필요가 있다. 그러기 전에, 소설 논의에서 '현실'이라는 말이 매우 혼란되게 쓰이므로 그 뜻을 먼저 정리해 보자. 소설 읽기에서 주목할 현실은 두 가지이다. 첫번째는 소설 외부의 경험적 현실이고, 두번째는 그것을 모방한 내부의 허구적 현실이다. 독자는 후자를 읽으면서 전자를 떠올리고, 전자를 참조하여 후자를 축조하고 해석한다. 작품 내부의 범위에서 부분들을 가지고 전체를 읽고, 전체를 가지고 부분을 읽는 활동을 '해석의 순환'이라고 부른다면, 이는 내부와 외부 사이의 '해석의 교환' 혹은 상호교섭이라 할 수 있다. 이때 독자가 동원하는 경험적 현실은, 다음과 같은 여러 가지가 복합되어 있다.

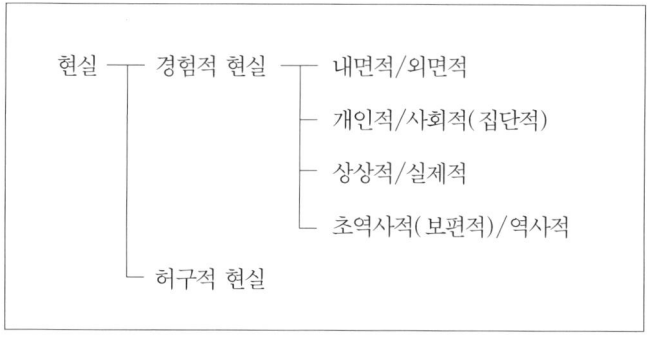

소설 논의에서 현실이라고 하면 경험적 현실 가운데 주로 사회적인 것 중심으로 이해하는 경향이 있다. 지나치게 외면적·실제적·역사적인 것 위주로 파악하는 셈이다. 이러한 '읽기 현실'을 외면하기 어려우니, 이 글에서는 '현실'을 경험적 현실 전체를 가리키는 말로 쓰되, 사회적 현실임을 강조할 필요가 있을 때는 '사회현실' '사회문화적 현실' 등을 쓰기로 한다.

소설은 삶의 모방이요, 삶을 위한 표현 및 전달 매체이다. 따라서 삶의 현실과 뗄 수 없는 관련을 맺고 있으며, 이의 창작 및 독서에 관련된 현실은 매우 여러 층으로 이루어진다. 앞의 제2장에서 살폈듯이, 관련된 '주체'가 여럿인 까닭이다. 이 '주체'로는 창작주체(작자), 읽기주체(독자), 행동주체(인물)가 있고, 이에 더하여 서술주체(서술자), 시각주체(초점자) 등이 있다. 일인칭 서술에서 '나'가 행동주체, 서술주체, 시각주체를 겸하는 동시에 서술과 인식의 객체(대상)가 될 수 있듯이, 이 주체들은 서로 겹치기도 하고 주체-객체의 입장이 바뀌기도 한다. 하지만 기본적으로 각 주체는 독립할 수 있고, 그에 따라 이 주체들이 존재하는 현실이 여러 시간 층으로 겹치게 된다(시간을 다루는 제6장 참조). 역사소설에서 뚜렷이 볼 수 있는 것처럼, 작자가 작품을 쓰는 사회현실 혹은 시대가 있고, 그와 별도로 소설에 그려진 인물들의 사회현실(시대적 배경)이 존재하며, 독자가 이를 읽는 사회현실은 작자가 작품을 창작한 시대와 같을 수도 있고 다를 수도 있다. 여기에 더하여 인물이 과거를 회상하기라도 하면, 그 회상된 현실이 얼마든지 더 존재할 수 있다.

사건의 해석과 관련된 현실은 위의 것들 가운데 어느 하나라기보다 전부이다. 아울러 작품에 그려진 현실, 곧 '줄거리의 세계'는 작품 외부의 특정한 어느 현실이 아니다. 있는 그대로의 순객관적 재현이란 본디 있을 수 없는 것이다. 상상적 현실을 그린 환상소설은 물론이고, 현실을 복사한 것처럼 보이는 재현적 소설(리얼리즘 소설)도, 기본적으로는 그 역시 허구요 작가에 의해 변용되고 '구성'된 것이다. 그러므로 소설에 그려진 현실, 거기서 일어나는 갈등을 내포한 사건은, 그것이 재현적이든 환상적이든, 독자가 알고 체험하고 상상할 수 있는 어떤 것이면서 그것이 아니다. 독자의 지식, 경험, 상상을 바탕으로 파악되지만 그것의 단순한 조합이 아닌, 그것을 초월한 제3의 무엇, 자체의 질서를 지닌 하나의 완결된 전체이다. 소설 읽기가 사건 기사, 수기, 역사글, 이야기 수필 등과 같은 비허구적 이야기 읽기와 다른 것은 바로 이점 때문이다.

3. 사건의 특성과 의미―진리와 진실

사건은 줄거리 층위에 존재하는 하나의 상황 변화요 그에 대한 '사실'이다. 그런데 앞서 언급했듯이, 그것은 붙잡았다고 생각하는 순간 손에서 미끄러져 빠져나간다. '허생원과 동이가 싸웠다가 화해한다'는 상황 변화 또는 사실은, 「메밀꽃 필 무렵」에서 벌어진 행동들에 내포되어 있을 수 있지만, 그것을 해석하는 독자에 의해 설정되고 규정되니까, 독자 속에 존재한다고 할 수도 있다. 아니, 이렇게 둘 중 어느 한쪽이 아니라 둘 사이나 결합체에, 즉 대상과 주체가 만나서 의미를 형성하는 어떤 생각의 공간 어딘가에 존재하는지도 모른다.

이런 논리를 극단에까지 밀고 나가보면, '인간은 젖먹이 동물이다'라든가 '지구는 둥글다'와 같이 객관적으로 명백해 보이는 사실도, 확고부동하게 존재하는 것이라기보다, 엄밀히 말하면 어디까지나 '객관적으로 명백하다고 주장하는 말 속에' 존재하는 것에 불과하다고 볼 수 있다. 여기서 우리는 그 반대편에 있는, 우화나 환상적 이야기처럼 처음부터 아예 경험을 재현하지 않았음이 공표된 갈래가 세상에 왜 존재하고 사랑을 받는지 알 수 있다. 정도의 차이만 있지 모두 주관성이나 모호성을 피하기 어렵다면, 오히려 그게 더 솔직하고 인간적인 표현 방법일 수 있기 때문이다. 그리고 표층적으로는 있을 수 없는 이야기라도 심층적으로는 있을 수 있는 이야기, 곧 사실성이 있는 이야기로 읽기 때문이다.

일반적으로 '사실'이라고 하는 것에는 두 가지가 있다. 객관적으로 자명(自明)하게 존재한다는 사실이 있고, 그렇지는 않지만, 믿고 바라거나 옳다고 여기니까 사실이라는 사실이 있다. 예컨대 전자가 자연과학적 서술에 내포된 것이라면, 후자는 인간의 상상이나 소설처럼 지어낸 이야기 곧 허구에 내포된 것이다. 흔히 전자를 '진리,' 후자를 '진실'이라 구별하여 부른다.

우리는 「소나기」의 결말부에서 소녀가 죽었으므로 이제 소년과 소녀는 영원히 헤어졌다는 '사실'을 알면서도, 소녀가 소원대로 흙물 든 분홍 스웨터를 입고 묻혔으니까 둘은 헤어지지 않고 하나가 되었다고, 그것도 하나의 '사실'처럼 받아들인다. 앞의 사실이 객관적으로 검증할 수 있는 진리라면, 뒤의 사실은 주관적인 진실이다. 소녀 자신이 원했고 우리가 이 소설을 읽으면서 그렇게 되었으면 하고 바라기 때문에 그럴듯한 진실인 것이다.

이처럼 세상에는 진리도 존재하지만 진실도 존재한다. 단편소설 「눈길」(이청준)에서, '나'가 어머니로부터 아무런 경제적 도움도 받지 못했으므로 '나는 어머니에게 빚이 없다'고 하는 말은 사실이요 일리가 있는 말이다. 그것을 인정하면서도, 우리는 한편으로 어머니를 외면하는 그가 진실한 행동을 하고 있다고 생각하지 않는다. 세상에는 '진리의 논리'도 있지만 '진실의 논리'도 있는 까닭이다. 문학은 주로 이 진실의 논리를 추구한다. 「눈길」은 진리를 지향하는 논리가 진실을 지향하는 논리에 지는 이야기이다. 이 소설의 중심사건은 '어머니의 사랑을 외면하면 안 된다.' 혹은 '양심의 소리에 귀를 기울여야 한다'는 진실의 논리에 따라 주인공이 변하는 것이다. 따라서 그것은 진리를 읽는 것과는 다른 방식으로 읽어야 적절히 이해할 수 있다. 「사랑손님과 어머니」의 옥희가 유치원생이지만 말을 아주 잘해도, 또 죽은 심청이 연꽃을 타고 바다 속에서 살아나도 모두 그럴듯하게 여기는, 소설을 읽을 때 우리가 취하는 이 특이한 읽기 방식과 관습에 대해 알기 위해서는, 소설을 역사와 대조해볼 필요가 있다.

제2장에서, 이야기에는 소설처럼 허구적인 이야기도 있지만 허구적이 아닌 이야기도 많은데, 비허구적 이야기 가운데 대표적인 것이 역사라고 하였다. 역사는, H_2O가 가리키는 '물은 수소 두 개와 산소 한 개의 결합이다'와 같은 진리에는 미치지 못하지만, 실제로 일어난 일을 '과학적으로' 기록한 것이라고 한다. 그런데 역사적 사실이라는 것도 온전히 객관적이고 명확하기 어렵다. 객관적 진리를 지향하기는 하나, 대원군의 행적에 대한 역사 '이야기'는 역사가에 따라 다를 수 있다. 대원군이 등장하는 역사소설 『운현궁의 봄』(김동인)에 들어 있는 역사적 사실이 역사와 거리가 있듯이, 역사 역시 유일무이한 진리와 거리가 있는 것이다. 이런 점을 고려할 때, 소설과 역사의 차이에 대해, 역

사는 사실인데 소설은 허구라든가, 역사는 경험적 존재인 역사가가 화자인 반면에 소설은 허구적 존재인 서술자가 화자라고만 지적하는 것은 충분하지 않다. 한 걸음 나아가, 둘 다 주관성을 지니되 역사는 객관적 진리를 지향하는 데 비해 소설은 인간적 진실을 지향한다는 근원적 차이가 추가되어야 한다.

여기서 우리는 '사실의 두 극점 혹은 영역'을 표시하는 하나의 잣대를 생각해볼 수 있다. 이것의 한쪽 끝은 H_2O, $1+1=2$와 같은, 가리키는 내용이 달라지지 않게끔 아예 따로 기호를 만들어 쓰는 자연과학적 서술이다. 이것은 객관적 기록 혹은 재현을 지향한다. 반대쪽 끝은 소설, 아니, 소설 중에도 재현 쪽에 끌리는 소설은 겉으로는 진짜 있었던 사실인 듯 가장하는 경우가 많으니까, 현실세계에서 아예 일어날 수 없는 사건을 다룬 이야기, 곧 환상소설이다. 역사는 진리-진실, 혹은 기록-환상의 중간 지점에서 왼쪽으로 간 지점에 놓인다.

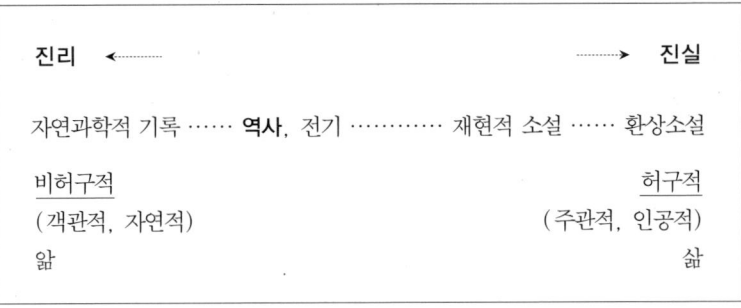

위에서 왼쪽으로 갈수록 그것을 이룬 말(기호)들은 실제로 '그러한' 사건을 객관적으로 지시하고 재현(모방)한다고 여겨진다(지시적 기능). 반대로 오른쪽으로 갈수록 그것을 이룬 말들은, 그들이 그려내는

가공의 세계 속에서 '그럴듯한' 어떤 진실을 표현한다고 여겨진다[문학적(시적) 기능]. 여기서 두 방향 중 어느 쪽이 더 우월하다거나 옳고 가치 있다고 할 수 없다는 점에 유의해야 한다. 역사와 소설을 놓고 볼 때, 둘은 전달하려는 사실과 그것을 표현하는 양식이 다르고, 그래서 읽고 해석하는 방법, 관습이 다를 뿐이다.

과학책을 읽으면서 무엇을 상상하고 즐길 수 있듯이, 소설을 읽으면서도 우리는 '진리'에 가까운 것을 '안다.' 재현적 소설에도 환상이 들어 있고, 환상소설도 삶의 어떤 면을 재현하는 '리얼리티(사실성)'를 지녀야 높이 평가된다. 그러므로 위의 잣대는 온갖 서술 혹은 담화를 무 자르듯 나눌 수 있음을 뜻하지 않는다. 이는 각종 담화 표현에 섞여 존재하는 두 경향을 논리적으로 구별하고 그들의 서로 다른 성격을 이해하며, 어떤 작품이나 표현의 주된 경향이 어느 쪽에 쏠리는가를 가늠하는 데 도움을 주기 위한 것이다.

위의 잣대를 참고해 보면, 소설 읽기는 역사 읽기와 다를 수밖에 없다. 각 갈래가 추구하는 것, 각각 사용된 말들이 하는 기능이 서로 다른 까닭이다. 역사책에 사용된 말은, 그것이 그 책 밖에 역사적·객관적으로 존재했거나 하고 있는 사실을 지시하는 바에 따라 의미와 가치가 결정된다. 하지만 소설은 다르다. 서술 외적 사실과의 지시적 관계 이전에, 「메밀꽃 필 무렵」에서 허생원과 동이가 모두 "왼손잡이"라는 말이 왼손잡이임을 가리키는 동시에 부자관계임을 암시하는 기호이듯이, 작품 속 사건의 논리나 인물의 심리, 주제적 맥락 등에서 그것은 어떤 새로운 의미를 지닌다. 독자는 먼저 그것을 읽어야 하며, 그와 작품 외부 현실과의 관련성 해석은 다음 단계에서, 이를 바탕으로 이루어지게 된다.

「큰 바위 얼굴」(너새니얼 호손)을 읽으면서, 어니스트 자신이 아니라고 부정하는데도, 독자는 그가 큰 바위 얼굴을 닮은 사람, 골짜기 사람들이 기다리던 그 숭고한 사람이 되었다고, 그런 사건이 일어났다고 읽는다. 왜냐하면 그는 줄곧 큰 바위 얼굴이 보이는 골짜기에서 그와 닮은 인간이 되고자 노력하며 살았고, 그래서 개더 골드나 올드 블랙 앤 던더처럼 골짜기를 떠나 세속적인 돈, 권력 등을 추구했던 자들이 나타났을 때 "아니다, 그가 아니다!"라고 말하는 행동을 하였기(할 수 있었기) 때문이다. 또 그래서, 그의 인격이 세속적인 것을 초월하였으며 진정한 겸손의 경지에 이르렀다고 '해석할 수 있게 서술되어' 있기 때문이다.

심청이가 바다 속에서 살아 나오고, 젊디젊은 이몽룡이 암행어사가 되어 남원에 등장하며, E.T.와 그의 어린 친구들이 탄 자전거가 하늘로 날아올라도, '작품의 논리'가 그럴 만하게 짜여 있고 독자가 그것을 바라니까 그럴듯하게 사실적으로 받아들이면서, '그들은 역경을 이기고 바라는 것을 이루었다'고 사건을 요약한다.

그러므로 소설을 읽을 때 거기 그려진 세계를, 그것이 모방하고 환기시키는 작품 밖 세계를 기준으로만 이해하지 말고, 작품 자체의 질서와 그것이 속한 갈래의 문학적 관습에 따라 읽어야 한다. 우리는 우선 자기의 체험, 지식, 꿈 등을 바탕으로 소설을 이루고 있는 말들을 이해하게 마련이지만, 소설의 재료가 된 것들은 소설의 관습과 작품 특유의 질서에 따라 변용(變容)되어 그 구조의 일부가 되었기 때문이다. 말하자면 「메밀꽃 필 무렵」의 '왼손잡이'나 『심청전』의 '연꽃'은 우리가 아는 그것인 동시에 우리가 아는 그것이 아닌 까닭이다.

 소설 속의 현실은 우리가 체험한 그 현실이면서 소설의 일부가 되어, 그 작품의 질서에 따라 어떤 의미를 지니는 현실이다. 그러므로 또 우리는 작품에 그려져 있거나 그것이 불러일으키는 삶의 모습을 활발하게 떠올리고 느끼되, 그런 활동을 하는 자신의 모습까지를 스스로 돌이켜 바라봄으로써, 자신의 판단과 상상을 검토하고 더욱 심화시켜야 한다. 앞에서 말했듯이, 소설을 통해 만나는 인간적 진실은 명백히 주어지는 것이라기보다 '주체와 대상이 상호작용하는 혼돈 속에서 체험되는' 그런 성격의 것이다.

 소설 읽기는 단지 문학을 좋아하는 이가 하는 취미활동에 불과한 것이 아니다. 사실의 두 영역 가운데 주로 진실 쪽 영역을 알기 위해 누구나 해야 할 생각하고 느끼기 연습이며, 갖가지 갈등이 뒤엉킨 인간세계에 대한 경험을 쌓고, 거기서 나름대로 어떤 논리를 발견하며, 옳고 보람된 삶을 살아갈 능력과 가치의식을 기르는 연습이다. 우리는 세상을 모방한 어떤 세상을 읽으면서, 세상살이의 모의훈련 혹은 가상(假想) 훈련을 하는 것이다. 이는 허구세계의 바깥, 곧 경험적 현실을 살아가는 데 큰 도움을 준다.

4. 사건 읽기

　이제까지의 논의를 바탕으로, 소설을 읽을 때 독자가 어떤 정신 활동을 하고 있으며 또 해야 하는지를, 사건 중심으로 정리해보자.

　첫째, 행동을 간추리면서 그와 관련된 중요한 사실(정보)들을 알아내고 모은다. 이것들이 사건의 원인이나 배경을 이루기 때문이다. 인물과 사건의 주변에서 정보를 캐고 모으는 일은 추리소설을 읽을 때만 하는 작업이 아니다. 「소나기」의 결말부에서는 소녀가 전부터 지병을 앓아왔음이 간접적으로 제시되는데, 이 사실을 챙기지 못하면 소녀가 죽은 이유는 소나기를 맞아 몸이 상했기 때문이라고 하기 쉽다. 「눈길」에서는 '나'가 집안의 장남, 그것도 형이 집안을 망쳐놓은 채 일찍 죽었기 때문에 어쩔 수 없이 된 장남이라는 사실이 중요하다. 그것을 알면, 집 개축에 지나치게 민감한 심리, "노인에게 진 빚이 없다"는 말을 유난히 여러 번 반복하는 행동 등의 원인을 추리하기가 쉬워진다. 핵가족 시대를 사는 오늘의 청소년은 이 사실을 놓치기 쉬운데, 소설에서 '나'가 되풀이하는 "장남의 책임"이란 말을 눈여겨 본다면, 붙잡을 수도 있을 것이다. 여기서 우리는 "'나'는 장남이다'라고 파악하면 인물의 특질에 관한 사실이고 "'나'는 장남으로서의 책임을 의식한다'라고 파악하면 행동이라는 것, 사실과 행동은 긴밀히 연관되어 있으며 무엇을 사실로 파악하느냐 행동으로 파악하느냐는, 작품 구조와 독자의 판단에 따라 결정됨을 알 수 있다.

　둘째, 인물의 심리와 욕망에 관해 상상하고 추리한다. 사건은 대부분 그 주체인 인물의 심리적 동기 혹은 욕망에서 발생하며, 그것과 무엇 간의 갈등에 의해 전개되고 의미를 지니게 되는 까닭이다. 소녀가 지병을 앓았다는 '사실'을 아는 것은, 소녀가 죽은 원인을 파악하는 데도 필요하지만, 소녀가 왜 소년에게 그렇게 적극적으로 다가갔는지 그 동기를 추리하는 데도 필요하다. 우리는 그것을 바탕으로 지병이 있고, 이제 집안이 망하여 약도 제대로 쓰지 못하는 처지에 빠진 소녀의 슬픈 심정을 느끼며, 분홍 스웨터를 입혀서 묻어달라고 하는 행동의 이유를 상상하고 이해할 수 있게 된다.

「눈길」의 경우, "엉뚱한 데서 독한" 아들 '나'는 자기 어머니를 계속 '노인'이라고 부른다. 우리는 그런 '행동'에서 그의 심리가 어머니를 남처럼 멀리하려 함을 읽는다. 그러지 않으면 그가 집수리를 돕지 않으려는 까닭과, 예전에 눈길에서 어머니와 헤어지던 때를 회상하지 않으려는 까닭 등을 짐작하기 곤란하며, 나아가 그와 연관된 사건들의 인과관계를 재구성하기 어렵다. 앞에서 지적한 중요 정보 알기가 작품에서 '읽어내는' 작업이라면 이는 '읽어 넣는' 작업이라 할 수 있다.

셋째, 행동들 혹은 사건들을 본래 일어난 시간에 따라 정리하고 결합한다. 어떤 일의 원인은 그보다 먼저 일어난 것 속에 있다. 15일에 일어난 일 때문에 14일에 무슨 일이 일어날 수는 없기에, 인과관계를 파악하기 위해서는 작자가 인공적으로 구성하여 '낯설게 서술한' 것을, 본래의 낯익은(자연적) 시간 질서대로, 또 그것이 모방하거나 재현하고자 하는 어떤 사회 현실을 바탕으로 재구성해야 하는 것이다.

작가는 어떤 생각을 표현하고 정서적 반응을 불러일으키기 위하여 사건과 그에 관한 정보를 인공적으로 서술하고 배열한다. 그 결과, 제2장에서 초점화에 대해 살필 때 이미 드러났듯이, 또 앞 절에서 살폈듯이, 서술 행위와 관련된 여러 주체와 대상들이 존재하는 경험적, 허구적 현실은 시간적으로 아주 여러 층을 이루게 된다. 뿐만 아니라 그들끼리도 같지 않게 된다. 예를 들면, 작자가 작품을 쓰는 시대와 사건의 배경이 된 시대, 곧 작품 속에서 사건이 벌어지는 시대는 얼마든지 다를 수 있다. 허구세계 속에서, 서술자가 서술을 하고 있는 '지금'(서술하는 현재)의 현실과 서술 대상이 된 인물들이 사건을 벌이는 '과거'의 현실 역시 마찬가지이다. 따라서 그것들을 정돈하고 관련지으며, 핵심적인 것 중심으로 간추리고 그 의미를 요약하기 위해서는, 이러한 시간 차원의 다층성을 염두에 두어야 한다는 것을 다시 강조해둔다. 시간은 '시대'이자 그 시대의 현실이며, 허구세계에서 벌어진 일을 해석하는 데 일종의 기본 문법 역할을 하는 코드, 즉 사회문화적 의미 맥락이기 때문이다. 이 점은 뒤의 제6장에서 자세히 살피므로 여기서는 이만 줄이기로 한다.

5. 「눈길」의 사건 읽기

「눈길」은 단편소설답게 사건 규모가 작다. 하지만 그것을 서술하는 방식이 단순치 않아서 시간은 매우 변형되어 있다. 이 소설은 다음과 같이 시작된다.

"내일 아침 올라가야겠어요."

점심상을 물러나 앉으면서 나는 마침내 입속에서 별러오던 소리를 내뱉어버렸다.

이야기는 이렇게 점심때 시작되어 밤중에 끝난다. 전면(前面)에 서술된, 지금 현재 일어나고 있는 (것처럼 서술된) 사건, 즉 '현재(적) 사건'이 일어나는 데 걸린 시간은 약 10시간 내외이다. 이 사건의 '서술된 시간'과 서술자가 그것을 '서술하는 시간'은 순서상 '함께 간다.'
「눈길」의 현재사건에는 그 이전의 과거사건이 끼어들어 있다. '나'는 회상 형식으로 17, 8년 전 고등학교 1학년 때의 사건(과거사건 1)과 어젯밤의 사건(과거사건 2)을 이야기하는데, 앞의 과거사건 1은 어머니의 회상 형식으로도 제시된다. 회상, 특히 일인칭 서술에서의 회상은 그 자체가 행동이요 사건이다. 따라서 이 과거와 현재가 뒤섞인 서술은 회상된 시간 위주로 보면 과거사건이나, 회상하는 시간 위주로 보면 현재사건이다. 그러므로 줄거리를 잡거나 핵심적 갈등을 논의할 때, 초점을 어디에 두어야 할지 혼란스럽다. 이런 점을 무시하고 읽으면 정리가 어렵고 생각이 앞으로 나아가지 않는다.
「눈길」은 현재 일어나고 있는 일에 관한 서술의 양이 많고, 그 현재 시간 중에 중요한 상황의 변화가 크게 일어나기 때문에 현재사건을 중심으로 삼는 게 적절하다. 그러면 약 10시간 동안 일어난 현재사건이 줄거리의 기둥이 되고, 이 작품의 중심사건, 곧 핵심적 변화와 갈등을 내포하거나 전달하는 사건을 거기에 설정하게 된다. 이에 따라 과거사건은 이 중심사건의 처음상황과 끝상황의 원인과 전개 과정에 수렴되거나 그것의 전개를 돕게 된다. 과거사건이 줄거리에서는 현재사건 앞에 따로 놓이지만, 그것을 '회상하는 행위'의 의미와 결과는 현재사건의 의미와 전개를 돕는 데 초점을 두고 파악하게 되는 것이다. 예를 들면 이 작품의 결말부에서 어머니는 과거사건 1, 즉 눈길에서의 모자(母子) 이별에 대해 회상하는데, 아들은 그것을 듣고 운다. 이 '운다'는 행동이 「눈길」의 핵심적 사건 가운데 하나라고 할 때, 과거사건 1 혹은 그것을 회상하는 어머니의 행동은, 그에 수렴되거나 그 전개를 돕는 사건이라고 할 수 있다.

「눈길」에서 현재 무슨 사건이 벌어졌는가? 상황 또는 상태의 변화가 사건이라고 했으니까, 현재사건에서 일어난 중심적인 변화는 무엇인가? 그것이 설정되어야 다른 사건들, 그러니까 부수적이거나 작은 사건들을 적절히 해석하고 뭉칠 수 있을 것이므로, 독자는 읽는 동안 거듭거듭 이 질문에 대한 답을 모색하고 수정해가야 한다.

독자들은 여러 가지를 말할 것이다. 가장 많이 나올 듯한 네 가지를 열거해 본다.

① '나'(아들)가 서울에 가려고 한다 → 안/못 간다
② '나'가 집 개량을 돕지 않으려고 한다 → 돕게 된다
③ '나'가 어머니/아내와 싸운다 → 진다
④ '나'가 어머니에게 진 빚이 없다고 생각한다 → 있다고 생각하게 된다

굳이 넷 가운데 하나를 고르라고 한다면 어느 것을 고르겠는가?

필자가 보기에 ①과 ②는 중요한 변화를 지적하고 있기는 하나 표면적 사실만 간추리고 있다. ③도 부적절하다. 우선 표현이 그렇다. '나'와 아내 사이에는, 또 '나'와 어머니 사이에도 다소간, 분명 긴장과 대립이 있고, 그것이 이 소설을 일종의 게임처럼 만들고 있음은 사실이다. 하지만, 그것은 '싸움'이라고 볼 수 없다. 표현도 그렇지만, 그 행동이 인물들의 욕망에 걸맞지 않아 보인다. 누구도 싸우고자 하지 않았기 때문이다. 그러므로 ③은, 게임 비슷하다면 비슷한 그 사건의 원인, 그에 참여하는 인물들의 심층적 동기에 대한 고려가 충분하지 않다.

④가 가장 적절해 보인다. ①②의 원인, 속뜻, 동기 등에 관한 것을 내포한, 핵심적이고 근원적인 변화를 표현하고 있다. 무엇보다도 '나' 자신이 "노인에게 진 빚이 없다"는 말을 아주 여러 번 하는데('빚'이라는 말이 무려 열여섯 차례 나온다), 결말에서 그 말을 더 이상 쓸 수 없는 상황에 이르는 까닭이다. 하지만 사건을 요약할 때 언제나 이렇게 자주 나오는 말을 그대로 따서 써야 하는 것은 아니다. 대부분은 그와 반대로, 작품에 나온 말을 바탕으로 새 말로 내용을 추상화해야 사건이 붙잡힌다. 그러므로 ④도 표현이 '돈만 따지다가 그러지 않게 된다'든지 '양심의 가책을 느끼지 않다가 느끼게 된다' '어머니의 마음을 외면하다가 외면하지 않게 된다' 등으로 되어 있다면, 좀더 상위 차원의 요약이 될 것이다.

어떻든 여기서 알게 되는 사실은, 첫째, 사건을 어떻게 파악하는 일과 그것을 어떤 말로 표현하는 일은, 하나의 활동이라는 점이다. 흔히 표현이야 대강 하면 된다고 여기는데, 앞에 언급했듯이 '나'가 '어머니와의 싸움에 진다'고 하는 것과 '어머니의 마음을 외면하지 않게 되었다'고 하는 것은 매우 거리가 있다. 섬세하고 졸가리지게 해석하지 못하면 적절히 표현할 수 없고, 표현이 부적절하면 해석과 생각 역시 부적절한 것이다. 그러니 표현이 해석이요 해석이 표현임을 명심하고, 적절한 말을 찾는 데 힘쓸 필요가 있다.

둘째, 사건은 '어떤 인물이 어떤 행동을 했다'는 정도로 그 겉모습만 지적하는 데 그칠 게 아니라 그 속뜻이 드러나도록, 또 부분에 그칠 게 아니라 작품 전체를 포괄할 수 있도록 표현되어야 한다는 점이다. 사건은 서술의 표층이 아니라 심층, 즉 주제라든가 핵심 갈등의 맥락에서, 이들을 염두에 두고 '설정'해야 한다. 그러기 위해서는 무엇보다 인물의 욕망과 심리에 주목하고, 작품을 부분적으로가 아니라 전체적으로 보고자 애써야 한다. 해석의 수준은 주로 무엇보다 바로 이 점, 사건과 인물을 얼마나 근본적이고 깊은 차원에서 파악했는가에 크게 좌우된다.

행동의 주체이자 사건의 중심에 있는 인물의 심리와 욕망은, 외부의 사물'에 관한' 것인 동시에 그것 '때문에' 발동하는 것이기에, 인물의 외면과 내면은 분리해서 생각할 수 없다. 따라서 독자는 항상 인물이라는 주체와 환경이라는 대상 사이의 상호 관계, 특히 후자가 전자에 미친 영향을 섬세하게 느끼고 관찰해야 한다. 그러는 중에 독자는 인간과 사회의 관계를 깊고 구체적으로 인식하게 되는데, 이것이 소설을 읽는 큰 보람 가운데 하나이다.

6. 인과관계의 설정과 사회문화적 맥락

「눈길」의 중심사건을 ④로 본다면, 이 작품을 심리적 사건 혹은 내면적 갈등 위주의 소설이라고 해석하는 셈이다. 이는 '나'라는 인물의 심리적 갈등을 동력(動力)으로 일어나는 내면적 변화이기 때문이다. 이같이 내면적 사건 위주의 소설은 대개 외면적 사건 위주의 소설보다 사건 파악이 어렵다.

「눈길」에서 일어난 사건을 필자 나름으로, 또 여기서 필요한 정도만 일단 표층에서 요약해보면 이렇다.

'나'의 집은 예전에는 잘살았다. 그런데 형이 집안을 망쳐서 집까지 남의 손에 넘어간다. 어머니는 굳이 '나'로 하여금 그 집에서 하룻밤을 자게 한 뒤, 눈길에서 헤어진다. 그 뒤, 어머니가 살고 있는 집(자기의 고향 집)을 방문한 '나'는 집을 개량하는 일과 부딪히게 되자 그 일을 회피하여 서울로 가버리려고 한다. 아내는 그것을 막으려고 집요하게 옛날을 회상하도록 한다. 마침내 '나'는 뉘우치면서 운다.

'나'가 우는 행동은, 앞뒤를 따져보면, 내일 서울로 가지 않는다, 집 개량을 돕기로 한다는 것을 뜻한다. 추리하고 따지는 것을 지나치게 싫어하는 사람은 그냥 읽고 말 뿐, 사실 그것도 생각해보려 하지 않는다. 하지만 우리는 여기서 여러 걸음 더 나아가야 한다. '나'의 마음에서는 왜 그런 변화가 일어난 것일까?

먼저 일어난 행동이 나중 일어난 행동의 원인이다. 그 역(逆)은 성립하지 않는다. 과거사건이 인과관계의 인(因)이고 현재사건이 과(果)인 것이다. 그러므로 사건 사이의 인과관계 파악은 작품에 서술된 사건들을 각각 본래 일어난 자연적 시간의 순서로 재배열하는 작업에서 시작되는 것이다. 어젯밤에 일어난 과거사건 2는 앞에 인용한 첫머리의 행동, 곧 며칠 머물 예정으로 고향 집에 내려온 사람이 불쑥 서울로 돌아가겠다고 하는 행동의 직접적 원인에 해당되는 행동이다. 그렇다면 '나'는 우선 집 개량에 상관하고 싶지 않기 때문에 갑자기 서울로 돌아가겠다고 하는 것이다. 이 인과관계의 추리는 이미 이루어져서, 앞의 줄거리의 '회피한다'는 말에 반영되었다.

'나'가 어머니한테 빚이 없다고 생각하는 것을 구체적으로 보여주는 행동이 바로 집 개량을 돕지 않으려는 행동이다. 여기서 다시, 그러면 '나'는 자식으로서 왜 그런 냉정하고 모진 짓을 하는 것일까? "빚이 없기" 때문이다. 그런데 이 빚이 없다는 말은 무슨 뜻이며, 그런 생각은 왜 바뀌는가? 앞의 줄거리에 '표면적으로' 요약되었듯이, 그것은 일단 아내의 집요한 노력에 의해, 눈길에서의 이별 사건, 즉 과거사건 1을 회고하게 되었기 때문이다. 그 눈길에서 과거에 무슨 일이 일어났기에 그와 직면하자 '나'는 마음이 변하여 우는 것일까?

앞의 줄거리를 보면, '나'가 고등학교 1학년생일 때 일어난 눈길 이별 사건과 그 17, 8년 뒤에 집 개량을 돕지 않으려는 사건 사이에는, 시간적 간격만큼이나 큰 논리적 '틈'이 있다. 그래서 앞에서 제시한 의문이 계속 남는 것이다. 작품에 서술된 것을 바탕으로, 작가가 일부러 자세히 서술하지 않은 그것을 메우지 못하면, 이 작품의 최종적인 중심 사건을 설정하기 어렵고, 이러한 질문들에 대답 역시 충분하고 조리 있게 하기 어렵다.

소설을 다시 살펴보면, 그동안에 어머니는 "떠돌며 살았다"고 말한다. 그런데 그 떠도는 중에도, 잘살던 시절의 집에 놓였던 옷궤만은 가지고 다닌다. 그 옛날을 못 잊어서 하는 행동이고, 남에게 넘어간 집에서 굳이 하룻밤을 자게 한 행동에서도 짐작할 수 있듯이, 아들에게 '옛집을 회복해달라'는 뜻을 암시하기 위해 하는 행동일 것이다. 어머니는 그렇게 살아왔는데, 그러면 '나'는 어떻게 살아왔는가? 또 소설을 다시 살펴보면, "노인을 길가에 혼자 남겨두고 차로 올라서버린 그 순간부터 나는 차마 그 노인을 생각하기 싫었고, 노인도 오늘까지 그날의 뒷얘기는 들려준 일이 없었다"는 서술이 새롭게 다가온다. 어머니가 떠돌았듯이, 아들도 집이 없으니 떠돌며 살았을 것이다. 그런데 어머니가 옷궤를 지니고 산 것과 대조되게, '나'는 어머니와 가족을 "생각하기 싫어"하며 살았던 것이다.

그렇다. 아들은 집안이 망해서 극심한 궁핍에 시달리며 성장하였다. 그는 유족한 집안의 자식들과는 달리, 집(어머니)으로부터 아무런 경제적 지원도 받지 못하였다. 눈길의 끝에서 헤어질 때 이미 그것을 예감하고 심한 좌절과 억울함을 느낀 사춘기의 아들은, 그때 이미 마음이 닫혀버렸던 것이다. 사실 그에게는 물질적인 빚이 없다. 그러나 심한 궁핍에서 벗어나지 못한 채, 옷궤를 '보여주기'만 할 뿐 아무런 요구도 하지 못하는 어머니를 외면하고 살아온 것에 대하여, 그는 양심적 가책 혹은 정신적 빚을 느껴왔다. 남편의 정신적 상처(트라우마)와 그 닫히고 분열된 마음 상태를 아는 아내는, 그것을 고쳐주기 위해 집요한 노력으로 과거를, 특히 그 눈길에서의 이별을 회고하게 한다. 왜냐하면 '나'는 버스에 오른 그때부터 집과 고향을 영영 떠났지만 어머니는 돌아갔으며, 아직도 아들이 '집을 회복해주기'를 고대하고 있기 때문이다. 함께 눈길에서 헤어졌고 또 그 일을 동시에 회상하고 있어도, 둘은 이렇게 달랐던 것이다.

이렇게 볼 때 '나'의 마음이 바뀌는 것은, 물질적 궁핍 때문에 닫혔던 마음 혹은 억눌린 양심이 열리고 회복되었기 때문이다. 혹은, 아내의 조력으로 정신적 상처가 치유되었기 때문이다. 이것은 말하자면 '나'가 어머니의 길, 그러니까 눈길에서 헤어진 후 '나'와는 반대로 고향 마을로 간 어머니의 길 쪽으로 돌아서는 것인데, 그때의 어머니 모습, 수치심과 상실감, 간절한 소망 등이 뒤범벅되어 거의 목숨이 끊어지기 직전의 고통스런 '형상'이, 이 소설의 마지막에 그려진, 어머니가 "눈이 시리고 햇살이 부끄러워서" 마을에 들어서지 못하고 있는 모습이다. '나'는 그것을 생각하거나 직시하기를 회피해왔었고, 그래서 어머니, 옷궤, 집이 있는 데를 벗어나 얼른 서울로 가버리고자 했었다.

요컨대 「눈길」은 집(건물) 개량사건을 매개로 무너진 집(가족, 집안)이 회복되는 사건, '집'이라는 말과 '빚'이라는 말이 물질적인 것만 뜻하다가 정신적인 것까지 뜻하게 되는, 정신적인 뜻을 회복하는 변화를 그린 소설이라 할 수 있다. 앞에서의 상상과 해석, 그리고 이러한 판단 등은 물론 필자 나름으로 한 것인데, 그것은 주로 과거사건과 현재사건 사이의 인과적 틈을 메우는 작업이었다. 그런데 이러한 틈 메우기 혹은 해석은 거의 무의식적으로 어떤 가치관, 이념적 논리, 사회문화적 체험 등의 맥락을 바탕으로, 그것을 끌어다가 활용함으로써 이루어진다. 예를 들어보자. 이러한 해석 과정에서 우리는 한국문화의 특징 가운데 하나인 가족주의를 바탕으로 어머니를 이해하거나 '나'를 비판하며, 끝내 행복한 결말에 이르렀다고 흡족해한다. 아울러, 아들은 물질적으로는 빚이 없지만 정신적으로 빚이 있다는, 아니 부모 자식 간에는 애초부터 빚이라는 것을 따질 수 없다는, 어쩌면 매우 한국적인 진실을 받아들이게 된다. 어떤 이는 남편의 정신적인 질병을 고쳐준 아내의 행동을 통해 바람직한 부부관계의 한 모범을 볼 수도 있다. 그리고 다른 한편으로, 작품이 발표된 때(1977)와 중심사건의 시대적 배경을 고려하여, '나'라는 인물을 물질적 가치가 정신적 가치를 압도해버린 1960~70년대 산업화 과정의 '전형'적 산물로 보고, 그로부터 멀지 않은 시대를 살고 있는 우리 자신의 문제점에 대해 비판할 수도 있다.

  소설 읽기의 중요한 목적 가운데 하나는, 바로 이러한 문화와 이념, 사회현실 등을 체험으로 알며, 과연 무엇이 가치 있는 행위인가를 따지는 의식, 즉 가치의식을 기르는 것이다. 이 작품은 그런 면에서, 특히 교육 자료로 좋은 작품이다.

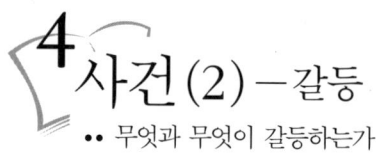

4 사건(2) — 갈등
•• 무엇과 무엇이 갈등하는가

1. 갈등

앞 장에서 사건을 '상황 또는 상태의 변화'라고 뜻매김하였다. 그렇다면 그 변화를 일으키는 것은 무엇일까? 표면적으로는 인물의 욕망이나 환경 변동이지만, 결국은 심층에 자리잡은 갈등이다. 사건은 갈등 '때문에' 일어나고 진행되며, 고유의 의미를 지닌다. 따라서 처음상황에서 끝상황으로의 변화가 어떤 갈등 때문이라고 보느냐, 혹은 그 과정에서 어떤 갈등이 벌어지고 해결된다고 보느냐에 따라 사건의 요약과 해석이 결정된다. 『삼대』(염상섭) 초반부의 세 장("제1충돌" "제2충돌" "제3충돌")이 잘 보여주듯이, 인물의 성격 역시 갈등 때문에 뚜렷하게 형상화되고 다른 존재와 구별된다. 삼각관계의 인물들이 사랑 때문에 다툰다면 그것은 사랑 갈등이요, 그들은 사랑을 계속하려는 자\중단하려는 자, 지키려는 자\빼앗으려는 자 등의 성격을 지니게 되는 것이다. 그러므로 갈등은 작품의 의미 또는 내용을 생성하는 일종의 혈액이라든가 그것을 공급하는 심장에 비유할 수 있다. 소설의 주요 요소 가운데 하나로 따로 지목되지는 않으나, 갈등은 사건, 인물, 플롯 등에 성격과 동력(動力)을 주고, 그들을 하나로 통합하는 주요 요인이다. 하나의 사건 혹은 줄거리가 여러 작품을 낳거나, 한 작품이 다른 작품으로 각색, 번안, 패러디될 때 생기는 차이나 변화의 핵심은 대부분 이 갈등이다.

흔히 소설의 플롯에 발단―전개―위기―절정―결말(대단원) 등의 단계를 설정하는데, 이는 다름 아닌 갈등의 진행 과정이다. 이야기가 독자에게 흥미와 감동을 주려면 지적(知的) 관심과 정서적 긴장을 불러일으켜야 하며, 삶의 문제에 대한 통찰을 주어야 한다. 작가는 그런 효과를 일으키기 위해, 또 인물의 행동에 그럴듯한 동기를 부여하고, 소설의 여러 요소들을 통합하여 미적 질서와 흐름을 형성하기 위해 갈등을 설정한다. 소설이 재현하거나 모방하는 것은 인간과 현실의 표면적 모습이라기보다 심층적 모습, 바로 갈등이다.

갈등이란 '대립하는 것의 싸움' 혹은 '모순적인 것의 뒤얽힘'을 가리킨다. 이는 다소 정적(靜的) · 구조적인 뜻을 지닌 '대립'과 바꾸어 쓰이기도 한다. 갈등은 작품에 특정 인물이나 집단 사이에서 일어나는 것으로 그려질 수 있지만, 궁극적으로 작품을 지배하거나 관통하는 서로 대립적인 의미 요소, 곧 자유\억압, 떠나려는 의지\떠날 수 없는 환경 같은 '대립소'로 표현된다. 갈등은 기본적으로, 욕망이 그 실현을 가로막는 무엇과 부딪치면서 시작된다. 따라서 사건의 원인이나 동기, 의미 등을 파악할 때, 먼저 행동의 주체인 인물이나 그가 속한 집단, 계층 등의 욕망과 심리에 주목할 필요가 있다.

인물은 자신의 욕망, 즉 어떤 모자란 것을 채우고 꿈꾸는 것을 얻으며 잘못된 것을 바로잡으려는 욕망을 동기로 행동하며, 사건은 그 욕망이 직면하는 갈등 때문에 발단, 전개되고 결말에 이른다. 따라서 사건 자체의 자초지종과 의미, 그리고 그것을 제시하고 결합하는 원리, 즉 플롯은 작품의 중심 갈등을 '설정해야' 잘 파악된다. 그리고 작품의 내용이라든가 결말부의 해석이 독자에 따라 크게 엇갈릴 경우, 이는 대부분 중심 갈등을 다르게 설정했기 때문에 생긴 결과라 할 수 있다. 사건의 갈래 역시 그렇다. 사건의 성격과 형태를 결정짓는 주요 요인 가운데 하나가 갈등이므로, 대체로 사건의 갈래는 갈등의 갈래와 직결된다. 예를 들어 '운명적 사건' '중심사건' 등은, 각각 갈등이 운명 때문에 일어난 사건, 작품의 지배적 갈등을 담은 사건이라 할 수 있다. 또 '내면적 사건' '외면적 사건'이란, 갈등이 각각 주로 인물의 내면과 외면에서 벌어지는 사건에 해당한다.

이런 점들을 볼 때, 사건과 인물의 겉모습만 보지 않고, 소설의 핵심 내용을 깊고 적절하게 해석하려면 갈등에 주목해야 하고, 이를 각 작품의 양상에 걸맞게 읽어야 한다. 사건을 서술하는 원리, 즉 플롯에 대해 다음 장에서 살필 텐데, 그러기 전에 갈등을 중심으로 사건 해석에 더 깊이 들어가보기로 한다.

2. 갈등에 대한 오해

갈등의 성격과 '서술'된 양상이 다르긴 해도, 갈등 없는 소설은 없다. 소설이 재현하는 삶이 갈등으로 점철되어 있고, 또 독자가 흥미를 느끼면서 미적 체험을 할 수 있도록 극적으로 구성되어 있는 게 소설이므로, 모든 소설에는 갈등이 존재한다고 보아야 한다.

그런데도 한국에서는 갈등이 약하거나 잠재된 작품이 좋은 소설이라 생각하고, 이러한 작품 위주로 읽고 교육하는 경향이 있다. 또 갈등이 본격적으로 전개되거나 그것을 바람직한 방향으로, 또 근본적으로 '해소'할 방안에 관한 치열한 모색은 빈약한 채, 인정(人情)이나 운명 따위에 의존하여 사건이 '해결'되고 마는 작품을 높이 평가하고 교육 자료로 삼는 경향이 있다. 「소나기」처럼 서술상 갈등이 약하거나 잠재된 소설이란 서사성이 약한 소설, 즉 시적인 특성을 지닌 서정적 소설이다. 인간이 지닌 애욕과 그것의 실현을 막는 현실의 갈등을 메밀꽃의 희고 아득한 이미지와 '아들 얻기'라는 우연적 사건으로 희석시키는 「메밀꽃 필 무렵」 역시 그러한 경향의 작품이라 할 수 있다. 단편 중심, 서정성 중심으로 생각하다 보면 이러한 작품이 전형적인 것인 듯 여기기 쉽지만, 소설은 '서사'의 대표적 갈래이며, 소설의 대종(大宗)은 장편소설이다. 그런 작품들도 있어야 하고 또 그것이 좋은 작품일 수 있지만, 갈래의 대표적 성격을 지닌 작품은 아니라고 할 수 있다.

한편 갈등에는 인간 세상 어디에나 존재하는 보편적 갈등도 있지만, 특정한 시대와 사회에 존재하는 특수한 갈등도 있다. 또 권선징악의 선\악 갈등처럼 관습적이고 유형적인 갈등도 있지만, 작품 특유의 개별적 갈등도 있다. 이론으로는 그렇게 나눠져도, 대개의 소설에는 이런 갈등들이 뒤섞여 있는데, 또한 한국의 독서와 교육은 갈등을 유독 보편적이고 관습적인 것, 즉 사회적·역사적 특수성이 적은 것 위주로만 생각하는 경향이 있다. 소설 '교육'의 경우 그럴 필요성이 다소 있다고 해도 쏠림의 정도가 지나치다고 본다.

왜 우리는 서정적인 소설과 갈등이 보편적이거나 관습적인 소설을 높이 평가하면서 주된 교육 자료로 삼아왔을까? 그 까닭은 우선 한국 근대소설이 단편 중심으로 발전되었고, 당대의 사회적 갈등에 대한 관심을 뒤로 돌리는 이른바 순수문학론이 그릇된 영향을 끼쳤기 때문으로 보인다. 또 이성보다 감성, 깊이 따지기보다 마음으로 느낌을 더 중시하는 문화 풍토와도 관련이 있을 터이다. 하지만 무엇보다 '지금 여기'의 문제에 대한 구체적 인식과 '갈등 자체를 싫어한' 권력의 억압, 그 결과 뿌리박힌 인습 때문이다. 어쩌면 그 모두가 낳은 기형적 교육관 때문이라고 보는 게 옳을 것이다. 청소년은 인간의 내면과 사회에 존재하는 갈등을 적극적으로 이해하고 해결할 경험과 능력을 길러야 한다고 보는 게 아니라, 오히려 그로부터 무조건 '보호'되어야 한다고 보는 교육관 말이다.

3. 갈등 읽기

앞에서 소설 읽는 과정을, 하위의 작은 사건들을 상위의 중심사건에 수렴시키는 과정으로 보았는데, 이는 곧 어떤 장면이나 인물 각자의 갈등을, 작품 전체에서 중심적이고 지배적인 갈등으로 수렴시키는 과정이기도 하다. 소설을 읽는 동안 독자가 서술에서 직접 '보는' 것은, 장애를 극복하고 욕망을 달성하고자 인물 각자가 여러 상황에서 갈등하는 모습과, 그것을 그럴듯하고 강렬하게 제시하는 데 이바지하는 사물들이다. 하지만 그와 동시에, 작품을 읽어나갈수록 더욱, 독자는 어떤 추상적 공간에서, 비슷한 의미소들을 모아 계열체(패러다임)를 만드는 동시에 그와 대립적인 것들의 계열체를 만들어, 개별 인물이나 특정 상황을 초월하여 작품 전체에 존재하는 이항 대립(二項對立)의 의미 체계를 설정한다. 앞 장에서 살핀「눈길」의 경우, '나'가 서울 자기 집으로 서둘러 돌아가려고 함, 자기 집안일이라면 "엉뚱한 데서 독함," 어머니의 회상을 듣지 않으려고 함, 장남의 의무를 외면함…… 등, 어머니나 집안과의 관계를 부정한다는 특질을 지닌 것들과, 그와 대립되는 것들을 두 계열로 모은다. 그리고 각 계열체에 공통된 의미를 다시 추출하고 추상화하여 '어머니에게 진 빚이 없다고 고집함\빚을 따지면 안 된다는 양심의 소리를 받아들임' '가족(집안)을 부정함\긍정함' 같은, 말하자면 갈등항의 이름을 문패 붙이듯 붙인다.

  작품 전체의 중심 갈등은, 인물 개인의 욕망을 넘어서는 것으로서, 헤아릴 수 없이 많은 말들을 지배하는 문법과 같은 것이다. 그것은 줄거리에 존재하는 여러 사건과 인물을 지배하는, 그 층위의 상층 혹은 심층의 '주제적 층위'에서 작동하는, 의미 생산의 추상적 틀이다. 따라서 작품 구조 전체의 의미를 낳는 갈등을 설정할 때, 작품에 반영된 욕망, 이념, 사상 등과 밀접하고 그 기능이 지배적인, 대립된 의미를 지닌 두 개의 낱말이나 구(句)를 사용하는 게 적절하다. 대립의 양쪽을 특정 인물이 맡고 있어서 인물 간의 갈등으로 서술되었다 하더라도, 갈등 자체가 드러나지 않으므로 인물의 이름이나 '~ 한 자' 따위의 표현은 피해야 한다. 그 갈등항 또는 대립소를 나타내는 말의 예를 들어 보면, '궁핍한 현실\포기할 수 없는 이상' '물질적 욕망\정신적 규율' '악이 지배하는 사회\선한 개인' '육체적 가치 추구\정신적 가치 추구' '빈(貧)\부(富)' 등이 있다. 이때 지나치게 범주가 넓고 추상적인 말을 사용하면, 작품의 구체적 모습과 개성에서 멀어지므로 주의해야 한다.

한 작품에는 여러 갈등이 얽혀 있다. 장편소설처럼 사건 규모가 큰 소설은 그 양상이 매우 복합적이어서 주제의 폭과 깊이를 더한다. 하지만, 대개 단편소설 작품은 한두 가지 갈등 중심으로 통합되어 있고, 그 힘에 의해 다른 하위 갈등들이 작동하고 연결된다. 그렇다 하더라도, 사건 자체가 추상성을 띠고 있는 만큼, 갈등도 정체가 뚜렷하지 않은 경우가 많고 독자에 따라 다르게 해석될 수 있다. 그뿐만이 아니다. 앞의 제3장에서, 독서 과정에서 사건의 모습과 의미는 구체적인 것에서 추상적인 것으로, 매개적인 것에서 핵심적인 것으로, 표층적인 것에서 심층적인 것으로, 주변적인 것에서 지배적인 것으로 바뀌어간다고 하였다. 그렇다면 독자가 어떤 층위에서 갈등을 설정하느냐, 여러 층위에서 설정 가능한 갈등들 가운데 무엇을 중심 갈등이라고 보느냐에 따라 작품에 대한 해석이 달라진다. 예를 들면, 「메밀꽃 필 무렵」에서 허생원과 동이는 충주집을 둘러싸고 싸우는데, 이는 애욕 때문에 벌어진 인물 갈등이라 할 수 있다. 이렇게 '애욕을 충족하려는 자\막는 자'의 갈등이 중심사건을 낳았다고 본다면, 두 인물의 성격은 물론 그들이 하는 행동의 이유와 의미를 주로 애욕의 맥락에서, 애욕과 밀접한 것 위주로 해석하게 된다. 이렇게 보면, 허생원의 나귀가 하필이면 그때 발정이 난 것은 주인과 나귀를 병치하여 애욕이라는 제재를 확대하기 위함이며, 동이가 그 나귀를 돕는 행동은 그가 허생원에게 사과하는 행동이 된다. 그리고 허생원이 물레방앗간에서의 정사 이야기를 하는 행동도, 동이의 나이 때는 자기도 그랬음을 인정하는, 곧이어 그가 동이에게 직접 사과를 하는 행위의 전단계로 해석된다.

그런데 이 작품이 애욕을 추구하는 두 인물 간의 갈등이라기보다, 거기서 나아가 '생명체가 지닌 애욕\애욕 충족을 가로막는 현실,' 혹은 '정착을 바라는 욕망\정착을 허락하지 않는 환경'의 갈등 중심으로 해석하면 어떨까? 이렇게 볼 경우 서술의 전면(前面)에 그려진 허생원과 동이는 갈등의 주체라기보다 매개자가 되고, 그들이 싸우고 화해하는 사건은 그들이 지닌 갈등 자체를 제시하기보다 제3의 갈등을 제시하기 위한 매개적 사건이 된다. 일종의 비유나 상징이 되는 셈이다. 이렇게 읽을 수는 있지만, 「메밀꽃 필 무렵」에는 애욕과 정착을 가로막는 대립항으로 세울 만큼, 그와 관련된 '현실' 제시가 적어 보인다. 그래서 도리어 그 점을 들어, 좀더 근원적이거나 사회적인 주제를 표현하지 못했다고 이 작품을 비판할 수 있다. 하여튼 이러한 관찰은, 작품의 중심 갈등을 작품의 실상에 '적절하게' 설정한다는 것이 얼마나 섬세하고 중요한 일인가를 실감하게 만들어준다.

갈등에 주목하면 이렇게 작품을 통합적으로 또 합리적으로 읽을 수 있다. 그리고 인물의 욕망과 그 추구 과정, 즉 사건의 전개 과정을, 작품에 그려지고 그것의 창작 및 수용에 관련된 여러 사회 현실과, 그들을 지배하는 이념, 사상, 제도 등의 맥락에서 해석할 수 있게 된다. 갈등은 결국 인간의 욕망과 이해관계를 추구하고 조정하는 가치관과 세계관들 사이의 갈등인 까닭이다. 주로 이 '갈등 읽기' 활동을 통해, 삶에 존재하는 갈등을 드러내고 조정하며 그에 적응하도록 돕는 소설의 핵심 기능이 실현된다.

4. 갈등의 종류

무엇을 여러 각도에서 종합적으로 이해하는 데는 갈래 짓기가 도움이 될 때가 많다. 갈등도 마찬가지이다. 앞에서 암암리에 갈등을 여러 갈래로 나누면서 그 특징과 양상을 풀이해왔다. 또 갈등의 갈래가 사건의 갈래와 긴밀한 관계에 있음도 지적하였다. 어디까지나 소설의 다양한 모습을 알고 각자에 걸맞게 읽는 데 도움받기 위해, 그것을 간추리는 한편 보충하여보자. 여기서도 줄거리와 서술 두 층위 구분이 도움이 된다.

먼저 서술 양상에 따라 구별해보자. 흔히 갈등이라고 하면 싸움을 먼저 떠올리는데, 「동백꽃」「봄·봄」(모두 김유정) 등과 같이 인물들이 내놓고 싸우는 것만 갈등이 아니다. 「소나기」에서는 아무도 싸우지 않지만 우리는 이 작품에 갈등이 없다고 생각하지 않는다. 갈등이 작품 전체에 잠재되어, 의미를 낳는 바탕 구조를 이루고 있다고 보는 것이다. 여기서 갈등이 서술상 구체적으로 서술되어 드러나 있는 편인 경우와 그렇지 않은 경우를 구분할 수 있다(드러난 갈등/잠재된 갈등). 여기서 갈등이 드러나 있되 두 대립항을 인물들이 나누어 담당한 경우, 즉 갈등이 인물 간에 일어나는 것으로 서술될 경우와 그렇지 않은 경우를 다시 구분할 수 있다(인물 갈등/비인물 갈등). 동화, 모험소설, 추리소설 등은 대개 갈등이 드러나 있고 인물 간에 일어난다.

「운수 좋은 날」(현진건)에서 주인공 김 첨지는 운이 좋으니 계속 돈을 벌 것인가, 아내가 중병을 앓고 있으니 그만 집으로 돌아갈 것인가 사이에서 갈등한다. 서술 전면(前面)에 그려진 이 내면적 갈등은 빈(貧)과 부(富)라는 이 작품의 궁극적이고 지배적인 갈등을 제시하는 매개 역할을 한다. 한편 「장마」(윤흥길)는 친할머니와 외할머니 사이의 갈등과, 그 양쪽을 모두 서술하기에 좋은 중간적 인물(중간자)인, 어린 '나' 자신의 심리적 갈등이 전면에 구체적으로 그려진 작품인데, '그것을 통해' 전쟁 중인 남과 북의 갈등이 직접·간접으로 제시되고 있다. 이때 무엇이 중심적이고 지배적인 갈등인가는 해석하는 입장에 따라 다를 수 있고, 보기에 따라 그들의 구별이 무의미할 수도 있다. 하여간 이런 양상을 염두에 두면서 갈등이 존재하는 곳과 기능에 따라 분류해 볼 수 있다(서술의 표층 갈등/심층(중심) 갈등, 매개적 갈등/지배적 갈등, 인물의 내부 갈등/외부 갈등).

줄거리 층위로 더 옮아와서, 갈등의 최종 상태, 곧 사건의 끝상황을 가지고 갈등의 모습을 구분해보자. 사건은 자체의 인과관계에 따라 소설의 결말부에서 '해결'되거나 되지 않을 수 있다. 하지만 사건이 해결되었다고 해서, 즉 결말이 '닫힌 결말'이라고 해서 항상 갈등도 '해소' 되었다고 볼 수 있는 것은 아니다. 권선징악 구조의 대중적인 이야기는 대개 사건의 해결이 갈등의 해소라는 환상을 준다. 그러나 갈등은 사건을 낳지만 사건과 구별된다. 악한 인물이 체포되었어도 그가 대변하였던 악이나 악의 세력이 완전히 사라지고 괴멸되었다고 판단할 수 없도록 작품이 구성되어 있다면, 갈등은 해소된 게 아니다.

「장마」에서 두 할머니가 화해를 하여 갈등이 해결되었으나 전쟁은 끝나지 않은 상태이고, 그로 인해 전쟁을 불러온 이념적·정치적 갈등 또한 해소될 수 없다. 다만 두 할머니의 갈등 해결(화해)을 통해 심층 갈등의 해소 방향이 암시되고 그 당위성이 강조될 따름이다. 「장마」와 비슷하게, 성삼이와 덕재의 묶고 묶이는 갈등관계를 매개로 한국전쟁을 그린 황순원의 「학」 역시, 결말에서 성삼이 덕재를 놓아준다고 해서 심층 갈등이 해소되리라고 볼 독자는 없다. 해소는커녕, 덕재를 자기 마음대로 놓아준 성삼이 앞으로 지게 될 책임 문제가 새로 떠올라 해결을 기다리는 판이다. 이러한 양상, 곧 결말에서 갈등의 해결 여부, 또 갈등의 해결과 해소가 일치하는가의 여부를 고려한다면, 작품을 좀 더 섬세하게 읽을 수 있을 것이다(해결된 갈등/미해결된 갈등, 해소된 갈등/미해소된 갈등).

한편 굳이 분류를 의식하지 않으면서도, 우리는 흔히 심리 갈등, 성격 갈등, 애정 갈등, 운명 갈등, 이념 갈등, 개인과 사회의 갈등, 인간과 환경의 갈등 등에 대해 말한다. 이는 갈등의 원인 혹은 대립소 자체의 본질에 따른 구별이다. 앞에서 언급한 유형적 갈등도 여기 속한다.

다시 한 번 말하면, 이러한 갈래 구별은 작품에 내포된 갈등의 다양한 모습을 알고 적절히 읽기 위한 것이지 외워서 기억할 그런 지식이 아니다. 한 작품에는 여러 갈등이 얽혀 있어서 한 사건의 원인이 여러 갈등일 수 있다. 또 한 인물 또한 한 가지 갈등에만 빠져 있지 않은 때가 많아서, 어떤 행동이 아주 많은 동기에서 비롯된 것일 수 있다. 그러므로 무엇이 심층에 존재하는 지배적 갈등이며 그것을 담은 중심사건인가는, 작품을 가지고 독자가 판단하고 해석할 문제이다. 독자는 흡사 잔칫집에서 음식상을 받은 손님과 같다. 음식을 어떤 것 중심으로, 어떤 순서로 먹을 것인가, 또 상의 차림새와 음식 맛이 어떻다고 평가할 것인가는 손님에게 달려 있다. 그러므로 독자는 스스로 열심히 먹어야 한다. 그런데 가끔, 남이 먹고 하는 말이나 듣고 말거나, 있지도 않은 음식을 먹으려는 독자들이 있다.

5. 「기억 속의 들꽃」의 갈등 읽기

「기억 속의 들꽃」(윤흥길)은 그 제목이 암시하듯이, '나'가 어린 시절을 회상하는 형식으로 서술되고 있다. 그러니까 어린 '나'의 눈으로 보고 체험한 것을 어른이 된 '나'가 회상하는 이야기이다. 이러한 형식은 같은 작가의 「장마」와 비슷한데, 중요한 차이점이 있다. 초점자인 '어린이 나'가 갈등하는 두 편의 중간자라고 하기 어렵고, 또 서술하는

'어른 나'가 초점자인 '어린이 나'가 본 것을 비판적으로 서술하고 있다. 서술상황이 이렇게 단순하지 않으므로 먼저 그 서술방식부터 뜯어볼 필요가 있다.

이 소설에서 열 살 남짓의 '어린이 나'가 보기는 보았으되 또렷이 알기 어려운 사건의 내막을, '어른 나'는 알고 있다. 그래서 '어른 나'의 서술에는 내막을 폭로하거나 암시하는, 은밀하고 냉정한 목소리가 배어 있다. 그래서 독자는 읽어가면서, 이 작품이 소년과 소녀가 등장하는 이야기이긴 하나 천진무구한 동심의 세계를 그리고 있지 않다는 것, 그려진 세계 안에만이 아니라 그려진 것과 그리는 자 사이에도 갈등이 있으며, 서술 행위 자체가 무언가 말하기 어려운 것을 폭로하는 이야기임을 점차 알게 된다. '어린이 나'가 본 과거 세계에서는 명선이가 남자인 줄 알았는데 여자임이 드러나고, 끊긴 다리가 놀이터인 줄 알았는데 반지를 감춰둔 곳임이 드러난다. 이렇게 두 층위에서, 사건에 대한 서술이 조절 혹은 지연되면서 '갈등이 점차 드러나는' 소설인 셈이다.

우선 줄거리를 대강 잡아보자. 서울 아이 명선이는 "사연이 복잡한 부잣집"의 딸인데, 한국전쟁 피란 중에 비행기 폭격으로 어머니를 잃는다. 인민군에 밀려 계속 피란해 오던 명선이는 가진 것을 탐내어 자기를 죽이려 한 숙부한테서 도망쳐 '나'의 집에서 얹혀살게 된다. 명선이는 '나'의 부모가 먹여준 대가를 요구할 때면 금가락지를 내놓곤 한다. '나'의 부모가 금반지를 더 얻으려 몸을 뒤지려 들고 마을 사람들까지 옷을 벗기는 과정에서 그가 여자애임이 드러난다. '나'의 부모는 다른 이들이 명선이를 차지하지 못하게 막는 한편 명선이가 달아나지 못하게 감시하고, 남은 금반지를 손에 넣으려 애쓴다. 명선이는 폭격으로 끊어진 다리의 끝에서 놀다가 갑자기 나타난 비행기 소리에 놀라 떨어져 죽는다. 뒤에 '나'는 다리의 그 지점에서 명선이가 감춰두었던 금가락지 주머니를 발견하고 놀라서 강에 떨어뜨린다.

이 이야기에서 명선이와 대립하는 인물 가운데는 텃세를 부리는 동네 아이들이 있다. 하지만 그들과의 갈등은 중심 갈등을 강화하고 이야기를 그럴듯하게 보이게 만들기 위한 주변적인 갈등이다. 명선이와 중심 갈등 관계에 놓인 이는 '나'의 부모, 명선이 숙부, 동네 사람들 등의 어른들이다. 그 대표는 '나'의 부모인데, 말로는 명선이를 자식처럼 돌본다고 하면서 실은 그 아이가 지닌 금반지, 나아가 그 애에게 딸려 있다는 재산을 탐낸다. 그것을 짐작하는 어린 '나'는 부모와 대립관계에 놓인다. 하지만 부모를 거역할 수 없고 달리 어쩔 줄도 모르므로 그 갈등은 '잠재된' 상태로 있다. 회상하는 '나'는 이제 어른이므로 과거의 일에 대해 회상하고 '서술하는 행위'를 통해서, 내막을 폭로하고 비리(非理)를 비꼬는 말로 그 갈등을 간접적으로 드러낸다.

명선이의 부모 혹은 어머니는 아이가 어떤 상황에 빠질 것인지를 예견하고 있었다. 그래서 전쟁 한복판에서 피란을 떠나며 명선이를 남자로 변장시키고 금가락지를 여러 개 주며, 장래를 부탁하는 글이 든 패가 달린 목걸이까지 몸에 지니게 한다. 그리고 함부로 옷을 벗지 말라든가 절대로 금반지를 한꺼번에 내놓지 말라는 당부를 단단히 하였을 것이다. 명선이는 그것을 잘 따라서 재물을 수단으로 자기의 몸과 생명을 지키고자 했지만 점점 상황이 악화되어가다가 갑자기 죽게 된다.

명선이와 그 부모가 추구한 것은 짐작하기 어렵지 않으나 명료하게 드러나 있지 않다. 서술상 잠재된 부분이 있고 그들이 수동적인 입장이기 때문이다. 그런데 갈등의 두 항은 서로 대립관계이므로 한쪽을 정하면 다른 쪽도 정해진다. 그러니 그들과 대립하고 욕망이 드러나 있는, '나'의 부모로 대표되는 인물들이 추구한 것을 먼저 설정하는 편이 낫다. 이것은 '재물을 얻음' 혹은 '물질적 이익을 얻으려는 욕망' 즉 이기적 탐욕이다. 그렇다면 명선이와 그 부모가 추구한 것은 '생명을 보존함' 혹은 '살려는 욕망'이 된다. 명선이가 무남독녀임을 고려하여 '혈통을 지킴'이라 할 수도 있을 것이다.

이 작품에서 생명과 재물은 갈등관계이다. 본래 재물은 생명을 살리기 위해 있는 것이므로 목적과 수단 관계이다. 하지만 이 작품에서는 그 관계가 뒤집어지면서 갈등관계에 놓이게 된다. 밥을 얻어먹고 보호를 받아 유지되는 명선이의 생명은 명선이와 그 부모한테는 무엇과도 바꿀 수 없는 절대적 가치를 지닌 것이나, '나'의 부모와 동네 사람들, 명선이의 숙부 등에게는 재물을 얻기 위한 수단에 불과하다. 그래서 명선이의 숙부는 금반지뿐 아니라 아마도 명선이한테 딸린 재산까지 가로채기 위해 명선이를 죽이려 하였고, '나'의 아버지는 "너를 친자식 이상으로 생각혀 왔다"는 거짓말이나 늘어놓으며 금반지와 그 이상의 이익을 얻고자 명선이를 이용하면서 "이마에서는 땀방울이 찌걱찌걱 배어나오고" "벌겋게 충혈된 눈을 등잔 불빛에 번들번들 빛내면서 숨을 씩씩거린"다. 이 작품은 이렇게 사람이 재물, 곧 먹고사는 데 필요한 것에 매달려 생명과 인간성을 짓밟는 야수적인 행동, 나아가 그런 행동이 거침없이 날뛰게 한 전쟁을 비판하고 있다.

　이 작품의 결말은 매우 우연적인 것처럼 보인다. 명선이가 위험한 다리 끝에서 놀다가 마침 지나가는 비행기 소리에 놀라 떨어져 죽었기 때문이다. 그러나 명선이가 거기서 논 것은 거기에 금반지를 감춰둔 일과 관련이 있다. 그렇게까지 위험을 무릅쓰며 금반지를 감출 필요가 없었다면, 또 전쟁 중이 아니어서 폭격기가 지나가지 않았다면, 나아가 어머니가 폭격으로 죽지 않아서 병적으로 비행기를 겁내지 않았더라면, 명선이는 거기서 죽게 되지 않았을 것이다. 그러므로 명선이의 죽음은 우연이 아니다. '생명'이 금반지 주머니를 감춰둔 곳에서 들꽃처럼 떨어지는 그 사건은, 생명\재물의 갈등이 낳은 이 작품 중심사건의 필연적 결말, 생명이 재물에 압살되는 결말이다.

　여기서 이 작품의 갈등과 한국전쟁의 관계에 대해 살피지 않을 수 없다. 이 작품의 중심사건은 전쟁 중에 일어나며 폭격으로 다리가 끊기고 피란민과 인민군이 지나간 공간에서 벌어진다. 하지만 한국전쟁에서 갈등관계에 있었던 세력이나 이념과, 앞서 살핀 이 작품의 갈등하는 인물과 대립소 사이에는 관련성이 적다. 예를 들어 '나'의 아버지나 명선이의 숙부가 인민군과 닮았거나(은유적), 그 세력과 밀접한 (환유적) 관계가 있다고 보기 어려운 것이다. 그러므로 이 소설은 한국전쟁을 압축하거나 상징화한 작품, 또 어느 한편을 비판하는 작품이라기보다, 전쟁이 초래한 상황, 즉 생명보다 재물이 중시되는 비인간적이고 극한적인 상황을 폭로하는 작품에 가깝다. 한국전쟁이라는 역사적 갈등은 이 작품에서 중심 갈등이 발생하도록 만드는 원인 혹은 배경으로 기능하고 있다. 이 작품에서 서술의 초점에 놓인 제재는 인간의 탐욕과 폭력성이며, 전쟁은 그것이 날뛸 수 있게 만든 배경이요 원인이다. 이 작품은 그런 방식으로 전쟁을 고발하고 인간의 폭력성을 폭로한다.

6. 「무녀도」의 갈등 읽기

갈등의 양상도 양상이지만, 사회적 상황 또는 시대적 배경과 갈등 사이의 관계가 「기억 속의 들꽃」과 비교되는 것이 김동리의 단편소설 「무녀도」이다. 두 작품의 비교는, 작품 속의 사건 및 갈등과 사회현실 사이, 나아가 그것과 작품이 창작되고 읽히는 사회현실 사이의 관계를 이해하고 관련짓는 데 도움을 준다.

「무녀도」에서는 어떤 사건이 일어났는가? 얼른 떠오르는 것이 욱이의 죽음이다. 그의 죽음은 어머니 모화의 죽음과 동생 낭이의 떠남을 낳고, 결국 '모화네 집'이 없어지게 한다. 그러면 욱이는 왜 죽는가? 놀랍게도 그 직접적 원인은 모화가 칼로 쳐서 상처를 입혔기 때문이다. 어머니가 아들을 죽게 한 것이다. 「기억 속의 들꽃」처럼 부모와 자식이 갈등하되, 그와는 비교가 되지 않을 정도로 격렬하게 '대결'하며 그 결과 자식이 죽는다.

어머니와 아들의 이 비극적 갈등은, 서로가 자신이 믿는 신이 부정하는 '귀신'에 사로잡혀 있다고 믿는 데서 비롯된다. 모화는 욱이가 "예수 귀신에게 들렸다"고 생각하고, 욱이 또한 모화가 "사귀(邪鬼)에 들려 있다"고 판단하여, 상대의 얼굴에 물을 뿜고 끼얹으며 싸운다. 그 종교적 믿음 싸움이 모자간의 애정을 훼손하지는 않는다. 모화가 욱이를 칼로 친 행위는 미워서가 아니라 귀신을 내쫓기 위해서이며, 그녀가 예기소에 몸을 던지는 행위 또한 자살이기 이전에 주술적 의미를 지닌 행위이다.「무녀도」에 되풀이 등장하는 모화의 말과 무가(巫歌)들은, 자연과 인간, 초인간적 존재와 인간적 존재가 교류하는 무교적 세계관을 제시하여, 그녀의 행위들이 지닌 종교적 의미 맥락을 형성한다.

「무녀도」에서 욱이는 기독교 전파 활동을 다소 한다. 따라서 그의 죽음은 순교인 것처럼 서술된다. 그의 죽음이 순교라면, 모화의 죽음 역시 순교이다. 그러므로 이 작품은 한 무당 어머니의 죽음이 아니라, 한국의 전통적 믿음을 외래적·서구적인 믿음과 나란히 놓고, 전자가 후자와 갈등하고 밀려나는 사회적 변화를 그리고 있다고 할 수 있다. 이러한 해석은 기독교가 들어와 전통적 믿음을 약화시키는 작품 안팎의 사회적 상황이, 이 작품에서는 이른바 '배경'만이 아니기 때문에 가능해진다. 이 작품에서는,「기억 속의 들꽃」과는 달리, 욱이\모화의 인물 갈등이 기독교\무교라는 사회적 갈등의 축소판 혹은 상징으로 존재하면서, 이를 미루어 유추할 수 있게 하는 것이다.

7. 갈등의 교육적 의의
―「원미동 사람들」(「일용할 양식」)의 교육 자료로서의 문제점

갈등은 삶의 근본 문제를 드러내며 독자에게 판단을 요구하므로 독자의 가치관, 그가 속한 집단의 이념 등과 밀접한 관계에 있다. 그렇기 때문에 소설의 갈등은 독자의 가치의식을 길러준다. 교육적으로 볼 때, 특히 청소년의 가치의식 기르기에 좋다. 인생과 사회에 대해 깊이 인식하고 비판적으로 사고하는 힘을 기르는 데 적합한 것이다. 갈등 중심의 소설 읽기는 작품에 담긴 문제적 현실을 사례 삼아 벌이는 하나의 모의 훈련에 해당한다. 교육 목표, 반성하려는 사회현실의 문제점, 그리고 작품에 내포된 갈등과 그것의 제시 방식 등을 면밀히 고려하여 작품을 택한다면, 그 훈련은 매우 바람직하고 총체적인 보람을 거둘 수 있다. 소설을 가지고 이른바 논술 지도나 문제 해결 중심 수업, 독서 모임의 성찰(省察) 세미나 등이 가능한 것은 바로 그때문이다.

하지만, 앞에서 언급했듯이, 한국의 교육은 청소년으로 하여금 갈등에 관심을 갖지 않게 하거나, 관심을 가져도 어느 한쪽에 서기를 강요한다. 그래서 작품 체험을 통해 가치의식을 기르는 게 아니라 오히려 현실의 문제로부터 멀어지게 만드는 경향이 있다. '민족의 (갈등이라기보다) 수난' 혹은 '국가의 중요성'을 제재로 삼은 소설들을 교과서에 너무 많이 수록함으로써, '가치의식'이라기보다 특정 '가치'를 심어주는 데 지나치게 골몰하기도 한다. 또 갈등에 대한 인식이 빈약하여 자료 선택과 지도의 기본 원리를 마련하는 데 소홀히 해왔다. 앞서 언급

한, 순수성이나 보편성 운운하면서 서정적 소설을 너무 중요시하는 경향도 그런 원인에서 비롯된 것이다.

갈등에 대한 인식이 부족하여 부적절하게 교육 자료로 선택된 작품이 「원미동 사람들」(양귀자)이다(『중학교 국어 3-1』, 교육인적자원부, 2003). 이 작품은 본래 연작소설집 『원미동 사람들』에 수록된 「일용할 양식」인데, 소설 내용에 부합하는 제목을 교과서에 실으면서 구태여 바꾼 데서부터 문제점이 엿보인다.

「원미동 사람들」의 대강 줄거리는 이러하다. 경호네의 '김포 쌀 상회'가 '김포 슈퍼'로 새단장을 하면서 판매 품목을 늘리자, 이에 맞서 김 반장의 '형제 슈퍼'도 김포 슈퍼가 파는 쌀과 연탄을 취급하게 된다. 값을 마구 내리며 공방전을 벌이던 두 가게는, '싱싱 청과물'이 새로 등장하여 부식까지 팔게 되자, 동맹을 맺고 싸운 끝에 쫓아내는 데 성공한다. 동네 사람들이 이제 두 가게가 어떻게 지낼지를 궁금해하는 판에, 싱싱 청과물 자리에 새 전파사가 들어와서 기존의 전파사와 경쟁하게 되었다는 소식이 전해진다.

이 소설은 갈등이 드러나 있으므로 해석이 어렵지 않다. 그 갈등은 쌍방이 모두 "먹고살아보려고"(이와 같거나 통하는 말이 세 번 나온다) 벌이는 이권(利權)을 지킴 \ 빼앗음의 갈등이다. '일용할 양식'을 위한 이 원초적인 갈등은, 결말부에 새로운 갈등이 등장하는 데서 알 수 있듯이, 인간사회가 존재하는 한 사라지거나 해소되기 어렵고, 경쟁을 당연하게 여기는 자본주의 체제에서는 잘잘못을 가리기도 어려운 것이다. 그래서 「기억 속의 들꽃」의 갈등과는 달리 윤리적·이념적 성격이

옅으며, 청소년이 이해하고 판단하기도 어렵다.

그러므로 이 작품이 1980년대 도시 서민들의 삶을 잘 그리고 있기는 하나, 그 갈등이 과연 교육적으로 얼마나 적절한지 의문이다. 소설은 어떤 현실을 그려 보여주기만 하는 게 아니라 그것을 매개로 자신과 주변 환경을 반성적으로 인식하고 깨닫게 한다. 그런데 청소년이 이 작품에서 인식하게 되는 것은 한국 사회의 야박함, 인간의 이기심과 폭력성, 약자(弱者)의 설움 등 매우 부정적인 것이 많다고 본다.

「기억 속의 들꽃」에서도 우리는 그런 것들을 인식하고 깨닫게 된다. 그런데 그 작품에서는 '나'가 개입하여 자기 부모와도 갈등하는 입장에서 작중 현실을 비판적으로 서술한다. 그리고 모든 부정적인 것의 근본 원인이 각 인물로서는 어쩔 수 없는 전쟁에 있다고 볼 수 있는 상황이다. 그래서 비록 명선이는 죽었어도, 독자는 인간의 이기심과 폭력성을 극복할 어떤 길을 생각할 수 있게 된다. 그에 비해 「원미동 사람들」은 참혹한 현실을 보여주기만 한다. 또 미움과 이기심에 사로잡혀 폭력을 휘두르는 행동의 원인도, 멀게는 산업화에 따른 경제 제일주의 또는 배금주의와, 터전을 떠나 도시로 몰려든 이들의 무규범성 탓이겠지만, 일단 인물 각자의 성격과 욕심 때문인 것으로 읽힌다. 이 작품에는 드러난 갈등의 의미를 규정하는 심층적 갈등이나 의미 맥락이 더 있어 보이지 않기 때문이다.

연작의 일부이기에, 이런 점이 이 작품의 흠으로는 보이지 않는다. 하지만 청소년이 이 작품을 읽었을 때, 먹고살기 위해 벌이는 이권을 지킴\빼앗음의 갈등 앞에서 어떤 태도를 취하고 무엇을 깨달을 것인가? 교과서 편찬자는 김 반장이 싱싱 청과물 주인을 사정없이 때려 선혈이 낭자하게 만들고 "어느 놈이든 내 장사 망치는 놈은 가만두지 않을 거야"라고 악담을 퍼붓는 참혹한 대목(5문장)을 원문에서 빼버렸다. 허나 이 작품의 교육상의 문제점은 그 부분을 빼는 정도로는 극복되지 않는다. 이 작품에서 김 반장은 악당과는 거리가 멀다. 그가 악인이면 싱싱 청과물 주인은 선인이 되는데, 독자 누구든 선\악으로 그들을 구별하는 데 동의하지 않을 것이다. 이렇게 서로 싸우긴 하지만 대립소가 약하며, 엄연히 존재하지만 해소되기 어려운 갈등을, 부정적인 모습 그대로 냉정하게 제시하는 서술에서, 청소년들이 쉽사리 문학교육적으로 바람직한 생각과 느낌을 품기는 어렵다고 본다.

싸움에서 진 싱싱 청과물 주인과 마찬가지로, 싸움에서 이긴 김 반장과 경호 아버지도 가난하고 딱한 처지에 놓여 있으며, 또 폭력을 휘두른 것 빼고는 자본주의 경쟁사회에서 그들이 특별히 잘못한 것도 없다. 좁은 지역에 비슷한 가게가 셋이나 되면 결국 함께 망하고 말 테니 어차피 어느 가게든 없어지게 마련이다. 대립하는 양편 모두가 못 가진 계층의 '일용할 양식' 문제에 매여 있고, 그래서 서로 싸움은 하지만 양편 모두 불쌍하고 참혹한데, 이 갈등에 대해 청소년은 비판적·창의적으로 접근하기 어렵다. 그저 현실의 냉혹함에 질려버리고 말기 쉬운 것이다.

소설이 어떤 '건전한 가치관'을 담고 있어야 교육적으로 적합하다는 주장을 하려는 게 결코 아니다. 교육 자료로 택할 소설의 갈등은, 과연 무엇이 옳고 가치 있는가를 치열하게 사색하는 문제의식과 가치의식을 내포하고 자극해야 하며, 또 독자의 경험과 사고능력에 걸맞아야 하는데, 「원미동 사람들」은 그렇지 않아 보인다는 뜻이다. 그리고 그 원인은 무엇보다 이 소설의 갈등의 성격과 양상을 충분히 고려하지 않았기 때문이라는 말이다.

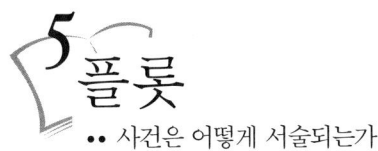
5 플롯
∙∙ 사건은 어떻게 서술되는가

1. 플롯

어떤 사람의 차림새가 무척 멋지고 아름다워 보인다고 하자. 그렇게 보이는 이유는 여러 가지가 있겠지만, 무엇보다 그의 옷, 머리 모양, 구두 등의 색깔과 모양이 조화를 이루고 있기 때문이다. 각각이 비싸거나 예뻐서라기보다, 모여서 전체 차림새를 이루는 그들의 관계, 즉 구조가 통일되어 아름다움이 빚어지는 것이다. 그 요소들의 관계는, 옷차림새처럼 공간에 고정된 형체로 존재하는 것은 공간적이지만, 소설처럼 얼마 동안 벌어진 사건을 얼마 동안에 걸쳐, 순서에 따라 읽는 것은 시간적이다. 따라서 소설의 요소들이 이루는 조화는, 같은 시간 예술인 음악이 그렇듯이, 어떤 리듬이나 움직임, 혹은 필연성과 감동을 낳는 의미의 동적(動的) 질서로 감지된다.

하나의 완성된 예술품은, 물론 작품에 따라 그 형태와 방식이 다르지만, 하나의 생명체처럼 모든 요소들이 조화되고 통일되어 있다. 요소 혹은 부분unit들의 관계를 이렇게 통일성unity 있게 짜는 행위 및 그 결과(짜임새)를 구성이라 한다. 작자의 입장에서 보면, 구성이란 독자에게 의미를 전달하고 반응을 일으키기 위해 제재들을 어떤 관점에서 변용하고 결합하여 작품을 완성하는 원리이자 그에 따른 행위이다.

사람의 삶 자체는 처음 – 중간 – 끝이 있다고 하기 어렵다. 하지만 삶을 모방한 소설에는 그것이 있을 수밖에 없다. 풍경을 네모진 액자 속에 담아놓은 그림처럼, 한 편의 소설은 삶의 강물에서 건진 소재를 가지고 지은 인공(人工)의 구성물이요 말 그대로 '작품(作品)'인 까닭이다. 아무리 흥미롭고 의미심장한 재료를 많이 모아놓았어도, 서로 잘 짜여 구조화되고 동기화(動機化)되지 않으면, 즉 인물의 욕망과 연관되고 사건 전개에 이바지하며 독자에게 뜻있는 체험을 일으키는 데 이바지하지 않으면, 그것들은 한낱 잡동사니에 불과하게 된다. 작품을 이루는 여러 사건, 인물, 공간 등은 전체 구조의 일부가 되어야, 그리하여 인과적 필연성과 미적 통일성을 형성해야만 의미를 지니게 되고 흥미와 감동도 낳게 된다는 말이다. 구성이 잘된 소설은, 처음에는 우연스럽고 별 의미도 없어 보이던 것들이, 끝에 가면 서로 긴밀히 연관되어 필연성, 그럴듯함, 의미심장함, 아름다움 등을 지니게 된다. 또한 온갖 사실, 행동, 이미지 등이 상호작용하여 혼란과 정돈, 분산과 집중, 의문과 해답이 교차되면서 독자의 내면에 어떤 미적 리듬 혹은 질서를 형성한다. 줄거리 층위에서의 '상황의 변화'를 사건이라 하였는데, 이렇게 그에 대한 독자의 '내면적 반응 변화'를 낳는, 서술 층위의 형식 혹은 원리가 바로 구성이다. 이것은 완성된 전체 혹은 완결된 결말을 지향하는, 독자가 뜻 깊은 체험을 하도록 마련된 틀이요, 과정이다.

그런데 소설 논의에서 '구성'이라는 말은, 작품의 '창작' 혹은 '서술 행위'에 가까운 뜻으로 넓게 쓰이는가 하면, 주로 사건을 중심으로 좁게 쓰이기도 한다. 그래서 플롯과 구별되는 한편, 플롯의 번역어로 구성이란 말이 쓰이는 데서 알 수 있듯이, 그와 유사한 의미로 사용되기도 한다. 영어에서도 콤포지션composition과 플롯plot의 관계가 이와 비슷하다. 여기서는 플롯을 구성에 내포되는 개념, 즉 좁은 의미의 구성으로 본다. 사건 중심으로 구성을 다루는 개념을 플롯으로 보는 셈이다.

플롯은 사건을 배열하고 결합하는 서술 원리이다. 그것의 주된 목표는 인과성과 감동의 창출, 곧 그럴듯하고 흥미로우며 진실되다는 독자의 반응 창출이다. 작가는 사건의 자초지종을 다 서술할 수는 없으므로, 어떤 것을 선택하고 생략할 수밖에 없다. 또 사건은 장면적으로 묘사되기도 하지만 요약되어 사실만 서술되기도 하므로, 앞의 뜻매김에서 언급한 '배열'과 '결합'에는 정보를 감추고(지체하고) 드러냄으로써 긴장을 유지하고 사건 전개를 합리화하는 문제, 예를 들어 독자가 어떤 사실을 모르다 알게 되고, 조금씩 암시받으며 추리하다가 의외의 결과에 놀라는 것과 같은 정보 조절 문제가 포함되게 된다. 플롯은 '전개하고 해결하는 원리'와 '감추고 드러내는 원리'의 총체인 셈이다. 따라서 플롯은 사건을 중심으로 한, 요소들을 선택·배열하고 결합하며 정보를 조절함으로써 미적 효과를 낳는 원리이자 기법이라고 다시 정의할 수 있다. 소설의 '플롯 층위'는 그런 활동이 벌어지고 관찰되는 서술의 국면 혹은 차원을 뜻한다.

플롯은 초점화, 인물형상화 등과 함께 소설의 서술 층위를 분석하는 핵심 개념이다(제1장의 〔표 1〕 참조). '무엇이 이야기되느냐'보다 그 무엇이 '어떻게 이야기되느냐'의 형식적 측면을, 사건의 배열과 제시 중심으로 살피기 위한 용어인 것이다. 제4장에서, 사건을 발전시키고 그 의미를 형성하는 동력이 갈등이라고 하였다. 그렇다면 플롯이란 작자가 의미를 창출하고 정서적 효과를 거두기 위해 갈등을 제시하는 서술 원리, 즉 사건들을 배열하고 통합하여 작품에 논리적·미적 질서를 형성하며, 독자의 정서를 북돋우는 원리라고 할 수도 있다. 여기서 재료에 따라 요리 방법이 달라지듯이 갈등의 성격에 따라 플롯의 양상이 달라짐을 짐작할 수 있다.

관점을 바꾸어, 여기서 플롯을 다르게 뜻매김할 수 있다. 작가는 줄거리의 모든 사건을 자세히 서술하기 어렵고, 또 그런다 하더라도 효과적이지 못하다. 그래서 중심사건 혹은 '현재 일어나고 있는 듯한' 핵심적 사건을 선택하여 집중적으로 서술하는데, 현재는 과거의 자식이요 미래의 부모이므로, 과거의 것을 어디에 어떤 형태로 도입하느냐, 또 모든 서술이 미래에 관한 어떤 기대와 추리를 불러일으키느냐가 기법상 매우 중요해진다. 독자 역시 시간예술인 소설이, 읽자마자 금방 사건이 해결되고 정보가 다 드러나버리기를 원하지 않는다. 이런 서술의 경제성과 효과성을 도모하기 위한 방법적 원리가 플롯이다.

배열과 결합 문제는 시간과 밀접한 문제요 결국 인과성의 문제이다. 따라서 플롯의 갈래를 나눌 때 '옴니버스식~' '피카레스크식~'과 같이 결합형식 위주로 나누거나, 운명, 인물(성격), 사상 등 중심제재의 특성과 변화를 기준 삼게 된다.

2. 플롯과 줄거리

전통적으로, 플롯은 줄거리와 구별하거나 비교하면서 파악하지 않아온 것으로 보인다. 『만세전』(염상섭)이 여행(길)의 플롯을 지녔고, 무속신화 「바리공주 이야기」, 동화 『오즈의 마법사』가 탐색의 플롯을 지녔으며, 『사상의 월야(月夜)』(이태준), 『데미안』(헤르만 헤세)이 성장의 플롯을 지닌 이야기라고 할 때, 거기서 '여행' '탐색' '성장' 등은 그 자체가 압축된 줄거리이자 줄거리 유형이다. 이런 경우, 플롯은 줄거리와 거의 같은 개념으로서 줄거리와 서술의 층위 구분을 전제하지 않은 것이라고 할 수 있다.

그런데 이와는 달리, 플롯을 줄거리와 대조적인 것으로 보는 입장이 공존하고 있다. 이는 20세기 초에 러시아 형식주의자들이 이야기를 두 층위, 즉 줄거리 층위와 서술 층위로 나누면서 뚜렷해진 현상으로 보인다. 플롯이란 용어가 오랫동안 쓰이다가, 이야기의 형태가 바뀌고 발달함에 따라, 두 가지 다른 뜻을 아울러 지니게 되었기 때문으로 볼 수도 있을 것이다.

플롯과 줄거리를 대조시켜 설명할 때 흔히 인용되는 E. M. 포스터의 말이 있다. 그런데 그 가운데 너무 일부분만 인용하고, 게다가 문맥을 소홀히 한 채 해석하는 경향이 있다. 포스터의 주장 이후에 오랜 시간이 지나면서 플롯 이론이 훨씬 정교해졌기에 굳이 그의 주장에 매일 필요는 없지만, 한국 문학교육의 플롯 논의에서 빠지지 않으므로, 해당 단락 전부를 인용하고 살펴보겠다.

플롯을 정의해보자. 우리는 줄거리story를 시간의 연속에 따라 배열된 사건의 서술이라고 정의한 바 있다. 플롯 역시 사건의 서술이지만 인과성을 강화한 서술이다. "왕이 죽자 왕비도 죽었다." 이것은 줄거리이다. "왕이 죽자 슬픔 때문에 왕비도 죽었다." 이것은 플롯이다. 시간의 연속은 유지되고 있지만 인과성의 느낌이 거기에 그림자를 드리우고 있다. 또 예를 들어보자. "왕비가 죽었다. 아무도 그 이유를 몰랐는데, 마침내 왕이 죽은 슬픔 때문이라는 것이 밝혀졌다." 이것은 신비를 품고 있는 플롯이며 고도로 발전될 수 있는 형식이다. 이것은 시간의 연속을 중단하고 가능한 한 멀리까지 줄거리를 떠나 이동한다. 왕비의 죽음을 생각해보라. 이것이 줄거리에 나오면 우리는 '그 다음에는?'이라고 말한다. 이것이 플롯에 나오면 "왜?"라고 묻는다. 이것이 소설의 두 국면two aspects of the novel 사이의 근본적인 차이점이다. 플롯은 입을 벌린 채 듣고 있는 혈거인이나 독재 군주, 그리고 그들의 현대적 후손인 영화 관객에게는 인식될 수 없다. '다음에는…… 그 다음에는……'만 가지고도 졸음이 오지 않는 그들은, 단지 호기심만 있으면 된다. 그러나 플롯은 지력(知力)과 기억력 또한 요구한다. (E. M. Forster, *Aspects of the Novel*, Penguin Books, 1974. p.87. 필자 옮김)

앞에서 '왕이 죽자 왕비도 죽었다'와 '왕이 죽자 슬픔 때문에 왕비도 죽었다' 모두는, 그 말 자체로 보면 사건을 요약한 것, 곧 '줄거리'이다. 따라서 뒤의 예가 플롯이라는 말을 곧이곧대로 이해하면 안 될 것이다. 또한 둘을 사건 배열 면에서 보면, "시간의 연속은 유지되고" 있기에, 그 순서가 같다. 그러므로 "인과성의 느낌이 그림자를 드리우고 있"을 정도인 이런 말 혹은 예만 가지고는 플롯과 줄거리가 어떻게 다른지를 충분히 설명하거나 이해하기 어렵다. 흔히 이 부분만 인용하여 풀이하고 있으나, "인과성의 느낌" 운운하는 그 말에서 포스터가 시사하는 어떤 '서술'방식을 짐작하기란 쉽지 않다.

플롯에 대한 설명은 그 다음 예, 곧 "왕비가 죽었다. 아무도 그 이유를 몰랐는데, 마침내 왕이 죽은 슬픔 때문이라는 것이 밝혀졌다"를 가지고 선명하게 이루어진다. 적어도 그것은 사건 배열이 앞의 예들과 달리, 결과가 먼저 나오고 그 원인이 나중에 제시되기 때문이다. 포스터는 거듭하여 "시간의 연속"이라는 말을 사용하고 있는데, 이는 플롯을 지배하는 허구적이고 인공적인 시간과 줄거리를 지배하는 자연적 시간을 대립의 핵심 요소로 의식하기 때문이다. 요컨대 포스터의 주장은, 플롯은 "인과성을 강화한 서술 형식"으로서, 사건 배열상 줄거리와 대조된다는 것이다.

플롯을 줄거리와 대조되는 개념이요 그와 다른 층위에 존재하는 것으로 볼 때, 플롯은 '서술되는' 것, 즉 줄거리를 효과적으로 '서술하는' 원리를 가리킨다. 그것은 줄거리의 질서를 파괴하고 변용하여 긴장과 새로운 의미를 창출하는, 즉 사건을 구조화하는 미적 형식이자 기법이다. 독자 쪽에서 보면, 줄거리는 파악되는 것이고 플롯은 줄거리를 그렇게 파악하게 하는 서술의 형식에 해당한다. 어느 쪽에서 보든, 이 원리의 핵심은 독자의 흥미를 지속시키면서 필연적이고 그럴듯하며 보람된 반응을 일으키는 것, 인과성과 감동을 창출하여 소설을 읽는 동안 값진 실존적 체험을 하게 하는 것이다. 이 글에서는 주로 이런 뜻으로 플롯이라는 말을 쓰고자 한다.

항상 그런 것은 아니지만, 작자는 자연적 시간에 따라 일어난 사건 1-2-3-4-5-6을 6-2-1-4-3과 같은 순서로 서술한다. 뿐만 아니라 작자는 항상, 사건들 가운데 어떤 것은 서술의 '양(量)'이 많아지게 자세히 묘사하고, 앞에서의 5처럼, 어떤 것은 간단히 요약하거나 생략해 버린다. 그래서 읽는 데 걸리는 시간의 양도 일정하지 않게 된다. 소설을 허구라고 하는 것은 이처럼 소설을 지배하는 시간이 소설 밖 경험세계의 자연적 시간과는 일치하지 않는 허구적 시간이기 때문이다. 이때 물리적 시간 질서가 교란되면서 사건의 인과관계와 인물의 정체가 모호하고 '낯설어지게' 된다. 먼저 일어난 사건이 나중 일어난 사건의 원인이 되지, 그 역(逆)은 성립되지 않아서, 나중 사건이 먼저 제시되면 독자는 의문과 긴장에 빠지기 때문이다. 또 어떤 과정의 일부를 모르거나 대충만 알게 되면 전체 과정을 이해하기 어렵기 때문이다. 독자는 작가에 의해 '서술된 순서와 표면적 내용'에 따라 읽으면서, 머릿속으로는 끊임없이 본래의 자연적 시간 순서 곧 줄거리 순서대로 사건을 재배열하며, 그들의 인과관계를 추리하고 상상한다. 또 초상화를 완성해가듯이, 인물에 대해 알아간다. 그 과정에서 예상을 깨고 반전이 일어나기도 한다. 이러한 활동이 벌어지게끔 일부러 배열과 정보 제공을 교란하고 조절함으로써 독자를 의문에 빠뜨리고 긴장시키는 동시에 의미를 흥미롭고 강력하게 전달하기 위한 형식이 플롯인 것이다.

형식은 내용의 장식이 아니다. 허리를 굽히는 형식이 곧 인사의 내용(공경한다는 뜻)이듯이, 형식은 내용과 뗄 수 없는 관계에 있다. 그래서 형식에 대해 잘 알면 내용의 해석이 깊어질 뿐 아니라 객관적인 근거를 갖추게 된다. 하지만 소설과 같은 추상적인 것의 형식은 눈에 보이지 않는다. 플롯은 초점화, 인물형상화 등과 함께 소설의 형식적 요소로서 내용 요소들이 어떤 형상을 지니게 하는 '보이지 않는 손'이다. 그러므로 이해하고 파악하기 어려워서, 읽기의 기초 수준에서는 따로 배우거나 의식하기 어렵다.

3. 플롯의 단계

플롯을 논의할 때 노상 그 단계에 대한 설명이 나온다. 대개 발단─전개─위기─절정─결말의 5단계로 구분하는데, 이것은 과연 무엇을 어떤 기준으로 나눈 것일까?

플롯 논의에서 노상 등장하는 게 또 있다. 바로 프라이타크의 삼각형Freytag's Triangle이다.

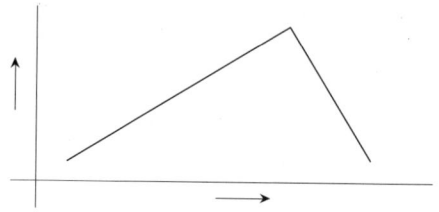

　설명하기 좋게 삼각형 모양 밖에 두 개의 축을 넣어보았는데, 가로축은 서술상의 사건 배열 순서, 곧 독자가 읽는 순서이다. 그것을 읽으면서 독자는 사건의 맺힘-풀림에 따라 정서적으로 맺히고 풀린다. 그렇다면 수직축, 곧 높이는 무엇을 나타낼까? 독자(관객)의 정서적 맺힘-풀림, 즉 긴장의 정도를 나타낸다. 우습게 비유하자면 독자의 심장 박동수나 혈압을 표시한다.

　이렇게 볼 때 플롯의 과정은 독자의 반응을 상승-하강, 혹은 긴장-이완시키는 과정이며, 단계 나누기는 그런 체험을 하며 읽어가는 작품 자체의 서술을 순서대로 끊는 일이다. 이는 줄거리가 아니라 서술 층위, 곧 가로축에서의 작업이다. 궁극적으로는 줄거리의 전개 과정을 염두에 두지만, 어디까지나 서술의 진행 과정을 대상으로 삼는다. 대부분의 사건이 줄거리 순서대로 서술되지 않으므로, 이는 매우 복잡하고 어려운 작업이다.

　어떤 갈래의 소설에 자주 쓰이는 관습적 플롯이 있고, 오랜 세월 동안 특히 사랑을 받아온 플롯 유형이 있다. 이러한 5단계설과 삼각형 이론은 주로 극(劇)이나 극적 소설을 염두에 둔 것이다. 따라서 그런 작품을 설명하는 데는 좋으나, 모든 작품에 적용하기는 어렵다. 극적 구조를 지니지 않은 작품도 많으며, 극적이라도 절정에서 끝나 결말부가 생략되거나 열린 작품이 많은 까닭이다. 그런가 하면 대하소설은 그야말로 대하(大河)와 같이 흘러가면서 무수히 굽이친다.

플롯의 단계 나누기는, 주관성을 떨치기 어렵다는 문제점도 안고 있다. 정서적 반응은 사람에 따라 다를 뿐 아니라, 구체적으로 서술의 어디부터 어디까지를 나누는가도 객관적으로 판단하기 힘들다. 때문에 플롯을 설명하거나 읽은 결과를 정리하는 데라면 몰라도, 읽는 능력 자체를 기르는 데는 별 도움이 안 된다고 본다.

4. 플롯 읽기

플롯은 원리요 형식이기에, 사람의 생명이 몸에 존재하지만 몸의 일부라고 하기 곤란한 것처럼, 소설에 존재하지만 그 일부를 잘라낸다고 붙잡히는 게 아니다. 그러므로 생명을 확인하려면 맥박이나 호흡같이 몸에서 일어나는 현상들을 살펴야 하듯이, 플롯을 파악하기 위해서는 읽는 동안 독자 자신의 머리와 마음속에서 일어나는 현상에 주목해야 한다. 그리고 요소들이 결합되고 제시되는 양상을 사건 중심으로 분석함으로써, 그 원인을 밝히고 설명해야 한다. 물론 그러다 보면, 애초의 반응이 과연 적절했는지도 점검할 수 있고, 미처 읽지 못했던 것까지 읽을 수 있게 된다. 플롯을 살피는 것은 이처럼 반응과 해석을 설명하고 검증하며, 나아가 더 깊고 세련되게 하는 데 목표가 있다.

독자는 소설을 읽는 동안 슬퍼하거나 기뻐하며, 일어난 일에 대한 의문에 빠지고, 앞으로 생길 일을 기대하고 궁금해한다. 이런 반응들 중 플롯과 관계 깊은 것을 두 가지 지적해보면, 그것은 '거듭되는 의문'과 '지속되는 기대'이다. 전자가 주로 과거와 관련된 것이라면 후자는 미래와 관련된 것이다. 이들은 주로 인물과 사건에 관한 서술이 본래의 인과적 순서나 필요에 따르지 않기 때문이며, 무언가가 반복되면서 강화되기 때문이다. 달리 말하면, 작자가 의도적으로 꾸민 '시간 변조anachrony'와 '정보 조절,' 곧 사실의 감춤과 드러냄 때문인 것이다. 단편소설에서 놀람의 결말surprise ending을 자주 볼 수 있는데, 이는 필요한 사건이나 사실을 일부러 제시하지 않고 '틈'으로 남겨두어 의문과 기대를 갖게 하다가, 의외의 내용으로 그것을 메우는 기법이다. 이런 점은 뒤의 제6장에서 다시 살피게 되므로 여기서는 이 정도로만 설명하고, 플롯을 분석하는 구체적인 방법을 궁리해보기로 하자.

　플롯을 살피려면 무엇보다 독자 자신의 반응, 곧 소설을 읽는 동안 자신이 무엇에 지속적으로 관심을 가졌는가, 어디서 어떤 의문과 느낌이 일어났는가, 그리고 그것들은 어떻게 해결되거나 변했는가 등에 주목할 필요가 있다. 그리고 그 원인을 찾고 해석을 심화하기 위해, 사건 및 관련 정보의 배열 양상과 그 원리를 분석해야 한다. 이때 가장 간단한 방법이 읽는 동안 사로잡혔던 의문과 기대가 어디서 어떻게 해결되었는가를 살피는 일이다. 예를 들어 두 인물이 혈연관계라는 사실이 본인들에게는 감춰졌지만 남들에게는 '알려진 비밀'이었다가 결정적 대목에서 드러나는 경우, 그렇게 정보 제공이 이루어지는 과정, 그 결과 생긴 효과 등을 살피는 것이다.

사건의 배열 원리를 살피는 가장 본격적이고 일반적인 방법은 서술을 작은 화소(하위사건) 단위로 잘라 요약한 후, 그 배열 자체에서, 혹은 그와 줄거리 순서를 비교하여 어떤 원리와 질서를 찾는 것이다. 제3장에서 소설 읽기는 구체적인 것에서 추상적인 것으로, 매개적인 것에서 핵심적인 것으로, 표층적인 것에서 심층적인 것으로, 주변적인 것에서 지배적인 것으로 옮아가는 과정이라고 하였다. 플롯을 분석하기 위해 화소를 자르고 요약하는 작업은, 핵심적이고 지배적인 것을 고려하되, 일단 사건의 모습과 의미가 구체적이고 표층적인 층위에서 이루어진다.

소설의 서술은 물론 사건별로 구분되어 있지 않다. 연이어 서술되고, 묘사되어 있기도 하지만 정보 형태로 요약되어 있기도 하다. 또한 하나의 사건이 여러 기능을 하기도 한다. 「메밀꽃 필 무렵」에서 물레방앗간 사건을 제시하는 허생원의 말은, 과거사건에 대한 정보를 제공하는 서술(허생원은 ~ 이다, 허생원은 ~ 한 적이 있다)인 동시에, 그것을 회상하는 허생원의 현재의 대화요 행동이다(허생원은 ~ 한다). 또한 「눈길」에서 '나'와 어머니는 17, 8년 전의 과거를 회상하는데, 그것은 과거에 일어난 사건이면서 '나'가 서울로 돌아가기 전날인 '오늘'의 회상 행동이다. 따라서, 앞에서 여러 번 보았듯이, 다양한 형태로 서술된 사건과 그에 관한 정보를 나누고 한 문장으로 요약하며, 그것에 번호를 붙여 시간대와 배열 순서를 정하는 것은, 독자 나름의 판단에 따라 주관적으로 이루어지고, 중심사건과 핵심적 갈등을 무엇으로 보느냐, 그에 따라 어떤 사건과 서술을 중요시하느냐에 따라 달라진다.

한편 사건 단위를 구분하고 그 배열을 살필 때, 수직적 차원에서 중심사건의 설정이 필요하듯이, 수평적 차원에서 '기준사건'을 정할 필요가 있다. 기준으로 삼을 시간적인 지점[시점(時點)]이나 차원이 정해져야 배열이 순진적(順進的)인지 역진적(逆進的)인지 구별할 수 있고 중요도를 판별할 수 있으므로, 독자는 의식적이든 무의식적이든 기준사건을 정한다. 대개 서술상 앞에 서술된 사건, 서술의 양이 집중적으로 많은 사건(장면), 그리고 줄거리상 지배적인 사건 등이 기준사건이 된다. 셋을 모두 고려하되 특히 중요한 사건, 곧 중심사건의 핵심적 변화와 긴밀한 관계에 있는 표층사건을 기준사건으로 잡는 게 적절할 것이다. 그러나 이러한 구분 자체가 번거롭게 느껴질 만큼 규모가 작고 서술 또한 짧은 단편소설에서는 작품 특성에 따라 적당히 잡아도 될 것이다.

기준사건은 '현재의' 사건일까? 그렇기도 하고 그렇지 않기도 하다. 여기서 소설을 비롯한 이야기 일반의 놀라운 특징 하나와 만난다. 소설의 기본 시제는 과거형이다. 일어난 후에야 이야기를 할 수 있는 까닭이다. 그런데 독자는 읽는 동안 내내 '읽고 있는' 사건이 모두 현재 '일어나고 있는' 것처럼 느낀다. 아울러 회상을 하는 서술자가 지금 '말을 하고 있다'고 느낀다. 그런 느낌들을 강화하기 위해 서술이 현재형으로 이루어지기도 한다. 따라서 어떤 기준사건을 현재사건으로, 그 이전 사건을 과거사건으로 잡을 때, 엄밀히 말하면 그들은 '현재적 사건' '과거적 사건'으로 불러야 옳다.

독자의 반응을 일으키고 조절하는 형식을 분석하는 방법은, 이 같은 사건 배열 살피기 외에도 여러 가지가 있다. 그중 하나가 반복과 대조에 주목하는 것이다. 독자의 마음에 의문, 긴장(서스펜스), 놀람, 즐거움, 기대 등을 일으키고 지속·강화하는 서술 기법 중 하나가 반복과 대조이다. 그러므로 어떤 인물이나 사건에 관한 서술이 되풀이되거나 무엇과 대조될 때, 그에 주목할 필요가 있다. 「사랑손님과 어머니」에서의 "옥희 너 하나문 그뿐"의 반복, 「눈길」에서의 "빚이 없다"의 반복 등에서와 같이, 반복은 점층성을 띠게 마련이고, 다음 일어날 일을 예상하고 준비하게 한다. 「봄·봄」에서 '나'는 결혼 문제로 장인과 해마다 다투는데, 과거와 현재를 오가면서 해당 서술이 반복됨으로써 결혼 성패 여부에 대한 독자의 관심을 강화한다. 하지만 열린 결말이어서, 독자들의 판단이 엇갈릴 수 있다.

그런데 반복·대조 관계의 파악 역시 매우 주관적이며, 단순하지 않은 일이다. 그 관계는 결국 의미를 가지고 해석되는데, 엄밀히 말하면 같은 일은 결코 두 번 일어나지 않으므로, 모습이 다른 사건과 인물들 사이에서 유사하거나 대립된 점을 찾아 대립적 계열(패러다임) 혹은 집합을 만들려면, 작품 전체 구조를 보는 힘, 특히 핵심 갈등을 붙잡는 능력이 요구된다.

「메밀꽃 필 무렵」에서는 허생원 및 동이 이야기와 함께, 허생원의 나귀 및 그 새끼 이야기가 전개된다. 늙었는데도 애욕을 지니고 있고 자식도 얻는다는 점에서 유사하기에, 둘은 시간적으로 보면 반복되는 듯하고, 공간적으로는 한 평면에 '병치'된 것처럼 느껴진다. 허생원과 나귀, 동이와 나귀 새끼가 각각 계열을 이루는 것이다. 이렇게 줄거리선이 둘 이상일 경우, 중심플롯mainplot과 함께 부수플롯subplot을, 나아가 둘 사이의 관계를 더 살펴야 한다. 「메밀꽃 필 무렵」에서 허생원의 나귀가 새끼를 본 사실 또는 사건은, 허생원이 동이가 자기 아들일지도 모른다고 생각하는 행동의 앞에 나와서, 그것을 암시하는 동시에 좀더 그럴듯해지도록 '플롯상의 준비'를 한다. 감춰진 줄거리선, 즉 복선(伏線)을 깐다고 할 수도 있다.

한편 '잘 만들어진' 플롯을 높이 평가하다 보면, 플롯만 너무 중요시하거나, 어떤 플롯만을 좋은 플롯이라고 고집하기 쉽다. 사실 작품의 요소들은 완전히 통일되기 어렵고, 완전히 통일이 되면 오히려 그럴듯하지 않을 수 있다. 너무 '소설 같으면' 삶 자체로부터 멀어질 수 있기 때문이다. 이론과 논리는 작품 해석을 위한 것이고, 그로부터 받은 감동을 설명하기 위한 것이다. 창조적인 작품은 언제나 새로운 감동을 창조한다. 그러니 어떤 게 예술적인 플롯이라고 너무 미리 단정하고 읽어서는 안 될 터이다.

5. 「소나기」와 「학」의 플롯 읽기

플롯에 대한 이해를 넓히기 위해 여기서는 서로 다른 세 가지 플롯을 지닌 작품들을 분석해보기로 한다. 먼저 살필 「소나기」와 「학」은 모두 황순원의 작품이지만 플롯이 대조적이다. 「소나기」는 줄거리와 플롯 층위의 배열 순서가 비슷한, 이른바 평면적 구성을 취하고 있다. 이에 비해 「학」은 입체적 구성이다. 그다음에 살필 「공작나방」(헤르만 헤세)은 시간 불일치의 정도가 이들의 중간에 있다고 할 수 있다.

「소나기」는 사건이 대체로 본래 일어난 순서대로 서술되어 사건과 그 서술이 전기(傳記)처럼 '함께 가는,' 그래서 시간의 역전이 아주 적게 일어나는 소설이다. 이 작품의 플롯은 사건 배열의 불일치보다 주로 반복에 의존한다. 그것은 한마디로 만남과 헤어짐의 점층적 반복이다.

이 플롯은 첫째, 소년이 소극적이다가 적극적으로, 타인, 이성, 죽음 등을 모르던 상태에서 아는 상태로 나아가는 과정을 단계별로 제시함으로써 그럴듯함과 감동을 느끼게 한다.

둘째, 이 작품의 결말을 모순적인 것의 결합, 즉 영원한 헤어짐인 동시에 만남으로 만드는 데 이바지한다. 만남 1—(아파서) 헤어짐 1—만남 2—헤어짐 2의 연속에서, 헤어짐은 만남을 기대하게 한다. 따라서 마지막 헤어짐 2가 이사 때문인 줄만 알았던 상황에서 죽음 때문으로 바뀌어 그 고통은 커져도, 소녀가 흙물 든 분홍 스웨터—둘의 '만남'과 접촉을 환유(換喩)하는—를 입고 죽었기에, 만남이 영원히 지속되는 것처럼 느끼게 된다. 어쩔 수 없는 육체적 헤어짐에 간절한 정신적 만남이 겹쳐지는 것이다. 이는 마지막에 독자가 느끼는 슬픔에 왜 한 가닥의 위안 혹은 낭만적 달콤함이 섞여 있는가, 그냥 슬프게 느끼기보다 위안을 함께 느끼는 것이 어째서 더 적절한 반응인가를 해명해 준다.

셋째, 결말을 놀람의 결말이 되게 한다. 이 작품의 결말부에서 독자가 놀라는 것은 소녀가 죽었으며, 게다가 죽으면서 흙물 든 스웨터를 입혀 묻어달라고 했기 때문이기도 하지만, 이 작품에서 거의 유일한 과거적 사건에 대한 정보('소녀는 오래전부터 아팠다')가 거기서 제공되기 때문이다. 그런데 이 과거적 사실은, 도입부에서부터 독자를 사로잡는 의문 — 소녀는 왜 그렇게 적극적으로 소년과 사귀려고 하는가 — 에 대한 답을 준다. 소녀가 '만남'을 이루려고 반복하여 애쓰는 동기에 관해 알려줌으로써, 줄곧 비어 있었던 그 행동에 관한 인과적 '틈'을 메워주는 것이다. 물론 다른 이유도 있지만, 소녀는 지병을 앓았기에 죽음을 예감하고 있었으나 죽고 싶지 않았고, 죽는대도 그냥 아주 사라지고 싶지 않았기 때문에 소년과의 만남에 적극적이었다. 플롯에 의해 강화된 만남과 헤어짐의 의미 때문에, 그 사실을 알게 되자, 그 마음을 그렇게 극적으로 알게 되어 더 강렬하게 느끼게 되자, 독자는 더욱 놀라는 것이다.

한편「학」은 짧은 소설이지만 시간의 역진이 심하다. 도입부의 '지금 여기' 사건을 기준으로, 그것을 한눈에 볼 수 있게 배열해본다(위에서 아래로 놓인 순서는 플롯 층위의 배열, 곧 읽는 순서이며, 각 화소 앞의 숫자는 줄거리의 층위의 본래 일어난 순서이다. 때가 모호한 것은 대강 따져서 정하였다. 밑줄 친 말들은 현재와 과거 오가기를 자연스럽게 하는, 주로 초점자 성삼이 하는 연상의 매개물이다. 장이 그냥 나누어진 곳에 구별을 위해 로마자를 붙였다).

          현재   과거

[I]
(13) 삼팔선에 접한 북쪽 마을에 ?가
들어오니 주민들이 두려워한다.

① ？가 이 마을에서 자란다.

(14) 성삼이 혹부리 할아버지네 밤나무에 올라가 본다.

②-1. 어린 성삼이 친구와 그 밤나무에 올랐다가 들었던 혹부리 할아버지의 고함소리를 연상한다.

[Ⅱ]
(15) 성삼은 치안대 사무소에서 묶여 있는 옛 동무 덕재를 발견하고 놀란다.

⟨12⟩ (성삼이 남한의 치안대원이 되어 돌아온다/덕재가 북한의 농민동맹 부위원장으로 잡힌다.)

(16) 성삼이 덕재의 호송을 자처한다.

③ 어렸을 때 둘이 호박잎담배를 나눠 피운다.

(17) 성삼이 덕재에게 담배를 권하지 않는다.

②-2. 혹부리 할아버지네 밤을 훔치러 갔다가 들켜 성삼이 다치자 덕재가 보살펴주고 자기 몫의 밤까지 준다.

(18) 성삼이 담배를 내던지며 다시 피워 물지 않기로 한다.

[Ⅲ]
(19) 둘이 고개에 다다른다.

⑦ 성삼이네가 삼팔선 이남으로 이사를 간다.
④ 둘이 꼴 베러 그 고개를 넘나든다.

(20) 성삼은 덕재가 사람을 죽이지 않았음을 알고 안심한다.

⟨10⟩ 덕재가 타의로 농민동맹 부위원장이 된다.
⟨9⟩-1. 덕재의 아버지가 앓는다.

	⟨8⟩ 덕재와 꼬맹이가 결혼하여 아기를 갖는다. ⑤ 성삼과 덕재가 꼬맹이를 울린다.
(21) 성삼은 꼬맹이가 임신했다기에 웃으려다가 참는다.	
	⟨9⟩-2. 덕재가 농사를 지키라는 아버지의 말씀대로 (북으로) 피란 가지 않는다. ⟨11⟩ 성삼이 자기 아버지의 말씀을 어기고 (남으로) 피란 간다.
(22) 성삼은 고개를 넘으며 날씨가 타작하기 알맞다고 생각한다/성삼이 덕재를 외면하고 걷는다. (23) 성삼과 덕재가 학 떼를 발견한다.	
	⑥-1. 둘이 올가미를 놓아 학을 잡아 가지고 논다 ⑥-2. 서울에서 학을 쏘아 잡으러 왔다는 소리를 듣고 풀어준다. ⑥-3. 학이 못 날 듯하다가 다른 학과 함께 날아간다.
(24) 성삼이 학 사냥하자며 포승을 풀어준다. (25) 덕재가 잡풀 새를 기어 달아난다. (마침 학 두 마리가 하늘에서 날고 있다.)	

　시간은 크게 세 차원으로 구획지을 수 있다. 어렸을 때 이 동네에서 둘이 함께 자라다가 성삼이네가 남쪽으로 이사 간 해방 전전해까지의 약 15년 전후(첫째 과거 ①~⑦), 그 뒤 덕재가 결혼하고 한국전쟁이 일어나며 남측 치안대원한테 잡힌 조금 전까지(둘째 과거 ⟨8⟩~⟨12⟩), 그리고 '지금 여기'의 현재 시간이다[⟨13⟩~(25)].

한국전쟁이 계속 중인 어느 때 약 두 시간 동안 진행된 현재 사건의 중간 여기저기에, 첫째 과거사건과 둘째 과거사건이 뒤섞여 있다. 자세히 살펴보면, 줄거리상 갈등이 가장 고조된 현재사건을 앞에 놓아 긴장감을 높이되, 두 인물이 친했던 유토피아적 과거와 이 갈등하는 현재가 거듭 대조되다가, 둘째 과거에 일어난 일이 드러나서 두 사람의 관계가 역전된다. 덕재가 붙잡힌 이유가 정치적 이념 때문이 아니라 자기 의지와 상관없이 삼팔선 이북에 놓였고, 성삼과는 대조적으로 가족과 농사일을 떠나지 못했기 때문이라는 사실이 폭로됨으로써, 성삼이 덕재를 죄인 취급할 이유와 자격이 없어지는 것이다. 이에 따라 성삼이 자신을 반성하고 과거의 우정을 회복하여, 과거에 학을 놓아주었던 것처럼, 덕재를 놓아주는 행동이 필연성을 얻게 된다.

요컨대 이 작품은 대조와 역전의 플롯을 사용하여, 한국전쟁이라는 동족상잔의 비극성을 드러내고, 그 원인이 되는 이념의 허구성 혹은 비인간성을 폭로하며, 남북 갈등의 해결 방향을 제시한다. 그러나 그것이 천진한 우애로의 회귀요 농촌사회를 바탕삼은 동족의식의 강화 같은 것이어서, 삼팔선을 긋거나 긋게 한 세력과 사상이 엄존하는 분단 현실에 비추어 다소 낭만적인 면이 있다. 덕재를 놓아주면 성삼이 책임을 져야 하는데, 그것을 합리화할 장치가 부족한 점도 플롯의 합리성을 떨어뜨린다.

6. 「공작나방」(「나비」)의 플롯 읽기

헤르만 헤세의 「공작나방」은 「나비」라는 제목으로 국어과목 교과서에 여러 번 수록되었다. 본래 이 작품 도입부에는 프롤로그 혹은 액자에 해당되는, 전체의 약 5분의 1 분량의 '현재' 이야기가 있는데, 그 부분이 빠진 적이 있다. 그다지 길지도 않은 작품이기에 어째서 이 부분을 뺐는지 납득이 가지 않는다. 교과서나 소설 선집 등의 편찬자들이 작품을 난도질하는 횡포는 이제 놀랄 일도 아니지만, 이 작품의 경우는 그 폐해가 아주 크다. 플롯에 심각한 손상을 주는 까닭이다.

「공작나방」의 주요 화소들을 '서술된 순서대로' 간추려보면 이렇다.

① 집주인 '나'는 손님인 하인리히 모어에게 어릴 때 좋아했던 나비 수집을 다시 하고 있다고 말한다.

② 하인리히 모어는 '나'의 수집품을 보고 거북한 기억이 떠오른 듯한 행동을 한다.

③ 하인리히 모어는 "길쭉하고 마른 얼굴"을 어둠에 묻은 채 어릴 적 이야기를 한다.

④ '나'(하인리히 모어)는 어렸을 적에 나비 수집에 엄청난 긴장과 기쁨을 느끼며 몰두한다.

⑤ '나'는 자기가 시기하고 부러워하는 "모범 소년" 에밀에게 푸른 날개의 나비를 자랑하였으나 그가 흠을 지적하는 바람에 다시는 잡은 걸

보여주지 않게 된다.

⑥ (2년 뒤) '나'는 에밀이 잡은 점박이(공작나방)를 보러 갔다가 욕심을 억누르지 못해 훔친다.

⑦ 그러나 곧 잘못을 깨닫고 도로 가져다놓으나 그 과정에서 나방을 망가뜨리고 만다.

⑧ '나'는 어머니의 권유에 따라 에밀에게 사실을 밝히고 대가를 치르고자 한다.

⑨ 하지만 에밀은 냉정하게 '나'를 경멸하기만 한다.

⑩ '나'는 집에 돌아와 어둠 속에서 수집해둔 나비들을 망가뜨린다.

이 짧은 작품은 인간을 보는 깊은 안목과 탁월한 솜씨가 빚은 걸작이다. 그만큼 내용이 풍부하고 의미심장하여, 보는 이에 따라 다양한 해석이 가능하다. 사건의 배열과 결합 원리 중심으로 보면, 다음과 같은 반복적 질서를 찾아낼 수 있다.

④ 나비를 좋아하여 기쁨과 자랑을 느낌 → ⑤ 이해받지 못함 → 보여주지 않음

⑥⑦ 나비를 좋아한 나머지 잘못을 저지름 → ⑧⑨ 이해(용서) 받지 못함 → ⑩ 자기 수집품을 망가뜨림

이 작품은 먼저 ④에 많은 서술을 배분하여, 어릴 적 나비를 수집하면서 느꼈던 긴장과 희열이 "이후의 생활에서는 거의 느껴보지 못한"

것임을 강조하고 있다. 그 뒤의 사건들이 모두 그 기쁨과 욕망이 장애에 부딪히면서 일어나는 걸 보면, 이 작품은 기쁨 혹은 기쁨을 원하는 욕망의 좌절에 관한 이야기라고 할 수 있다. 그 좌절의 과정에는 에밀과 '나' 사이의 성격적 대립이 관련되어 있다. 에밀은 "전혀 나무랄 데가 없는 게 흠"인 "모범소년"이다. 그는 '나'와는 달리 차갑고 주도면밀하며, 푸른 날개 나비의 값을 매기고 보관 상태를 비평하여 '나'의 기분을 망치는 데서 잘 드러나듯이, 논리와 이해관계 위주로 세상을 본다. 집안 형편도 좋아서, 그는 매사에 자신감에 차 있고, 그래서 더욱 '나'는 열등감에 빠진다. 이러한 대립 상황은 '나'가 부러움과 미움을 품게 하여 나비 훔치는 행동을 더 그럴듯하게 하고, 사람의 세계에 존재하는 보편적 갈등들(감성\이성, 열등감\자부심, 주관적인 기쁨\객관적인 평가, 개인적인 욕망\사회적인 규범)을 이 작품에 끌어들인다. 에밀은 그 갈등의 짝들에서 뒤쪽에 속한다.

앞의 요약은 나비 수집을 좋아하다 한 행동을 이해받지 못해 상처 입는 과정의 반복을 보여준다. 거기서 ⑥⑦ → ⑧⑨ → ⑩을 중심사건으로 잡는다면, ④ → ⑤는 그것을 그럴듯하게 만들고 강화하기 위한 플롯상의 준비요 예시(豫示)이다. 얼핏 사소해 보이는 ④⑤는 이러한 플롯 때문에 이 작품의 결정적 행동인 ⑩의 발생과 해석에 큰 기능을 하게 된다.

'나'는 왜 자기의 소중한 수집품을 스스로 망가뜨리는(⑩) 것일까? 이해와 용서를 받지 못했기 때문이다. 그것은 잘못을 저지른 자가 이해와 용서를 받지 못하여 자기가 자기를 벌주는 행동이다. 에밀의 나비를 망가뜨렸으므로 '나'도 자기 나비를 망가뜨리는데, 나비는 '나'에게 있어서 최고의 기쁨이요 자기의 분신과도 같으니까. 게다가 에밀의 것에 비해 하찮고 값싼 것이니까. 그것은 양심의 가책과 열등감이 범벅된 상태에서, 아무 소용도 없음을 잘 알면서 저지르는 자포자기적 자해(自害) 행위이다. 그것이 얼마나 고통스럽고 엄청난 것인가를 강조하여 미리 보여주는 게 도입부의 ①~③이다.

30년쯤 지난 후 자기 자식들이 나비 수집을 하게 된 나이에, 하인리히 모어는 "길쭉하고 마른 얼굴"을 어둠에 묻은 채 과거를 회상한다. 서술의 맨 앞에 제시된 이 사건을 읽으면서 독자는, 막연하나마 하인리히 모어가, 자기 아이를 좇아 나비 수집을 다시 하게 된 집주인 '나'와는 반대로, 나비와 관련된 나쁜 기억이 있으리라, 나비를 수집할 때와 같은 기쁨을 다시는 맛볼 수 없게 된 아픈 상처가 있으리라는 짐작을 하게 된다. 따라서 독자는 그게 어떤 기억인가, 왜 그런 일이 일어났는가에 관심을 갖는 동시에, 그에게 동정심을 갖고 읽게 된다. 그랬다가 자기 나비를 망가뜨리는 참혹한 결말부 ⑩에 이르러 진상을 알게 된다. 남의 나비를 훔쳤고 그래서 벌을 받는데, 그 벌이라는 게 인간적인 멸시요, 스스로를 망가뜨리는 행위였던 것이다. 이 충격적인 장면을 읽고 독자는 한 걸음 나아가 추리를 하게 된다. 하인리히 모어는 이후로 나비 수집의 기쁨을 영영 누리지 못하게 되었다. 엄청난 충격을 받았으니까. 그것이 정신적 상처(트라우마)가 되어 나비 수집뿐 아니라 다른 일에도 자신을 잃고 죄책감과 열등감에 싸여 고통스런 삶을 살아왔을 것이다…… 이렇게 볼 때 한참 뒤에 일어난 사건 ①~③을 먼저 제시한 것은, 상처를 받고 고통스럽게 살아온 원인에 대해 의문을 갖도록 하고, 그 충격과 상처를 동정하는 감정이입을 하게 하며, 그리하여 이야기하지 않은 부분까지 상상하도록 만드는 효과를 거두기 위해서이다. 한마디로 인과성(에 대한 관심)을 강화하고 인물에게 동정심을 일으킴으로써 주제를 효과적으로 전달하기 위해서이다.

그런데 '논술거리,' 즉 논제로 적절한 문제가 이 작품의 갈등에 내재되어 있다. 에밀의 '나'에 대한 행동은 정당한가, 그렇지 않은가? '나'가 죽음과도 같은 고통에 빠진 것은 당연한가, 그렇지 않은가? 에밀의 행동이 정당하다면, '나'의 고통은 당연한 것이다. 에밀은 규범적으로 별 잘못이 없는 행동을 했고, '나' 때문에 피해를 본 인물이다. "한번 저지른 일은 어떻게도 바로잡을 도리가 없"게 마련이므로 '나'는 응분의 대가를 치러야 한다.

그럼에도 불구하고 이 작품을 적절히 읽는 독자들은, '나'처럼 에밀을 좋아하지 않게 된다는 사실에 주목할 필요가 있다. 그것은 '나'가 내부 이야기의 서술자로서 그를 "미워하"는 데다가, 흔히 사람들은 "흠을 잡을 수 없을 만큼 뛰어난" 인물을 탐탁지 않게 여기기 때문이기도 하지만, 우선 ①~③에서 이미 조성된 '나'에 대한 동정심으로 독자가 하인리히 모어 편이 되었기 때문이기도 하다. 이유야 어떻든 에밀은, '나'가 스스로 "창피하다"고 한 그 기억 때문에 평생 괴로워하게 만든 존재인 것이다.

이러한 '나'에 대한 동정심과 에밀에 대한 미움은, 이 작품에서 결국 무엇을 위한 것인가? 에밀이 '나'에게 한 행동을 비판적으로 바라보게 하기 위한 것이다. 에밀을 미워하고 '나'를 동정하는 심정에서 독자는, '나'의 행동이 나비를 좋아한 나머지 저지른 어린애의 실수로 이해하는 한편, 잘못을 인정하고 대가를 치르겠다고 하였음에도 불구하고, 에밀이 이해와 용서를 해주지 않은 데 대하여 비판적으로 보게 된다. 경멸과 무시로 일관한 에밀의 행동이 규범적으로 '정당할' 수는 있어도 인간적·도덕적으로는 '최선이 아니다' 혹은 '옳지 않다'고 여기게 되는 것이다. 여기서 독자는 규범이나 법보다 이해와 용서가 더 인간적이요 상위의 가치라는 작가의 메시지를 체험으로 알고 받아들이게 된다. 어느 해석자가 이 작품의 주제('제재'가 적절할 것이다)를 '정직'이라고 하였는데, 이는 정직하였음에도 고통을 받은 '나'의 실상과, 이 작품에 내포된 죄와 벌이라는 본질적 갈등의 실상, 그리고 거기서 이해와 용서를 가치 있게 여기도록 유도하는 작품의 구조 등을 충분히 읽지 않은 것이다.

요컨대 「공작나방」의 플롯은 '이해받지 못함' 혹은 '상처 입음'을 반복하고, 그로 인한 고통과 상처를 동정하게 하는 역진의 구성이다. 그로써 이 작품은, 한번 저지른 잘못은 영원히 잘못이고 규범에 의한 벌도 피할 수 없지만, 이해와 용서가 인간적이고 가치 있는 것이라는 주제를 효과적으로 전달한다.

6 시간

·· 시간적 질서와 맥락은 어떠한가

1. 시간

시간이란 무엇일까? 잘 안다고 여겼는데 막상 따져보면 잘 모르는 게 있다. 시간이 그렇다. 우리는 일 분 일 초도 시간에서 벗어날 수 없고 시계를 손목에 차고 다니며 살지만, 시간에 대해 잘 알지 못한다. 느끼기는 하지만 무어라고 꼬집어 설명하기 어렵다.

일단 시간은 지속되는 무엇으로 여겨지며, 움직임(운동) 또는 변화 자체이거나, 그들을 통해 인식되는 것이다. 변화가 없으면 우리는 시간을 느끼지 못한다. 누가 내일도 오늘과 같은 곳에 똑같은 모습으로 서 있다면, 정지화면을 볼 때처럼 시간의 흐름을 느끼지 못하고, 야릇한 불안과 공포에 빠질 터이다. 일상생활에서 시간은 이렇게 어떤 공간의 변화를 통해 간접적으로 알게 되는 추상적인 것이지, 따로 존재하고 직접 인식되는 구체적인 게 아니다. 흡사 나무 따위가 흔들려야 실감할 수 있는 바람과도 같다. 따라서, 아인슈타인이 특수상대성이론을 세운 이래, 시간과 공간은 하나의 통합체로 인식된다. 여기서처럼 시간과 공간(뒤에 제7장에서 다룰 것이다)을 나누어 살피는 것은 어디까지나 편의상 그러는 것일 뿐이다.

세상 만물은 시간과 공간을 떠나 존재할 수 없으며, 기본적으로 이 범주 안에서 파악된다. 그것을 모방하는 이야기 양식 역시 그렇다. 시간과 공간은 이야기의 기본 조건이요, 그 속에 있는 것들의 존재 바탕이다. 거의 모든 환상적 이야기가 경험적인 시간과 공간을 초월하는 이야기라는 점, 하지만 여전히 그것을 바탕으로 이해된다는 점 등은, 이 사실을 확인시켜주는 좋은 예이다. 둘 가운데 특히 시간은 인물의 행동, 그 행동들이 얽혀 진행되는 사건을 구체화하고 조직하는 원리이자 힘이다. 경험이 본래 시간적인 것이라는 점, 누구나 자기 경험을 이야기할 때 시간적 질서를 바탕으로 삽화들을 연관 짓고 거기에 의미 혹은 의도를 불어넣는다는 점을 상기해보면 짐작이 갈 터이다. 소설의 서로 다른 측면들을 살핀 앞의 여러 장(章)에서, 많건 적건 시간에 관련된 논의가 빠진 적이 없는 것은 이런 연유에서이다.

사물을 모방하는 예술에 소설 같은 이야기만 있는 것은 아니다. 예를 들어 그림도 있다. 하지만 그림은 천이나 종이 같은 제한된 공간에 순간의 장면을 담기에 시간의 흐름을 재현(再現)하기 어렵지만, 소설은 시간까지 재현한다. 언어는 시간과 공간의 제약을 덜 받으면서 사건과 인물의 무한한 움직임, 변화를 그려낼 수 있다. 말하자면 회화(繪畵)가 공간예술이라면 소설은 음악과 같이 일정한 시간 동안의 흐름과 변화를 통해 무엇을 표현하는 시간예술의 하나이다. 앞에서 사건을 '상황의 변화'로 보고, 사건을 파악하려면 무엇이 어떻게 변했는가를 살펴야 한다고 한 것은, 바로 소설이 시간예술이기 때문이다.

소설은 경험세계를 모방한 또 하나의 세계여서, 그 바깥에 있는, 작자와 독자가 존재하는 경험세계와 같이 시간의 지배를 받는다. 그런데 허구세계의 시간(허구적 시간)과 경험세계의 시간(자연적 또는 역사적 시간. '경험'은 객관적인 동시에 주관적이므로, 혼란을 피하기 위해 '경험적 시간'이란 용어를 피한다)은 같으면서도 다른 점이 있다. 소설은 인공의 허구이므로, 전자는 후자의 지배를 받되 그에서 벗어난다. 환상적인 이야기의 경우, 완전히 벗어나버리는 것처럼 여겨지기도 한다. 그와 반대로 구체적인 어느 자연적 시간에 일어난 사건이 서술된 경우에도, 그것을 지시적으로 읽기보다 비유적으로, 즉 초역사적(보편적)인 것으로 읽기도 한다. 하지만 어떤 경우이든, 독자는 일단 경험세계에서의 자기 경험을 바탕으로 읽게 마련이고, 무엇보다 작품을 읽는 행위 자체가 경험세계 속에서의 정신적·육체적 행동이다.

그러므로 어떤 이야기든 일단 독자는 소설을 읽으면서 사건과 인물을 하루 중의 때와 어느 계절은 물론 어떤 역사적 시대의 차원, 그 사회문화적 맥락context에 놓고, 해당 경험과 지식을 동원하여 이해하고 재구성한다. 아울러 플롯에 의해 '낯설게' 서술되어 있는 사건들과 관련 정보를 짜맞추고 관련지으면서 '낯익게(자연스럽게)' 줄거리를 형성함과 아울러 그와 작품 자체의 서술을 비교하여 무엇이 왜 달라졌는가를 의식하게 된다. 하루의 점심 때부터 저녁까지를 다룬 「눈길」을 예로 들면, 그날을 이 작품이 발표되고 지붕개량 사업이 벌어지던 1970년대 한국의 어느 날로 간주한다. 그리고 남에게 팔린 본가(本家)에서 마지막 밤을 지내고 고향을 떠나던 17, 8년 전의 '눈길' 이야기를, '나'가 '빚이 없다'면서 '빚'을 의식하는 심리적 갈등의 맥락에서 그 궁극적 원인과 연관된 것으로 간주하면서, 그 사건이 어째서 맨 나중에 놓였는가를 분석한다. 소설에 그려진 것을 이해하고 종합할 때 독자가 사용하는 의미 맥락 혹은 논리체계는 여러 가지인데, 이처럼 시간은 그 가운데 작품 내부와 외부 경험세계를 연결하는 '사회문화적 맥락'의 설정과, 작품 고유의 문법이랄 수 있는 '해석적 맥락' 발견에 도움을 준다. 독자가 작품을 여러 지식과 경험을 바탕으로, 특히 창작에 영향을 끼쳤거나 작품에 재현된 어떤 사회 현실과 이념의 맥락에 올려놓고 해석할 때, 시간은 그 길잡이이자 바탕이 되기 때문이다.

　요컨대 소설을 둘러싼 시간은 두 종류이며, 그들이 어떻게 관련되어 있는가를 잘 알면 소설의 특성을 더 잘 이해할 수 있고, 소설을 소설답게, 더 깊고 다양하게 읽을 수 있다. 특히 서술 행위와 기법을 분석하고, 여러 사건들을 정리하여 인과관계와 플롯을 살피며, 소설의 사회문화적 맥락을 파악하는 데 이롭다.

2. 소설 읽기와 시간

앞에서의 진술을 읽는 행위에 초점을 맞추어 다시 살펴보자.

소설을 읽을 때 독자는, 자신의 체험과 지식을 바탕으로 내용을 이해하고 추측한다. 중편소설「우리들의 일그러진 영웅」(이문열, 앞으로는「우리들의~」로 줄여서 부름)을 예로 들면, 독자는 엄석대와 같은 악당 혹은 폭력배를 주변에서나 읽었던 이야기 속에서 찾아 연결한다. 또 독자는 작자가 시간을 조작(操作)하여 인공적으로 표현하고 나열한 것들을, 제5장에서 플롯을 살피며 확인했듯이, 본래의 자연적 시간 질서의 자연적인 인과관계에 따라 재배열하고, 나아가 작품 내외의 맥락 혹은 논리를 바탕으로 전체를 '그럴듯하게' 재구성한다. 예를 들면, 「우리들의~」의 경우, '어린이 나'와 '어른 나' 사이의 20여 년 공백을 뛰어넘어, '어른 나'가 엄석대를 그리워하는 것은 초등학교 때 엄석대 아래에서 "굴종의 단 열매"를 따먹어본 적이 있기 때문이라고 줄거리를 파악한다. 나아가 '어른 나'가 그러는 것은, 자기가 살아온 1970~80년대의 한국 현실이, 엄석대가 지배했던 학급과 비슷하기 때문인가 아닌가 따위를 추리해보게 된다.

이런 양상을 보면, 결국 읽기라는 재구성 작업은 소설에 그려진 세계를 어떤 역사적 현실을 모델로 재현함과 동시에, 그것을 새로운 맥락에서 해석하고 비판함으로써, 관련된 여러 주체들의 현실을 반성적으로 인식하는 활동, 나아가 그리하여 세계를 보는 새로운 정서와 논리를 형성하는 활동이 된다. 시간은 이러한 활동은 물론, 그 대상인 작품 내외의 세계를 지배하는 범주요 원리이다. 시간 문제의 핵심은 인과성에 놓여 있으므로, 단순히 양이나 배열의 문제에서 나아가, 인과관계를 따지고 무엇을 인식하는 논리 혹은 틀의 문제인 것이다. 플롯으로 대표되는 형식적 국면은 물론, 제재 혹은 주제 자체이거나 그 질료일 수 있다는 말이다.

시간이 이렇게 중요한 요소임에도 불구하고, 소설을 읽을 때 중요하게 여겨 자세히 관찰하지 않는 경향이 있다. 시간과 긴밀한 관계에 있는 것 가운데 하나가 플롯인데, 제5장에서 살폈듯이 중시하기는 하였으나 허구적 시간의 특성을 충분히 고려하여 그랬다고 하기 어렵다. 또 이른바 '배경'의 하나로 '시간적 배경'에 주목하기는 해왔지만, 그 역시 '시대적 배경' '계절적 배경' 같은 말에서 짐작되듯이, 허구적 시간이 자연적 시간의 어느 때를 재현하고 있는지만 살피고, 시간 조작의 미적 효과는 소홀히 하여왔다. 시간은 공간에 의지하여 눈에 보이므로 공간 위주로만 이해하거나, 서술을 입체적으로 분석하는 도구로 시간을 활용하지 못한 셈이다. 이런 사정이기에, 삶의 본질적 모습의 하나— 인물이 시간 속에서 성장하거나 전락하는 궤적, 시간 자체와 씨름하면서 갈등 해결과 구원을 향해 나아가는 모습에 대한 사상적 관심은 더 찾아보기 어렵다.

3. 자연적 시간과 허구적 시간

경험세계든 허구세계든 시간이 무엇을 인식하는 데 작용하는 기본

범주인 점은 같아서, 같은 잣대를 가지고 관찰할 수 있다. 그런데 움직이고 변하는 것인 데다가 눈에 보이지 않는 까닭에 관찰 자체가 어렵다. 제라르 주네트에 따라, 시간은 크게 순서(배열, 위치[時點]), 양(길이), 빈도(횟수)의 측면에서 분석된다. 두 가지 시간의 특성에 대한 설명 역시 그들을 중심으로 하고자 한다.

   자연적 시간은 물리적·역사적 시간이다. 그것은 일 분 일 초의 양이 균일하게 지속되며, 한 방향으로만 나아간다고 여겨진다. 한 번 지난 강물에 다시 발을 담글 수 없듯이, 여기에 반복이란 없다. 따라서 그것을 나타내는 시계는 본래 끝없이 긴 띠여야 한다. 둥근 판 위에서 바늘이 제자리를 돌게 만든 것은 편의상 그랬을 뿐이다.

   이에 비해 허구적 시간은 균일하지도 않고 한 방향으로만 진행하지도 않는 인공의 시간이다. 독자는 자연적 시간 속에서 소설을 '읽지만,' 줄거리 층위, 곧 소설에서 '읽히는' 사건의 시간 차원에서는 어느 지점에서 멈춘 채 과거로 갔다가, 얼마 후에 다시 그 지점으로 돌아올 수 있다. 「우리들의~」에서 서술자 '나'(한병태)는 자기의 초등학교 시절과 그 이후를 회상하는데, 필요한 부분만 회상하며 자연적 시간의 순서에 상관없이 과거와 현재를 오가면서 회상한다. '나'가 엄석대의 성적 조작 사실을 알고 흥분하는 행동은 실제로는 5초도 걸리지 않을 수 있는데, 아주 자세히 서술한 탓에 시간의 양이 확장되어 읽는 데는 30초 이상이 걸리기도 하며, 그 반대의 경우도 많다. 한 번 일어난 사건이 여러 번 반복하여 서술되기도 한다. 시간이 연속되지 않고 끊어지며, 생략, 압축, 팽창, 반복되는 것이다.

그 결과 허구적 시간은 다층적(多層的)이고 복선적(複線的)인 것이 된다. 액자소설의 액자 부분과 내부 이야기가 잘 보여주듯이, 시간적인 위치(시점, 시기)와 평면(시간대)이 여럿이 되면서 겹치거나 동심원처럼 내포되는 경우가 많다. 이 평면을 시간의 '차원level'이라 부르는데, 「우리들의~」에서는, 크게 '나'가 회상을 하고 있는 어른 시기라는 차원과, 회상이 되는 26~27년 전 초등학생 시기의 차원이 존재한다. 서술의 양, 사건의 비중 등을 고려하여 초등학생 차원을 5학년 때와 6학년 때로 다시 더 나누면, 모두 세 차원이 존재한다고 볼 수도 있다.

사람은 살아가면서, 하나의 차원이 한없이 연속된다고 여겨지는 자연적 시간만을 '경험하는' 것은 아니다. 손목에 찬 시계의 시간은 항상 한 방향으로 흘러가도, 우리는 마음속에서 과거로 돌아가기도 하고, 어떤 장면을 건너뛰거나 아주 오래 정지(확대)시켜놓고 되풀이하여 기억하기도 한다. 앞에서 지적했듯이, 인간의 경험은 이렇게 객관적인 동시에 주관적이기에, 허구적 시간은 순전히 없는 것을 만들어낸 게 아니다. 허구적 시간을 '인간적 시간' '주관적 시간' 등으로 일컫기도 하는 것은 그 때문이다.

여기서 소설의 기본 시제가 과거형임에 주목할 필요가 있다. 시제가 과거형이라도 독자는 사건이 '지금, 여기'에서 일어나고 있는 듯이, 그래서 현재형 서술과 같이 사건과 서술이 '함께 진행되는' 듯이 느낄 때가 많은데, 과거형이든 현재형이든, 실상 그것은 불가능한 일이다. 사건이 일어난 후라야 이야기를 하고 들을 수 있는 까닭이다. 그런데도 독자는 모든 일이 현재 자기에게, 자기 앞에서 일어나고 있는 것처럼 현장감을 느끼는 동시에, 다소 모순되게, 그 시간들을 어떤 '시간기점'을 기준으로 과거와 현재 차원으로 구별하기도 하는데, 이때의 시간은 자연적 시간이 아니라 허구적 시간이므로, 이는 엄밀히 말하면 '허구적 과거'요 '허구적 현재'이다.

4. 시간 읽기

시간은 두 종류지만 소설과 관련된 주체들이 여럿인 까닭에, 그 시간 차원은 크게 다음과 같이 넷으로 구분할 수 있다. 이들의 관계를 따져보면 시간을 살피는 여러 측면, 혹은 시간을 중심으로 소설을 분석하는 여러 측면과 방법이 드러난다. 이들을 중요한 것 위주로 대강 살펴보자. 아래에서 '시간'은 순서, 양, 빈도의 세 측면을 모두 포함한 것이며, 경우에 따라 '시대'로 바꿀 수도 있다.

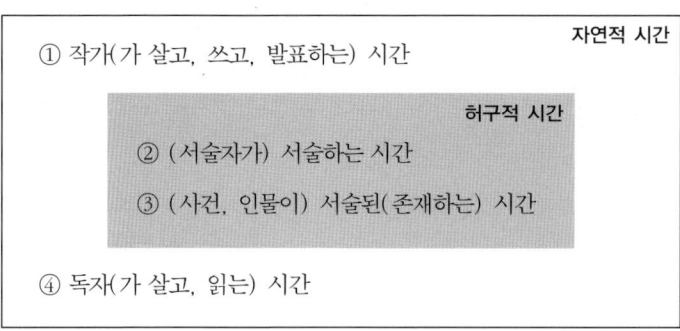

양상이 복잡하므로 여기서 먼저 ②③에 관해 확인해둘 점이 있다. 둘은 같은 허구적 시간으로서 자연적 시간과 대비되지만, 자연적 시간

을 바탕으로 인식된다. 독자가 읽을 때 순서, 양, 빈도의 기준이 일단 자연적 시간의 그것일 수밖에 없기 때문이다. 한편 ②③은 다시 그들끼리 대비된다. ②는 서술 층위와 밀접한 시간이요, ③은 줄거리 층위의 시간인 까닭이다. ②③의 사건 배열 순서가 거의 같아서, 이른바 '입체적 구성'과는 거리가 먼 경우에도, ②가 어떤 시간적 지점인가는 의외로 중요할 수 있다. 『만세전』, 「해방 전후」(이태준), 「잔등」(허준) 등에서 '나'는 3·1만세운동, 8·15해방 등이 일어난 후에, 그 전에 일어난 일을 회상하고 있는데, 그 때문에 회상이 그 사건에 수렴되고 있다.

①은 흔히 고정된 것처럼 여겨지며, 작가의 사상, 창작 의도, 작품이 산출된 사회 현실 등을 살피는 데 중요하다. 그에 비해 ②는 한 작품 안에서도 화법과 플롯에 따라 바뀔 수 있고, 삼인칭 서술의 경우 그 위치를 알기 어렵다. 이른바 '시간적 배경'이 속하는 ③은 특히 자연적 시간의 지배를 받는다. 서술된 것이 본래 존재했던(존재했다고 상상되는) 시간인 까닭이다. ②③은 여러 차원일 수 있다. 플롯을 살피면서 논의했듯이, 기준사건이나 시간기점 이전과 이후의 사건, 그 내부와 외부의 사건 등이 여러 겹을 이룰 수 있다. 액자소설은 그런 양상을 구체적으로 보여준다.

②③은 ①④에 가까운 어느 때일 수도 있지만, 역사소설처럼 먼 때일 수도 있고, 환상소설에서 보듯이 그 자연적 시간을 벗어난 제3의 시간일 수도 있다. 순서와 양으로 보면, ②와 ④는 같다. 그 양이 ③에 가깝거나 그보다 많으면 보여주기showing 위주의 장면적 서술이 되고, 그 반대의 경우는 들려주기telling 위주의 요약적 서술이 된다. 플롯을

살필 때 특히 주목하는 게 ②와 ③의 배열 순서 차이이다. ③에서 여러 번 일어나서 ②에 여러 번 서술된 사건은 '반복사건'이고, ③에서 한 번 일어난 사건이 ②에서 여러 번 서술되면 '반복서술사건'이다.

    소설과 사회 현실의 관련성, 곧 소설의 사회적 의미를 따질 때 ①과 ③을 '동일시'하는 경향이 있다. 작자가 자기가 사는 시대의 이야기만 쓰는 게 아니므로 ③이 언제인가도 문제이지만, 기본적으로 이는 소설을 역사 서술이나 신문 기사 따위와 구별하지 못하는 노릇이다. 자연적 시간과 허구적 시간을 구별하지 않고, 소설 특유의 의미 형성과 전달 방식을 무시한 채, 소설의 의미를 작자가 산 시간(①) 속에 존재한, 그가 재현한 무엇 속에 있다거나, 그것을 체험하고 이야기한 '작자의 의도' 속에 있다고 여기는 것이다. 이는 소박한 반영론이요 지나친 역사주의적 환원론이다. 하지만, ②③을 깊이 살피지 않는다면, 작자의 의도는 어떻게 알며 작자가 산 시간(①)의 의미는 어떻게 알 것인가? 작자와 그가 산 시대를 누군가가 '해석한' 자료를 얻는다 해도, ②③에 관해 서술한 것(작품)을 읽는 데 별 도움이 되지 않는다면 그게 과연 무슨 소용인가? 만약 ③에서 일어난 일이 보편적이고 원형적인 인간의 욕망과 삶까지 보여준다면, 그것을 ①의 어떤 때로 한정해서만 해석하는 게 과연 충분한가?

5. 「유예」의 시간 사용 방식

    단편소설 「유예」(오상원)는 초점화 방식이 혼란스럽고 행동의 필연성도 약하지만, 시간을 독특하게 사용하여 주목을 받는다. 이 작품에서 주인공이 감옥에 갇혀 고민하고 회상하다가 죽는 '현재' 시간의 양은 한 시간 남짓으로 매우 짧으며, '의식의 흐름'에 따라 내적 독백을 많이 하는 주인공이 죽으면서 서술(작품)도 끝난다. 죽기 전의 짧고 긴박한 상황에서 일어난 일을, 죽는 당사자의 목소리 위주로 죽을 때까지 이야기하는데, 그 이야기 전체를 독자가 읽는 데 걸리는 시간 역시 그에 가깝다. 앞의 ②③④가 '함께 가는,' 즉 모두 현재화되는 셈이다. 거기서 회상되는 과거와 회상하는 현재는 구분하기 어려울 뿐 아니라 구분 자체가 별 의미가 없다.

그래서 독자는 실제로는 불가능하지만, 지금 주인공과 함께 그 장면 속에 있는 듯한, 그의 의식의 흐름에 동참한 듯한 느낌으로 읽게 된다. 게다가 주인공이 회상하는 이전 약 열흘 동안에 걸친 적진에서의 헤맴과 체포 과정 또한 목숨을 건 극한상황이다. 따라서 독자는 주인공이 극한적인 상황에서 벌이는 목숨 건 노력과 선택을, 잔뜩 긴장해서 지금 자기 일처럼 체험하며, 삶이라는 것, 삶의 시간이라는 것 자체의 의미까지 사색 대상으로 삼게 된다. 주인공이 살 수도 있었는데 왜 죽음을 택하는가, 그 선택을 하기까지 보낸 시간이 어떤 의미를 지니고 있는가, 또 죽음 이후의 시간을 왜 포기하는가와 밀접히 연관되어 있기 때문이다.

제목 '유예'가 암시하듯이, 이 작품은 이렇게 시간을 중요하고 독특하게 사용함으로써 정서적 효과를 거두고, 나아가 시간이 작품의 제재가 되게 했다고 할 수 있다. 마르셀 프루스트의 『잃어버린 시간을 찾아서』를 비롯하여, 이런 소설은 매우 많다. 소설에서 시간이 단순한 기법이나 재현의 문제가 아님을 보여주는 예이다.

6. 「우리들의 일그러진 영웅」의 시간 차원과 서술방식

「우리들의~」는 「유예」와 시간 사용 방식이 다르다. 서술된 시간이 과거와 현재의 두 차원으로 구분되고, 일인칭 서술이므로 서술하는 시점이 그 현재의 어느 때이다. 그리고 서술된 시간의 길이가 30년에 가까우며, 현재와 과거 사이의 거리가 멀기 때문에 화법과 초점화 방식이 달라진다.

이 작품은 허구적 시간이 크게 두 차원으로 확연히 구분될 뿐 아니라, 곳곳에서 각 차원의 재현 대상이 된 자연적 시간을 치밀하게, 또 적극적으로 밝히고 있다. "자유당 정권이 아직은 마지막 기승을 부리고 있던 그해 삼월 중순" "열두 살에 갓 올라간 오학년" "석대가 물러난 지 얼마 안 돼 4·19가 있었지만" "이십육 년 전 그날" 같은 말로 미루어보면, 그 두 차원은 다음과 같다.

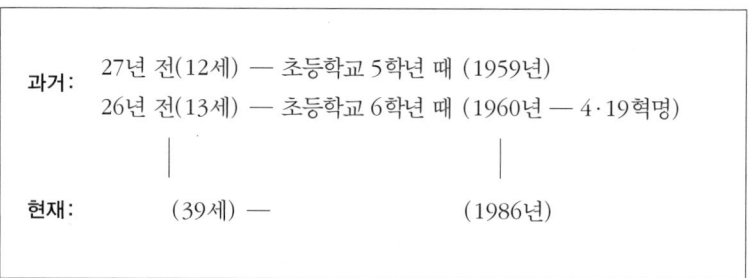

이 작품은 1987년 6월에 발표되었다(『세계의문학』여름호). 작품이 발표되고 읽힌 자연적 시간과, 서술자이자 인물인 '나'의 '서술하는 현재'가 매우 가깝다. 한편 1948년에 태어난 작자 이문열은 발표 당시 나이가 인물 '나'와 거의 같다. 이들을 종합하면, 허구적 인물 '나'가 산 시간은 작가가 산 시간과 거의 같으며, '나'가 서술하는 때 역시 발표 당시의 독자가 작품을 읽는 때와 가깝다. 한마디로 인물의 허구적 시간과 작자 및 독자의 자연적 시간이 거의 일치한다. 이 작품은, 작자처럼 여겨지기 쉽게 설정된 서술자가 '지금, 여기'에서 독자에게, 과거와 '지금, 여기'의 이야기를 하는 듯한 서술상황을 취하고 있는 것이다. 말 그대로 '작자적 서술상황'인 셈이다. 이는 서술자가 작자, 독자의 시간과 거리가 먼 어떤 때에, 거기서 다시 어떤 시간적 지점을 택하여 '그때 거기서 이런 일이 있었다……'고 이야기하는 일반적 경우와는 다르다.

이런 서술상황은, 특히 발표 당시의 독자들에게는, 이 작품이 허구가 아니라 작가의 경험담 고백, 혹은 실화 기록이 아닐까 하는 추측이 들게 할 수 있다. '발표 당시'란 언제인가? '민주화선언'이라는 것이 이 작품이 발표되기 전해(1986)에 있었지만 아직 부당하게 권력을 탈취한 군부독재가 한국을 지배하던 때이다. 권력에 관한 발언이 조심스럽던 그 시기에, 폭력으로 권력이 형성·유지되는 이야기를 담고 있는 작품이 실화나 작가의 고백처럼 여기기 쉽게 서술된 것은, 분명 내용의 진실성과 사실성을 북돋우고 독자를 긴장시키는 데 이바지하였을 것이다. 실화인지 아닌지는 알 수도 없고 알 필요도 없으나, 이런 시간

기법이 작품을 더 그럴듯하게, 현실감 있게 받아들이도록 했음이 확실하다.

그런데 이 작품에서 '어른 나'의 현재에 관한 서술은 소설 전체의 1할도 되지 않고, 대부분이 '어린이 나'가 겪은 과거, 그중에서도 초등학교 5학년 1년간에 관한 서술이다. 현재의 이야기를 직접 털어놓는 듯한 서술상황에서, 과거 이야기를 주로 하는 것이다. 「우리들의~」의 이러한 시간 설정과 서술방식은, 이 작품의 대부분을 차지하고 있는 어린 시절 이야기를 비유적 혹은 우화적(寓話的)으로 읽도록 만든다. 물론 그것을 지시적으로 즉 과거 사실을 재현한 것으로 읽을 수도 있지만, 작품 내의 '현재,' 또 그것이 재현하는 작품 외부의 현재(1980년대 후반)를 빗대어 표현하기 위해 동원한 이야기로 읽을 수 있게 하는 것이다. 사실 이 작품의 과거 차원 서술은 4·19혁명 무렵의 한국 사회 현실을 한 학급에 옮겨놓은 듯한 박진감을 준다. 아울러 그것은 엄석대를 4·19혁명 이전과 이후의 독재자들, 나아가 독재자나 악당 일반을 상징하는 존재로 보게 한다.

이 작품의 시간 사용 방식은 분명 긍정적인 기여를 하고 있다. 하지만 이와 밀접히 연관된 서술자의 태도 쪽을 살펴보면 다른 점이 보인다. 이 작품과 비슷하게, 작자 자신이 '지금, 여기'에서 독자에게 직접 말하는 대표적인 갈래가 수필, 논설, 비평 등이다. 이 작품처럼 허구적 시간이 자연적 시간과 거의 일치하며, 작자와 서술자가 매우 닮아 보이는 소설로 이문구의 연작소설 『관촌수필』이 있는데, 그 제목에 '수필'이라는 말이 들어 있는 것은 매우 의미심장하다. 소설의 작자나 서술자가 "이것은 지금 여기의 이야기입니다"라고 강조하지 않아도, 독자는 관습적으로 일단 그렇게 읽는다. 소설이 과거의 어느 때와 장소에서 일어난 사건을 그렸을 경우에도, 독자는 그것을 과거의 것으로 '지시적으로' 읽기도 하지만, 어느 때 어느 곳에서나 일어날 수 있는 보편적·상징적인 것으로, 즉 '비유적으로' 읽기도 한다. 또 어떻게 읽든, 읽는 동안만큼은 모두 다 지금 여기서 일어나는 일을 목격하듯이, 그 사건에 참여한 인물처럼 동감을 느끼며 읽는다. 그럼에도 불구하고 이 작품 서술자는 굳이, 지금 여기서 하는 지금 여기의 이야기, 그것도 작자가 꾸미지 않고 직접 하는 듯한 태도로 말하고 있어서, 서술이 수필이나 논설과 비슷해지고 있다. 이 작품에서 과거의 사건을 경험하고 보는 이는 초점자 '어린이 나'이지만 그것을 서술하는 목소리의 주인은 '어른 나'이다. '어른 나'는 사건을 묘사하여 보여준 후 그 의미를 드러내려고 할 때는, 일인칭 서술이기에 더욱 거침없이 개입하여, 직설적으로 들려주기를 즐긴다. 따라서 '어린이 나'의 경험 자체보다, 수필이나 논설처럼, 그에 대한 '어른 나'의 판단과 주장이 작품의 의미를 형성하게 된다.

서술방식이 이렇게 수필, 논설과 유사한 면이 있는 것은, 이문열이 자주 사용하는 서술방식이요 사실성을 북돋우기 위한 나름의 기법이다. 하지만 다소 근대소설답지 못한 면이 있다. 사건과 인물을 객관적으로 형상화하여, '작품 자체가 말하게 하는' 데서 멀어지는 까닭이다.

열두 살은 아직도 아이의 단순함에 지배되기 쉬운 나이지만, 그리고 아직은 생생한 낮의 기억들이 은근히 의식의 굴절과 마비를 강요하고 있었지만 나는 아무래도 그 새로운 환경과 질서에 그대로 편입될 수는 없다는 기분이 들었다. 그러기에는 그때껏 내가 길들어온 원리——어른들 식으로 말하면 합리와 자유——에 너무도 그것들이 어긋나기 때문이었다. 직접으로는 제대로 겪어보지 못했으나, 그 새로운 질서와 환경들을 수락한 뒤의 내가 견디어야 할 불합리와 폭력은 이미 막연한 예감을 넘어, 어김없이 이루어지게 되어 있는 어떤 끔찍한 예정처럼 보였다.

위에서 초등학생 시절의 체험을 전달하고 해석하는 목소리와 어휘는 완전히 어른의 것이어서, 중학생 이하의 독자는 어떤 일이 일어나고 있는지조차 읽어내기 어려울 정도이다. '어른 나'가 하는 말의 핵심어는 작품 전체에서 대립의 계열을 이루면서 여러 번 되풀이된다. 그것은 합리\불합리(비리), 정의\불의, 자유\억압(폭력), 저항\굴종(마비), 자율\타율 등인데, 논설적 화법에 실려 너무 자주 나와서, 이 말들을 쓰기만 하면 줄거리 요약은 물론 핵심적 갈등과 주제까지 쉽게 정리할 수 있을 정도이다.

7. 차원들의 관계와 주제

과거의 차원 곧 '나'의 초등학교 시절에 무슨 일이 있었는가? 시골로 전학을 온 초등학교 5학년생인 '나'는 새 학급에서 반장 엄석대와 갈등한다. 엄석대는 교활한 꾀와 폭력으로 제왕처럼 반원을 지배한다.

이 불합리한 권력의 질서를 깨기 위해 저항을 해보지만, 반원 모두가 의식이 마비되어 있는 환경을 극복하지 못하고 패배한다. 그런데 엄석대에 굴종하게 되자 그의 비호를 받으며 이익을 챙기는 것도 무척 달콤하고 좋음을 알게 된다.

변화는 다음 해 바뀐 새 담임에 의해 이루어진다. 그는 성적 조작을 밝혀내면서 엄석대 왕국을 무너뜨리기 시작한다. '나'는 엄석대의 질서에 굴종하면서 맛보았던 편리와 이익이 아쉽고 반원들의 태도 변화가 미덥지 않아 중간적 태도를 취하기도 한다. 그러나 새 담임의 거듭된 매질로 말미암아 반원들의 자율성이 다소 생겨나자, 합리와 자유에 대한 믿음이 생겨난다.

이상의 이야기에서 '나'와 갈등하는 것은 엄석대 개인이라기보다 그가 지배하는 집단이요 환경이다. '나'는 엄석대 개인에게 패배한다기보다 그를 영웅처럼 받든 "공범자들"인 반원들 모두에게 패배하기 때문이다. '나'는 그 엄석대가 지배하는, 불합리하고 폭력적인 환경에 패배한 뒤, 굴종의 편리함과 이익을 맛본다. 그런데 그 불합리한 질서는 '나'나 반원들 자신에 의해 깨지지 않는다. 그것은 새 담임에 의해 타율적으로 개혁되는데, '어른 나'는 그 개혁에 자율적인 면이 있었던 것처럼 서술하면서, 굳이 "혁명"이라는 말을 쓴다. "아무래도 혁명적이 못 되는 석대의 몰락"에 대해 "이런저런 구차한 수식어를 더해가면서까지도 굳이 혁명이란 말을 썼"다고 변명까지 하면서, 계속 그 말을 쓴다. 서술자의 욕망, 궁극적으로는 작자의 욕망이 감지되는 대목이다.

여기서 서술자인 '어른 나'의 현재로 눈을 돌려보자. 과거와 구별하기 위해 그냥 현재라고 하였으나, 서술자가 '회상하는 현재'의 차원에는 약 25~26년에 걸친 초등학교 이후의 성장과정, 곧 현재의 상태를 가져온 그 과정을 포함시켜 보게 된다. '나'는 "자율과 합리에 지배되는 곳"인 일류 고등학교와 일류 대학을 졸업한다. 이때 '나'는 "억눌림 또는 가치박탈의 체험을 안 하"므로, 엄석대는 "부정(否定)의 이미지에 묻혀" 있게 된다. 그러나 사회생활을 하면서 "세일즈맨의 꿈"이 무너지고 사업에도 실패하여, 돈이나 지위를 얻은 친구들과는 달리 "두 칸 전셋방에 들어앉은 실업자"가 되자 "엄석대는 아득한 과거로부터 되살아 나"온다.

이 현재 차원에서 '나'와 갈등하는 것은 무엇인가? 과거에는 '나'가 싸움을 하였기에 갈등하는 상대가 분명하였다. 그에 비해 현재는 '나'가 싸움이나 저항을 하지 않고 또 '나'를 패배시키는 주체 또한 모호하므로, 갈등의 상대가 분명치 않다. 비교적 짧게 서술된 그 시기, "이 나라의 70년대 후반"과 80년대에 해당되는 그 시기에, '나'는 자유, 합리, 정의가 없는 집단이었다는 대기업과 대립하는 것도 아니고, 대기업처럼 물질적 소유와 성공만을 추구하는 사람들과 대립하지도 않는다. 오히려 '나' 역시 "그런 성공의 마뜩지 못한 과정이나 그걸 가능하게 한 사회 구조가 아니라 그들이 누리고 있는 그 과일 쪽"을 추구하다가 무엇보다 '경제적으로' 실패한다. 대기업을 나온 것이 저항이라면 저항인데, 그 대기업의 물건을 열심히 파는 모순된 행위를 하므로 그렇게 보기도 어렵다.

'나'가 처한 갈등의 대립항은, 일류 학교에 다닐 때는 부정적 존재였던 엄석대가, 사회적 패자가 되었을 때 왜 긍정적으로 떠올랐는가를 추리해보면 짐작할 수 있다. "이런 세상이라면 석대는 어디선가 틀림없이 다시 급장이 되었을 것이다"와 같은 서술에서도 짐작되듯이, '나'가 대립하는 것은 예전처럼 불합리한 사회 환경이다.

이렇게 본다면 이 작품에서 과거와 현재는 반복적 관계에 있는 듯하다. 본래 과거는 현재의 원인이요 거울이므로 둘의 관계는 인과적이면서 반복적이게 마련인데, 여기서는 일단 반복의 관계가 중요해 보인다. 우선, '나'와 환경 간의 갈등관계가 유사하고, 앞서 지적했듯이, 이 작품의 과거를 가지고 현재를 빗대어 표현하는 서술방식을 취하고 있기 때문이다.

그러나 두 갈등은 비슷하지만 다른 면이 있어 보인다. 과거의 '나'는 엄석대가 지배하는, 불합리하고 불의한 환경과 대립하는 것으로 서술된다. 하지만 현재의 '어른 나'가 대립하는 환경은 그와 비슷하게 서술되어 있다고 보기 어렵다. 불합리하다고 서술되어 있기는 하지만, 그 원인이 모호하고 성격도 다르다. '나'는 사회 환경이 "일류 학교" 같지 않아서, 곧 자기 실력에 맞는 보상을 해주지 않아서 불합리하다고 본다. "세일즈맨의 시대를 꿈꾼" '나'가 추구하는 것은 물질적 성공이요 세속적 출세이다. 싸우는 대상이 없거나 모호하여 더욱, '나'의 욕망은 그 세속적 성공과 출세 말고는 두드러진 게 없다. 그게 좌절되자 '나'는 엄석대를 그리워한다. 이렇게 '어른 나'는 자기중심적으로 합리, 불합리를 판단하며, 엄석대를 부정하거나 긍정한다. 그리고 일류 집단에서만, 또 실력 있는 자가 반드시 돈이나 지위를 얻는 사회라야만 합리와 정의가 가능한 듯이 말한다. 이는 모든 사람과 전체 사회에 바람직한 가치 곧 사회적 정의와는 거리가 있다.

이렇게 볼 때 현재 '나'가 대립하는 환경의 불합리함이란, 불의(不義)와 폭력이 판쳐서라기보다 자기가 실력대로 살 수 없기 때문에, 실력에 맞는 대접을 받지 못하고, 실력이 있는데도 성공할 수 없기 때문에 부정적으로 여겨지는 그런 불합리함이다. '어른 나'는 어떤 '사회적 의지'를 지니고 불의와 싸운 것도 아니고, 불의한 환경에 의해 패배당했다고 보기도 어렵다. 개인\사회 환경의 갈등이기는 하나, 그것이 개인적 권리와 이익의 맥락이지 사회적 정의의 맥락이라고 보기는 어려운 것이다.

그렇다면 과거 차원과 현재 차원은 반복적이라고 보기 어려운가? 이 지점에서 현재의 갈등과 반복 관계에 있다고 본 과거의 갈등이 과연 어떤 갈등인가를 되짚어볼 필요가 있다. 열두 살의 '나'는 왜 엄석대가 조성한 폭력적 질서와 싸우는 행동을 하였으며, 그 행동은 작품에서 어떤 의미를 지니고 있는가?

그 의미를 규정하기 위하여 서술자는 다음과 같은 표현들을 거듭 사용한다.

나는 아무래도 그 새로운 환경과 질서에 그대로 편입될 수 없다는 기분이 들었다. 그러기에는 그때껏 내가 길들어온 원리——<u>어른들 식으로 말하면 합리와 자유</u>——에 너무도 그것들이 어긋나기 때문이었다.

뚜렷한 것은 다만 무엇인가 잘못되어 있다는 것뿐——다시 한 번 어른들 식으로 표현한다면, 불합리와 폭력에 기초한 어떤 거대한 불의가 존재한다는 확신뿐——거기에 대한 구체적인 이해와 대응은 그때의 내게는 아직 무리였다.

아무리 아이들의 정신속이라고 해도, 어른들의 정의와 자유에 대한 열망에 상응하는 부분은 있었을 것이다. 그런데 나는 내 개인적인 감정과 조급으로 그들을 대의로 깨우치거나 설득하는 대신 눈앞의 이익으로 매수하려고 들었을 뿐이었다.

그러나 불복종이나 비타협도 싸움의 한 형태로 볼 수 있으면 내 외롭고 고단한 싸움은 그 뒤로도 두어 달은 더 이어진다. 어른들 식으로 표현한다면, 어리석은 다수 혹은 비겁한 다수에 의해 짓밟힌 내 진실이 무슨 모진 한처럼 나를 버텨나가게 해준 것이었다.

한마디로 과거의 '나'의 싸움은 합리, 정의, 자유를 추구하였기 때문에 한 행동이라는 것이다. 하지만 서술자인 '어른 나'의 위와 같이 거듭된 의미 부여를 유보해놓고 '어린이 나'의 욕망과 그가 한 행동 자체만 놓고 보자. "서울의 명문 국민학교를 떠나 한 작은 읍의 별로 볼 것 없는 국민학교로" 전학 온 '나'는 "그 별난 서울의 일류 학교에서도 반에서 다섯 손가락 안에 드는" 공부 실력을 지녔고, 그것이 "선생님뿐만 아니라 아이들과의 관계에서도 내 이익을 지켜주는 데 적지 않은 몫을 하던 내 은근한 자랑거리"라고 생각하는 아이이다. 이 '나'가 싸운 것은, 실력에 맞는 대접을 받고 싶으나, 엄석대의 지배를 받는 반원들은 물론이고 아버지와 담임선생까지 포함한 환경 전체가 그것을 허락하지 않았기 때문이다. 나이가 어리므로 '나'는 구체적인 욕망과 의식을 지니고 행동하기 어려우며, 초등학교 5학년생답게 의식의 범위가 자기 자신을 벗어나지 못한다. 이는 엄석대와 싸우는 동안 '나'가 주변의 사람들 그 누구도, 정의감에 불타서, 또 합리적 이유와 객관적 논리를 내세우면서 설득하고자 노력하지 못한다(않는다)는 사실에서 확인된다. 여기서 '어른 나'가 "다행히도 실제 세상은 그때의 우리 반과 꼭 같지는 않아 그래도 내가 나온 일류 대학과 거기서 닦은 지식을 써주는 곳이 아직은 더러 남아 있"어 학원 강사 생활을 하며 내 집 마련의 꿈을 키우게 된다는 점에 주목할 필요가 있다. 과거 역시 현재와 같이 '나'의 일차적 관심은 자기 실력에 맞는 대접을 받고, 그리하여 우월한 위치에 서는 것이라 할 수 있다.

   과거의 '어린이 나'는 어린아이이기에 실력에 맞는 대접을 받거나 누구를 이기는 것을 무엇보다 중요하게 여길 수 있는데, '어른 나'는 어른인데도 여전히 그것을 중요시한다. 이는 새 담임에 의해 자율과 용기를 배웠다는 인물답지 못한, 성숙되지 못한 행동이다. 이런 맥락에서, '어른 나'가 삶에 패배한 처지에서 새 담임을 그리워하지 않고 엄석대를 그리워하는 것은, 이 작품에서 새 담임에 의한 개혁이 오직 거듭된 매질, 즉 또 하나의 폭력에 의해 이루어진 모순적·피동적인 것일 뿐이며, 역시 자유나 정의라는 가치는 '나'라는 인물에 의해 적극 추구되거나, 이 작품에서 절대적 의미를 지닌 것으로 '그려져' 있지 않다고 해석하게 한다. 나아가 이 작품이 개혁이나 우상 파괴에 관한 상승적 이야기라기보다, 개혁 실패와 그것을 조장하는 사회 환경을 "비관"하는 하강적 이야기라고 보게 한다. '나' 중심으로 보면 성장한다기보다 퇴보하는 이야기로 보게 하는 것이다.

실력에 맞는 대접을 해주지 않는 환경이 불합리하고 정의롭지 않은 면이 있는 것은 사실이다. 개인의 자유와 권리를 침해하는 그런 사회가 있다면 저항하고 개혁해야 하는 것도 진실이다. 그런데 이 작품에서 그런 가치들은 세속적 성공과 우월한 지위를 보장해주기 위해 존재하는 것이지, 절대적 가치를 지니고 있기에 추구해야 하는 그런 것이라 하기 어렵다. 즉 분명한 한계를 지니고 있다. 이 작품에서 엄석대의 몰락이, 과거에 새 담임에 의해 이루어진 것이든 현재 경찰에 의해 이루어진 것이든 필연성이 떨어지는, 우연적인 것으로 여겨지는 것도 그 때문이다.

요컨대 이 작품에서 과거와 현재는 여전히 반복된다고 볼 수 있는데, 반복되는 '나' \ 환경 갈등의 실체는, 합리와 정의를 추구하는 욕망 \ 불합리하고 불의한 환경이라기보다, 실력대로 대접받(으며 성공하)고 싶은 욕망 \ 그것을 가로막는 (불합리하고 불의하다기보다) '불리'한 환경이라 할 수 있다. 이 작품에서 시간은 흐르지만 변한 것은 없다. 나이는 먹어도 그냥 반복될 뿐이어서, 결과적으로 성장은커녕 퇴행하는 시간이다. 이 작품을 지배하는 시간의 실체는 바로 이것이다.

8. 「우리들의 일그러진 영웅」의 문제점

　이러한 해석이 가능하다면, 여기서 이 작품의 문제점을 몇 가지 지적하지 않을 수 없다. 먼저 서술자이자 중심인물인 '나'에 관해 살펴보자.
　첫째, 서술자인 현재의 '나'는 과거의 '나'를 과장하여, '불합리한' 태도로 서술하고 있다. 자유니 정의니 하는 말을 인물과 사건에 어울리지 않게, 그것의 충분한 형상화 없이 무리하게 사용하고 있다. 자유, 정의, 합리 같은 보편적이고 공적(公的) 가치를 사적(私的) 가치에 종속시키는 것, 다시 말해 개인적 욕망 추구에 집단적 의미를 부여하는 행위는 그 자체가 불합리한 자기 합리화이다. '나'의 행위의 논리적 측면을 떠나 작품 서술 측면에서 보면, 앞에서 언급했듯이, 이는 작자가 합리\불합리, 자유\정의 등의 갈등을 그리고자 하면서, 사건과 인물을 충분히 형상화하여 '작품 자체가 말하게' 하는 데 이르지 않은 채, 서술자의 말에 너무 의존하여 흡사 수필이나 논설처럼 메시지를 전달하고자 했기 때문이다. 이는 과거에 '합리'와 '정의'의 실현이 새 담임 선생에 의해 타율적으로, 또 부정적인 방식으로 이루어졌음에도 "혁명"이라고 서술하는 데서도 확인된다.
　둘째, 현재의 '나'는 부정적인 면이 있는, 복합적인 인물이다. '나'는 엄석대가 바람직한 존재(영웅)라고는 결코 생각하지 않는다. 하지만 그 이유는, 앞서 행동과 서술 태도 분석을 통해 밝혔듯이, 자기중심적인 것이다. 게다가 나는 "변혁을 선뜻 낙관하지 못하는 불행한 허무주의"를 지녔으며 남을 잘 믿지 못하는 성격이 있어서, 누구를 적극 설득하거나 각성시키려 들지 않을 뿐 아니라, 엄석대를 무너뜨렸던 새 담임 같은 존재가 되어보려 하지도 않는다. 그래서 엄석대는 그리워해도 새 담임을 그리워하지는 않는다. 마지막 대목에서 '나'가 눈물을 흘리는 것은, 그 자기중심적 혹은 이기적인 욕망이 성취되기 어려운 상황에 대한 "비관"과, 이와 모순되는, 그런 "나를 위한" 가책이 뒤섞여 있다.

이러한 점들은 이 작품의 해석과 평가에 심각한 문제와 어려움을 초래한다. 무엇보다 '나'가 인물인 동시에 서술자이기에, 서술을 신뢰하기 어려운 면이 생기기 때문이다. 이 작품을 읽으면서 '나'가 엄석대를 그리워한다고 해서 자기도 엄석대를 바람직한 인물로 보는 독자가 있다면, 악당을 악당으로 판단하는 가치의식이 부족함과 아울러, '나'의 복합적 성격을 읽을 소설 독해력이 부족한 사람이다.

그러면 독자는 '나'라는 인물을 어떻게 보아야 하는가? 앞과 같은 해석이 일리 있다면, 비판적 거리를 두고 보아야 한다. 과거의 자기 행동을 과장하여 말하며, 사회적으로 성공하지 못하자 가치관이 흔들려 악당일지라도 의지하고 싶어서 엄석대를 그리워하는 인물을 긍정적으로 볼 수는 없기 때문이다. 부정적인 면이 있는 일인칭 서술자의 서술은 '신뢰할 수 없는' 점이 있기에, 중립적이거나 객관적이라고 보기 어렵다. 그러나 이 작품의 서술상황은, 앞서 언급했듯이 작자가 지금 여기의 문제를 직접 논평하는 것처럼, 또 그것을 과거의 경험을 가지고 빗대어 말하는 것처럼 받아들이기 쉽도록 되어 있다. 이 모순된 상황에서, 서술자의 말이라면 일단 신뢰하는 일반적 관습에 따라 독자는 서술을 무비판적으로, 그러니까 '나'를 긍정적으로만 받아들이기 쉽다.

이 작품에는 이렇게 서술자의 말 혹은 서술 태도와 그 자신의 삶 사이에 모순되고 불합리한 면이 있어서, 그것이 작품 구조에 균열을 내고, 독자를 혼란스럽게 한다. 이 점은 각도를 조금 달리해 보아도 비슷하다. 이 작품을 해석하면서 제목 '우리들의 일그러진 영웅'에서 초점을 '영웅'에 두지 않고 '우리들'에게 둘 수 있다. 그러면 주제는, 진정한 영웅이 아니라 '일그러진' 영웅이 횡행하는 불합리한 사회는, 그에 굴종하면서 노예처럼 굴종의 열매나 탐내는 '우리들' 자신이 만든 것이라는 비판적 메시지에 가까워진다. 전체의 초점이 엄석대 같은 특정 존재의 비판보다는, 폭력적 권력에 의해 불의와 불합리가 판치는 현실의, 굴종의 보상에 취해 의식이 마비된 사회 구성원들에 대한 비판에 놓이는 것이다. 이런 맥락에서 볼 경우, 현재 차원의 '어른 나'는 그 '우리들'에 속하기도 하지만 그렇지 않기도 하다.

성공을 위해 엄석대를 그리워하고, 그가 범죄자로 체포되는 것을 보고 눈물 흘리는 현재의 '나'는, 일그러진 영웅을 만들어내는 어리석고 자율성 없는 '우리들'의 하나이다. 하지만 '나'는 다른 '우리들'과 분명한 거리를 두는 인물이다. '나'는 지식 계층 사람으로, 이른바 '민중'에 속한다고 하기 어렵다. "그래도 내가 나온 일류 대학과 거기서 닦은 지식을 써주는 곳이 더러 남아 있어서" 학원 강사로 살아가는 인물이다. '나'는 엄석대한테 굴종하거나 상황이 뒤집혔을 때 그를 비판하는 급우들을 바라보면서 그랬듯이, 자기 생각 없이 휩쓸리는 이들에게 항상 불신의 시선을 보내고 있다. 물리적 힘과 정치 권력에 억압당하면서도 그것을 선망하는 그들이 대다수를 이루고 있으므로 "변혁을 선뜻 낙관하지 못하는 불행한 허무주의"를 지닌 '나'는, 애당초 진정한 영웅은 탄생하기 어렵다고 생각할 사람이다. 이렇게 본다면 '나'는 '우리들'의 문제점을 비판하는 자이면서 그 문제점을 지닌, 지식인의 비극적 특징을 다소 지닌 인물이다. 이 작품이 흑백논리에 기울어 뻔한 결말에 이르지 않은 것은, 이렇게 서술자가 중간 혹은 경계선에 선 존재로서 서술을 했기 때문이라고 볼 수 있다. 하지만 자기의 부정적인 면에 대해 반성의 태도를 엿보기 어렵고, 그래서 지식인다운 균형감각을 지니고 있다고 보기 어려우므로, 이 경우에도 합리적으로 판단하는 독자라면 '나'를 온전히 신뢰하거나 긍정하기 어렵다는 문제는 여전히 남는다.

국면을 바꾸어, 이번에는 해석의 시간적 맥락 측면의 문제점을 지적해 보자.

셋째, 이 작품은 '현재'의 현실을 적절하게 재현하고 비판했다고 보기 어렵다. 과거 차원의 '나'\엄석대(가 지배하는 학급)의 갈등 구도가 현재 차원에서는 분명치 않고 그 성격도 자기중심적인 면이 서술상 두드러지기 때문이다. 앞에서 살폈듯이, '어른 나'와 불화 관계에 있는 환경은 불의한 환경이라기보다 실력대로 살도록 해주지 않는 환경이고, 또 그렇게 된 원인도 모호한 환경이다. 이 원인이 '공백' 또는 '틈'으로 남아 있는 게 이 작품의 허점이라고까지 볼 수는 없다. 앞서 언급했듯이, 이른바 민주화선언이라는 것이 이 작품이 발표되기 전해에 있었지만 아직 부당하게 권력을 탈취한 군부독재가 지배하던 상황이므로 어쩔 수 없이, 또 소설기법상 일부러 만들어놓은 공백이라 볼 수 있기 때문이다. 과거와 현재 두 차원을 병치한 플롯의 결과, 독자는 둘을 반복적이거나 인과적으로 보게 되므로, 그 공백에 들어갈 것, 즉 '현재'의 환경을 조성한 원인은, 엄석대 같은 존재 혹은 엄석대를 영웅으로 만드는 존재들이 된다. 과거와 현재를 포개어 읽게 짜여 있어서, '현재'의 사회를 조성한 장본인은 폭력으로 억압하는 독재 권력과 그에 굴종하는 무리들로 읽게 되는 것이다. 이 작품이 과거 '어린이 나'의 이야기를 가지고 우화적으로 표현하려던 것 중 하나가 이것이다.

하지만 '어른 나'의 욕망과 행동을 둘러싼 소설 내의 현실은, 앞에서 분석하였듯이, 당대 현실에 부합되게 그려져 있다고 보기 곤란하다. 과거 차원 이야기에서 본, 폭력에 지배당하는 현실의 모습, 굴종하는 무리들의 마비된 행동, 그에 대한 싸움 등을 현재 차원 이야기에서는 찾기 어렵다. 과거와 현재의 병치를 뒷받침해주고, 그래서 과거를 '현실'의 우화(알레고리)로 읽게 할 요소가 지나치게 빈약하다. 따라서, 작자가 처한 현실에서의 권력의 감시를 감안한다 하더라도, 이 작품은 구조가 허술한 면이 있다고 하지 않을 수 없다. 작자 스스로 이 작품은 "1980년대 중반의 한국 사회를 초등학교 교실을 빌려 우의적으로 형상화한 것"이며, "두번째 담임 선생은 [당시의] 경직되고 권위주의적인 이념이며, 그가 아이들의 의식을 일깨워주는 방법은 그 폭력성에 다름아니"라고 하였는데(『오늘의 작가총서 20·우리들의 일그러진 영웅』, 민음사, 2005, p. 191), 작품의 전체 실상과는 부합되지 않는 말이라고 본다. 특히 두번째 담임 선생에 대한 부정적 언급은, 작품의 실상에 비추어 새로운 문제를 일으킨다.

「우리들의~」는 단순한 작품이 아니다. 권력자와 그에 굴종하는 자 양쪽 모두를, 복합적 성격을 지닌 '나'의 말로 서술한다. 그리하여 악한 자는 벌을 받는다는 도식성에서 벗어나 권력의 실체를 구체적으로 드러내고, 당대 현실을 빗대어 비판할 수 있었지만, 앞에서 지적한 문제점들을 안고 있다. 또 주인공의 성격도 부정적인 면이 있다. 그리고 청소년용으로 다시 쓴 작품도 있으나(이 책 뒤의 '주요 대상 작품 목록' 참조) 여전히 서술이 청소년들이 읽기에 너무 어렵다. 이런 점들 때문에, 이 소설을 각급 교과서에서 경쟁적으로 수록한 것은 적절치 않은 일이다. 게다가 거기서 이 작품을 선악 이분법으로 다루는 것도 바람직해 보이지 않는다. 주인공의 성격이 단순하지 않을 뿐 아니라, 소설이 본래 그렇듯이, 이 작품은 가치를 문제 삼되 특정 가치를 전파하기보다 가치에 대한 의식(가치의식)을 형성하는 데 초점이 놓여 있는 까닭이다. 이런 여러 부적절한 일들이 생긴 원인은, 문학을 너무 사회개혁의 도구로 생각하여 사회문화적 맥락에서만 바라봄으로써 결국 문학 자체의 구조와 독자성을 소홀히 하는, 한국 문학교육의 지나친 역사주의, 환원주의 때문이다.

7 공간

•• 공간은 어떤 기능을 하는가

1. 사건과 사물

작자는 어떤 추상적인 가치나 이념, 느낌, 경험 등을 표현하고 전달하기 위해, 그것을 사건과 인물처럼 구체적인 모습을 지닌 것으로 '형상화'한다. 이는 현실에 존재하거나 상상 가능한 것을 재현(모방), 변용, 재구성하는 작업이다. 작가가 형상화해놓은 것을 읽으면서 독자는 인물의 생김새라든가 행동, 그가 입은 옷, 길과 주변 풍경 따위의 모습 곧 '형상'을 자기 마음속의 상상공간에 떠올리고 그린다. 작자가 재현한 것을 토대로 독자가 자기 의식의 그림판에 다시 재현하고 재구성하는 것이다. 같은 이야기 갈래이지만 만화나 영화는 그 형상을 그림이나 영상으로 직접 보여주므로 독자(관객)는 스스로 내면에 그리기보다 먼저 눈으로 보게 된다. 언어를 매체로 삼는 소설과 그들의 근본적인 차이가 이 점에 있다. 소설 같은 언어 예술은 독자 스스로 상상하여 재현해야 하므로, 그들보다 상상력을 더 적극적으로, 그리고 주체적으로 사용하게 된다. 영상 매체보다 언어 매체가 어린이의 상상력 발달에 더 도움이 된다는 주장은 이에 근거한 것이다. 소설을 각색하여 영화로 만들 때 많은 변화가 일어나는 것도 이런 매체의 차이 때문이다.

소설을 읽으면서 독자가 떠올리는 형상들은 크게 세 가지, 곧 인물, 공간, 공간과 시간 속에서 인물들이 벌이는 사건(행동)이다. 이때 '공간'이란 인물과 사건이 존재하는 장소와 그 장소를 구성하는 물체들을 모두 가리킨다. 이 세 가지는 소설의 내용적 요소들 가운데 시간—눈에 보이지 않는, 그러나 다른 요소들의 존재 바탕이요 그들의 변화를 통해 인식되는—만을 제외한 것으로, 모두 형상을 지니고 있다. 이에 비해 초점화, 인물형상화, 플롯 등 서술 층위의 형식적 요소들은 형상이 없다. 그들은 이 내용적 요소들을 어떤 의미를 띤 형상으로 '떠올리고 그리게 하는' 데 관여하는 추상적인 것이다. 형식적 요소는 형상의 재현에 작용하나 그 자체는 형상이 없고, 줄거리 요약에 관여하지만 줄거리에는 등장하지 않는다.

줄거리를 이루는 세 형상들 중에서도 인물과 공간은, 사건보다 훨씬 더 모습이 구체적이다. 「운수 좋은 날」에서 김 첨지의 모습과 그가 병든 아내를 위해 사오는 설렁탕은 눈으로 보고 손으로 그릴 수 있어도, 김 첨지 아내의 죽음 자체는 그러기 어렵다. 앞의 둘이 정적(靜的)인 물체라면, 뒤의 사건은 시간 속에서의 동적(動的)인 움직임 혹은 움직임의 결과에 가까운 것이기 때문이다. 「메밀꽃 필 무렵」의 "소금을 뿌린 듯이 흐뭇한 달빛"에 젖은 메밀꽃밭은 구체적인 모습이 있으나, 그 사이로 난 길에서 서먹해졌던 허생원과 동이가 가까워지는 사건은 시시각각 변하는 움직임이요 그 결과이다. 이 점을 고려하여 인물과 공간을 '사건'과 대조되는 '사물(事物)'이라 부를 수 있다('사물'의 사전적 의미에는 사건같이 추상적인 것도 포함된다. 그러나 여기서 사물은 사건을 제외한, 사건과 대조되는 뜻으로 쓴다). 사건이 동사에 해당된다면 사물은 명사, 즉 어떤 형용사적 특질을 지닌 명사에 해당된다고 할 수 있다. 기본적으로 사건이 시간적 특성을 지니는 데 비해 사물은 공간적 특성을 지니고 있는 까닭이다.

이러한 점을 제1장의 〔표 1〕에 추가해 정리해보면 이렇다.

	줄거리		서술
(사건)	사건	시간	플롯
(사물)	인물	공간	인물형상화
			초점화

읽는 과정에서 사물은 사건보다 독자의 마음속에 더 구체적으로 상상된다고 하였다. 그러나 사물은 기본적으로 정적인 것, 즉 명사적인 것이므로, 본래의 의미와 이미지를 바탕으로 하되, 사건과 연관돼야 비로소 작품 내의 의미를 지니게 된다. 「운수 좋은 날」에서 김 첨지가 아내에게 사다주는 설렁탕은, 김 첨지의 행동의 대상이 됨으로 인해, 또 아내가 먹어보지 못하고 죽음으로써 가난과 그 슬픔을 함축하게 된

다. 이렇게 사건과 연관돼야 구체적 의미를 띠므로, 사물은 사건이 지닌 유동성을 함께 지니게 되고, 그래서 사건보다 더 읽기 어려워질 수 있다. 비슷하게 유동적이라면 인과관계에 따라 전개되는 사건보다 '거기 있는' 사물이 의미를 파악하기가 더 어려울 수 있기 때문이다. 인물의 내면을 읽음에 있어서, 영화, 연극, 만화 등과 같이 그것을 형상으로 '보여줄' 수밖에 없는 갈래가, 서술자가 그것을 '들려줄(말해줄)' 수 있는 소설 갈래에 비해 더 어려울 수 있는데, 이와 통하는 양상이다.

여기서 한 번 더 쪼개어 살펴보면, 이 사물 중에서도 인물은 입과 발이 있어서 자신을 말과 행동으로 표현할 수도 있으나, 공간은 입과 발조차 없다. 독자적으로는 뜻을 표현하기가 곤란한 것이다. 그래서 공간은, 흰색이 순결을 상징하고 흐르는 물이 세월을 뜻하듯이, 관습적·상징적으로 의미가 정해져 있거나, 인물 및 사건과의 관련 속에서 비유적으로 의미를 지니게 되는 경향이 있다. 다시 말하면, 공간은 두 가지 맥락에서의 의미—보편적이고 관습적인 의미와 구조적인 의미 곧 작품 내의 상황적 의미를 지닌다. 뒤의 제9장에서 자세히 살펴볼 것인데, 공간이 인물형상화에 크게 활용되는 것은 이 때문이다. 이런 특징 때문에 공간은 상징성과 다의성(多義性)을 지니는 경우가 많고, 작품 고유의 맥락과 함께 사회문화적 맥락, 문학사적 맥락 등을 바탕으로 해석된다.

소설을 읽을 때 독자는 우선 행위에 주목한다. 즉 무슨 일이 먼저이고 나중인가, 어떤 게 원인이고 그 결과인가 하는 사건의 '수평적' 관계에 주목한다. 그러면서 그와 관련된 인물, 공간 등의 특질과 의미를 파악하는데, 그때는 관련된 정보, 특질, 이미지 등을 '수직적'으로 모아서 겹치고 뭉친다. 사건들은 주로 시간적·인과적으로 수평적 관계를 맺지만, 사물들은 공간적·비유적으로 관계를 맺으면서 의미를 형성하기 때문이다.

소설을 섬세하게 읽는 독자는 사건과 사물 모두를 읽는 데 비해, 그렇지 못한 독자는 사건 중심으로 읽기 쉽다. 그 이유는 이렇다. 시간의 물리적 선후(先後)나 인과(因果)의 논리적 선후 관계는 비교적 명백하고 살아가면서 흔히 경험할 수 있으므로, 사건 파악은 그 경험의 맥락과 논리를 활용하면 비교적 쉽다. 하지만 사물들의 공간적·비유적 관계는, 제6장에서 언급한 '지시적 읽기'와 '비유적 읽기' 논의에서도 알 수 있듯이, 논리적 관계라기보다 비유적 관계이므로, 함축성과 함께 애매성을 띤다. 말하자면 사물들은 점점이 흩어져 존재하며, 그들이 서로 어떤 관계에 있는지는 읽기의 관습과, 인물의 성격이라든가 갈등 같은 작품 자체에 대한 독자의 해석에 크게 의존하며, 그 관계도 이중 삼중으로, 경우에 따라서는 모순적으로까지 얽힐 수 있다. 그러므로 둘을 함께 읽도록 힘써야 하고, 단계적으로 또 요소별로 읽기 능력을 기르고자 한다면, 서술 층위 이전에 줄거리 층위 읽기를 하되, 사물 중심 읽기는 사건 중심 읽기 다음에 하는 게 좋을 것이다.

2. 공간이라는 용어

사물의 하나이며, 시간과 나란히 허구세계의 구성 요소임을 나타내기 위해 사용하고 있지만, 사실 '공간'이라는 용어는 조금 낯설고 거북하다. 이보다는 배경(背景)이라는 말이 친숙하다. 하지만 이 말은 용어로서 부적합하다. 우선 배경이란 말은 뒤에, 장식적으로만 존재하는 것을 가리킨다는 인상을 준다. 또 배경이라고 하면 흔히 시간적 배경과 공간적 배경을 함께 일컫는데, 시간과 공간이 밀접히 연관되어 있기는 하나, 근래의 이론은 둘을 구분해서 다루는 경향이 있다. 그리고 「삼포 가는 길」(황석영)의 길과 같은 이른바 '공간적 배경'은 '공간'의 일부만 가리키므로 범주가 좁고 체계적이지 않아서, '사물'로서 다루어야 할 소설의 중요 요소들을 관심권 밖에 남겨두게 된다. 예를 들어 「소나기」의 분홍 스웨터, 「눈길」의 옷궤, 「잔등」(허준)의 잔등(殘燈. 심지나 기름이 다하여 희미해진 등불) 등은 작품에서 매우 중요한 '사물'인데, 이른바 배경으로 여겨지지도 않고, 소설의 다른 어떤 주요 요소로 간주되지도 않았던 듯하다. 「소나기」 「장마」 「운수 좋은 날」 「비 오는 날」(손창섭) 등의 비, 「무진기행」(김승옥)의 안개 등과 같이 '공간을 채우는' 기후 현상은 배경으로 간주되기도 하였으나, 이 경우에도 그것을 다루는 항목과 체계가 모호하였다.

하지만 「운수 좋은 날」에서 김 첨지가 흠뻑 맞은 겨울비의 이미지를 느끼지 못하고서, 또 인력거, 남대문 정거장, (일제가 발행한) 일 원짜리 지폐 등이 환기하는 역사적 현실을 염두에 두지 않고서, 이 작품을 깊이 감상할 수 있을까? 「소나기」를 읽으면서, 소년과 소녀가 만남-헤어짐을 반복하다가, 이사를 간다더니 느닷없이 죽어서 영원히 헤어지는, 하지만 분홍 스웨터를 입고 묻혔기에 헤어져도 영원히 만나는 듯한 그 과정, 어떤 리듬과도 같아 그림으로 '공간화'할 수 있는 그 미적 질서를 섬세하게 포착하지 못한다면, 슬픔과 기쁨이 뒤섞인 그 모순된 감정을 결말에서 어떻게 느끼고 해석할 수 있겠는가?

한데 공간이라는 용어도 시간과 짝을 이루기에 그냥 쓰기는 해도, 추상적인 데다 '배경'과 비슷한 뜻으로만 받아들이기 쉽다. 따라서 공간보다는 공간을 이루는 사물이요 소설의 한 요소임을 강조하여 '공간소(空間素)'라고 부르는 게 좋은 경우가 많다. 특히 앞에 예로 든 분홍 스웨터, 옷궤, 길 등과 같은 물체와 장소를 가리킬 때 그러하다. 따라서 여기서는 경우에 따라 '공간'과 '공간소'를 섞어 쓰고자 한다.

3. 공간의 종류

소설에서 공간을 논의할 때 층위에 따라 크게 몇 가지로 나누어 살필 수 있다. 우선 줄거리 층위의 공간 곧 '줄거리공간'과, 서술 층위의 공간 곧 '서술공간'이 있다. 제1장에서 줄거리 층위의 심층 혹은 상부에 주제적 층위를 따로 설정한 적이 있는데, 이를 고려한다면 '주제공간' 또는 '미적 공간'을 추가하여 모두 세 측면에서 살필 수 있다. 소설에서 공간은 기본적으로 줄거리공간을 가리킨다. 줄거리공간이 실제의 물리적 공간(을 재현한 것)으로서 '사물'이라면, 다른 공간은 그것이 아닌, 공간이라는 말을 비유적으로 사용한 추상적 개념인 까닭이다. 하지만 그들도 일단 공간으로 보고 함께 살필 필요가 있다.

앞 절에서 언급했듯이, 줄거리공간은 흔히 '공간적 배경'이라고 불리는 지리적 장소만이 아니라 거기에 존재하거나, 그것을 이루는 물질적 사물들을 모두 가리킨다. 예를 들면 「날개」(이상)의 방, 「중국인 거리」(오정희)의 거리, 「눈길」의 눈길 같은 장소는 물론, 비나 눈 같은 기후 현상, 옷, 장신구, 가구, 가로수, 자동차 등과 같은 물체들을 모두 가리킨다. 경우에 따라 사람도 여기에 포함시킬 수 있다. 이들은 줄거리를 짧게 요약할수록 생략되며, 설화, 동화, 고소설 등이 일반적으로 그렇듯이, 서술이 낭독 위주이거나 줄거리 위주일 때 별로 등장하지 않는다. 소설이 예술로 인식되고, 글말의 발달로 구체적인 묘사, 특히 내면 묘사가 가능해진 근대에 이르러 의식적으로 활용된, 이야기의 재현성, 인과성, 예술성 등을 강화하는 요소인 것이다. 줄거리공간은 사건과 인물을 사실적이게 하고, 그 내적 의미를 형성하고 표현한다. 독자는 주로 이것을 가지고 어떤 역사적·사회문화적 현실을 떠올리며 그 맥락에서 의미를 구성한다. 물론 줄거리공간은 '사실적' 기능을 하는 것이지 역사적 '사실' 그 자체는 아니다. 예를 들면, 역사의 공간이 역사적으로 실제 존재한 공간을 지시한다면, 역사소설의 공간은 작품의 일부로서 여러 사실적 기능을 한다.

줄거리공간이 '서술된' 공간이라면, 서술공간은 초점화와 서술 행위가 이루어진다고 상상되는 '서술(행위를) 하는' 공간과, 그 결과인 '서술 자체의' 공간 즉 책의 지면(紙面) 공간이다. 『태평천하』(채만식)는, 판소리의 창자(唱者)가 그러듯이, 서술자가 작중 청자를 불러내어, 허구세계와 구별되는 별도의 서술공간에서 인물을 풍자한다. 소설의 일반적 서술방식을 혁신하려는 최근의 소설들도 이처럼 서술공간을 또 하나의 이야기 공간으로 확대한다. 한편 공간은 흔히 묘사되는데, 그 묘사된 장면에서 서술된 시간은 줄어들고 서술하는 시간은 늘어나서 사건 진행이 느려지므로, 이야기에 일종의 리듬이 생기게 된다. 공간의 서술은 서술 자체에 일종의 미적 질서를 부여하는 것이다. 그것이 「무녀도」의 모화네 집 묘사처럼 발단 혹은 도입부에 놓이면, 그 서술을 읽을 때 독자는 그 집 주인의 성격과 운명을 유추하고 소설의 분위기에 젖으면서 사건의 흐름에 뛰어들 준비를 할 수 있다. 그리고 그런 서술이 중간에 놓이면, 사건 위주로 읽는 독자가 건너뛰기도 하는 거기에서, 영화에서 사건이 한 고비 넘어갈 때 삽입되는 풍경 장면처럼, 독자는 잠시 쉬면서 생각에 몰입하거나 이후를 상상한다.

한편 소설에 관한 논의들을 보면 상승적 구조/하강적 구조, 닫힌 결말/열린 결말, 고리식 구성/계단식 구성, 길(여로)의 플롯, 원형 구조, 프라이타크의 삼각형 등 '공간적' 표현을 쓴 용어들을 많이 보게 된다. 이들은 소설을 읽는 동안 독자의 의식의 그림판에 그려지는 총체적 질서를 공간화한 말들로서, 줄거리와 서술 어느 한 층위와 밀접하기도 하지만, 대개 그 구별을 초월한, 말하자면 모든 요소들이 통합된 전체 의미구조의 형상이다. 따라서, 역시 공간이라는 말을 비유적으로 사용하여, '주제공간' '미적 공간' 등으로 부를 수 있다. 이는 허구세계에 구체적으로 그려진 줄거리공간과는 달리, 물질성을 떠난 의미 공간의, 독자가 느끼는 미적 질서의 그림 혹은 공간적 이미지를 가리킨다. 따라서 엄밀히 말하면 시간적(음악적)인 것과 공간적(회화적)인 것이 결합된, 매우 추상적이고 주관적인 것이다. 그 가운데 흔히 관심을 끌어온 것이 '길의 플롯'이란 말에 내포된 선(線)이다. 이는 사건이 일어나는 공간의 이동(移動)과 그 주제적 의미를 선으로 파악한, 플롯과 밀접한 것이다.

4. 공간의 양상과 읽기

제6장에서 잠시 살폈듯이, 본래 공간은 시간과 뗄 수 없는 관계에 있다. 공간은 구체적 형상이 있고 시각, 촉각 등으로 직접 인식이 가능하지만 시간은 그렇지 않으므로 관심을 덜 갖게 될 뿐이지, 둘은 밀접한 관계에 있다. 공간을 시간과 분리하고 사물을 사건과 분리하여 다루는 것은, 설명의 편의를 위한 노릇이지 사실 자체에 부합하는 행위는 아니다. 공간이 의미 형성에 중요한 것이라면 시간 역시 그렇고, 따로 존재하는 게 아니라 함께 존재하므로 둘을 아예 '시·공간' '시공성chronotope'(미하일 바흐친) 등으로 싸잡아 한 단어로 일컫기도 한다. 시간은 사건이나 공간의 변화를 통해 파악되고, 공간 또한 시간적 질서 속에서 의미를 지니기 때문에, '시간적 배경'이라는 말에 내포되어 있듯이, 소설에서 시간은 공간화되고 공간 또한 시간화된다. 「운수 좋은 날」의 가난뱅이 김 첨지가 술에 취해 허공에 던지는 일 원짜리 고액지폐는, 한국의 일제 강점 '시대'를 드러내는 것이다. 공간을 살필 때는 항상 이 점을 염두에 둘 필요가 있다.

무엇이 '어디에' 있으면 '어느 때' 거기에 있다. 그런데 '어디'는 변치 않을 수 있어도 '어느 때'는 항상 변하므로, 많든 적든 결국 모두 변한다. 그렇기에 소년과 소녀가 친해지기 전, 그러니까 「소나기」 첫머리의 개울가와 친해진 후의 개울가는 같은 장소이면서 같은 장소가 아니다. 그것을 반영하여, 친해진 후에 소녀는 개울가 "이쪽 개울둑"에 앉아 소년을 기다린다. 분홍 스웨터도 비슷하다. 살아서 입고 있을 때의 그것은 '도시적' '여성적' '부유함' '예쁘고 사랑스러움' 등의 의미를 띠고 있지만, 죽어서 입고 묻힌 그것은 다른 의미―영원하고 아름다운 만남이라고나 할 그런 의미를 지니고 있다. 「수난 이대」(하근찬)의 외나무다리 역시 그렇다. 전장에서 살아 돌아오는 아들을 만나러 갈 때의 외나무다리가 그냥 하나의 다리라면, 한쪽 다리를 잃은 아들을 한 팔 없는 아버지가 업고 건너는 외나무다리는 수난과 그 극복 의지―지나치게 수동적이고 연약하며 자학적인 면이 있는―를 나타내는 것으로 읽을 수 있다. 그러므로 공간은 인물과 사건의 상황을 섬세하게 고려하면서 읽어야 한다.

그러다 보면, 어떤 인물 및 사건과 관련짓느냐에 따라 하나의 공간소에 대한 해석이 여러 가지가 되고, 심지어 그것들끼리 대립될 수도 있다. 「삼포 가는 길」과 「눈길」의 눈 또는 눈길은, 누구의 어떤 심리, 사건의 어떤 측면 등과 관련지어 파악하느냐에 따라 차갑고 비인간적인 것일 수도 있고 따뜻하고 순수하며 인간적인 것으로 해석할 수도 있다. 따라서 어떤 공간소가 하나의 의미만 지녔다거나 항상 고정된 의미를 지녔다고 고집하지 않음이 바람직하다.

한편 공간은 개인적 성격이나 신분의 지표이기도 하지만 사회와 문화의 지표이기도 하다. 공간은 그냥 어떤 장소를 나타내는 게 아니라 특정한 어떤 시간(시기, 시대)의 장소와 사물을 나타내게 마련인 까닭이다. 인력거는 한국에서 근대 초기에만 있었던 것이고, 지금 외나무다리는 산골에서도 찾아보기 어렵다. 그래서 앞에서 공간은 독자에게 사건과 인물의 역사적 맥락과 사회문화적 맥락을 설정하도록 돕는다고 하였다. 그런데 여기서 유의할 것은, 어떤 공간소가 어떤 성격이나 시대를 뜻하게 되는 것은, 작품 내부의 개별적 논리와 함께, 작품 외부의, 작품이나 작자를 초월하여 이미 마련되어 있는 집단적 의미체계(코드), 즉 관습과 상징의 문법에 따라 이루어진다는 점이다. 물론 이는 다시 특정의 시대와 문화 혹은 풍속에 한정된 것일 수도 있고 그것을 벗어난 원형archetype적인 것일 수도 있다. 따라서 독자의 나이, 시대, 그가 사는 문화권 등에 따라 해석이 매우 달라질 수 있다. 「장마」에 등장하는 구렁이는 적어도 할머니한테는 사람의 넋을 지닌 것(죽은 아들의 화신)일 수 있는데, 구렁이에 대한 한국 전통문화의 속신(俗信)에 대해 모르면, 그런 사실을 이해하기 어렵다. 이런 점들을 보면, 공간소에 풍부하고도 민감하게 반응할 수 있도록 평소에 감수성과 상상력을 기르고 배경지식을 쌓아두며, 상징사전, 문화사전 등의 자료를 참고할 필요가 있다.

　여기서 또 지적해둘 점이 있다. 그것은 작품과 갈래에 따라 공간의 비중이 다르다는 점이다. 같은 내용적 요소라도 사건이나 인물과는 달리, 공간은 시대와 갈래에 따라 중요도의 차이가 크다. 앞서 언급했듯이, 이야기의 역사에서 공간이 의식적으로 중시된 것은 근대에 와서이다. 한국소설사에서 공간이 작품에 중요하게 등장하는 것은 신소설부터인데, 이 점이 문학사적으로 매우 중시된다. 시대를 떠나서 보아도 공간의 비중이 큰 갈래가 있는가 하면 그렇지 않은 갈래가 있다. 설화, 동화, 모험소설, 추리소설, 무협소설 등의 사건(행동) 위주 이야기들은 상대적으로 공간소가 적고 유형화되어 있으며 기능도 크지 않은 편이다. 이에 비해 심리소설, 풍속소설 등은 공간소가 표현에 적극 활용된다. 농촌소설, 도시소설 등은 그 이름에서 짐작되듯이, 공간의 이미지와 상징성이 작품의 주제 형성에 중심 역할을 한다.

따라서 작품에 따라 공간소를 중요시하며 읽을 수도 있고 그러지 않을 수도 있는데, 물론 이때 공간적 요소의 비중이 작품의 수준을 좌우하지는 않는다. 이는, 앞에서 영상예술보다 언어예술이 상상력 발달에 이롭다는 주장을 소개했는데, 하지만 그것이 언어예술이 영상예술보다 우월하다는 근거가 되지 않음과 같다. 각도를 바꿔서 보면, 소설가가 몇 마디 말로 지적하고 말아도 되는 것을 시각·영상예술가는 어떻게든 '공간을 채워' 디자인해야 하니까, 그 방면을 정교하게 발전시키기도 한다. 영화에서 의상, 분장, 조명, 장치와 소도구 등과 그 모든 것의 촬영기법이 얼마나 중요한가, 그 분야 전문가들의 호칭에 어째서 '감독'을 붙여 '미술감독' '촬영감독' 등으로 부르는가를 따져보면 잘 알 수 있다.

5. 공간의 기능 1—사실적 기능

공간의 기능을 크게 세 가지—사실적 기능, 표현적 기능, 미적 기능으로 나누어 살피면서, 그것을 적절히 읽는 길을 자세히 모색해보기로 하자. 여기서 유의할 점은, 첫째, 이 세 가지 기능이 공간의 세 가지 종류에 각각 일대일로 대응하지는 않는다는 점이다. 사실적 기능과 표현적 기능을 하는 것은 주로 줄거리공간이지만, 미적 기능은 모든 요소와 기능의 총체적 결과로 이루어지므로, 그도 줄거리공간과 무관하지 않다. 둘째, 하나의 공간소가 하나의 기능만 하지 않는다는 사실이다. 예를 들면, 「소나기」에서 내리는 소나기는 소년이 소녀를 업는 행동을 '사실적'이게 한다. 아울러 그것의 맑고, 짧고, 격렬한 특성이 둘 사이에 싹튼 감정과 유사하므로, 그 감정을 '표현'하는 데 이바지한다.

먼저 사실적 기능에 대해 살펴보자. 공간의 사실적 기능이란 소설 속의 현실을 사실적이게 하는 기능, 곧 사건과 인물이 존재하는 역사적 시간과 지리적 공간을 알 수 있게 하고, 그것들이 그럴듯하고 필연적이게 상황, 분위기 등을 조성하는 기능이다. 이 기능을 하는 공간의 해당 서술은 작품 밖의 무엇을 지시하는 것으로 파악된다. 「소나기」의 소나기와 소나기로 불어난 도랑은 한국 시골의 초가을 풍경을 실감나게 그려내면서 소년이 소녀를 업는 행동을 자연스럽게 만든다. 「소나기」와 닮은꼴로 업는 행동이 핵심적 사건인 다른 작품들도 양상이 비슷하다. 「메밀꽃 필 무렵」에서는 개울이 동이가 허생원을 업는 것을, 「수난 이대」에서는 외나무다리가 아들을 아버지가 업는 것을, 또 「삼포 가는 길」에서는 눈길이 백화가 다리를 다쳐 영달에게 업히는 것을 그럴듯하게 만들고 있다. 사실적인 것은 실제 경험세계에 '있는' 동시에 '있을 법한' 것이다. 「운수 좋은 날」의 인력거, 남대문 정거장 등은 소설 속의 현실이 일제 강점 시대라는 시대 정보를 주어, 독자가 그에 관해 알고 있는 지식을 동원하여 김 첨지의 궁핍한 처지와 갈등에 빠진 행동을 식민지 현실에서 있을 법한 것으로 받아들이도록 한다.

작자의 입장에서 볼 때, 사실적 기능을 하는 공간소는 현실을 박진감 있게 재현하면서 주제의 바탕을 마련하는 데 도움을 준다. 그리고 독자의 입장에서 보면, 자신이 하는 상상, 해석 활동에 필요한 사물, 정보, 풍속, 이념 등을 얻고 또 판단하게 해준다. 허구세계에 존재하는 것을 그 바깥의 경험세계와 관련지어 어떤 사회문화적 관습과 맥락에서 이해하고 해석하도록 안내해주는 것이다. 이런 공간소가 없다면 인물은 흡사 텅 빈 공간에 벌거벗고 서 있는 꼴이 될지도 모른다. 이렇게 볼 때 문예사조로서의 사실주의(리얼리즘)란 어떤 의미에서 '공간주의'이다. 이와 대조되는, 『어린 왕자』처럼 환상적인 이야기의 경우, 이 작품이 환상적이게 되는 이유는 바로 행성에 존재하는 장미나 바오밥나무 같은 공간소가 일반 현실에, 혹은 일반 현실에서처럼 존재하지 않는 것이기 때문이다. 그런 갈래의 '사실성(리얼리티)'은, 사물의 겉모습이 아닌, 내면적이거나 관습적인 차원에서 결정된다.

이상의 관찰을 종합해보면, '사실적 기능'의 '사실적'은 그려내는(재현) 면과 함께 인과성 있게 하는 면을 내포한다. 그럴듯하게 그려내고, 인과관계를 그럴듯하게 하는 기능이 사실적 기능인 셈이다. 소설의 사회문화적 의미를 읽을 때 공간에 주목해야 하는 이유가 주로 이 사실적 기능 때문이다. 재현은 항상 어떤 세계를 모델로 하는 것이며, 인과관계 역시 어떤 풍속과 사상의 맥락에서 결정되므로, 이 사실적 기능은 재현의 기능이면서 이념적 기능이기도 하다.

  독자가 공간의 사실적 기능을 적절하고 충분하게 읽어내려면, 기본적으로 독자는 소설에 그려진 것이 모방하거나 환기하는 현실에 대해 배경지식과 경험이 풍부해야 한다. 자기가 '아는 만큼만 읽게' 되는 게 공간이기 때문이다. 「운수 좋은 날」에서 김 첨지가 술에 취해 돈을 던지는 그 선술집의 숨막히고 칙칙한 모습을 상상하지 못하거나, 그것이 당대 하류 조선인 계층이 모이는 전형적 공간임을 짐작하지 못한다면, 작품을 깊이 느끼기 어렵다. 「동백꽃」에서 '나'의 집은 점순이네가 빌려준 땅에 지은 것이다. 그 점이 '나'의 가족은 타관바지라는 것, 한국의 전통 농촌사회에서 '굴러들어온 존재'임을 뜻한다는 사실을 놓치면, '나'가 점순이한테 적극적으로 대들지 못하는 까닭을 충분히 이해하기 어렵다. 소설을 대충 읽는 이는, 영화를 건성으로 보는 관객이 사건만 따라갈 뿐 화면에서 의상, 소도구, 색채, 빛, 풍경 등을 챙겨 보지 않듯이, 챙겨 본다 하더라도 그것의 사회문화적 의미를 읽지 못하듯이, 소설의 공간소를 여러 맥락에서 읽는 데 약하다. 「소나기」에서 소년이 입은 무명겹저고리가 소녀의 분홍 스웨터와 대조되면서, (심리적 맥락에서는 열등감의 징표이고) 사회적 맥락에서 농촌 소작인계층을 뜻함을 놓치는 것이다.

  굳이 역사소설을 예로 들지 않더라도, 작품에 그려진 현실과 독자가 살고 있거나 아는 현실은 거리가 있게 마련이다. 외국 소설을 읽는다든지 청소년이 고전 작품을 읽을 때, 특히 그러하다. 그러므로 독자는 필요하다면 자료를 찾고 지식을 동원하며 읽어야 한다. '경험적 거리' 혹은 '문화적 거리'를 메울 배경지식을 쌓고 그것을 어떤 관점에서 보겠다는 '해석의 지평'을 마련해야 하는 것이다.

소설은 현실을 재현하므로, 소설 읽기는 문화 체험이 된다. 그래서 전형적이고 의미심장한 공간을 그린 소설은 교육 자료로 가치가 있다. 『삼대』(염상섭)의 조씨네 집(가옥)은 안방과 사랑으로 나뉜 구조 자체가 그 '집안' 구성원의 관계와 닮았으며, 가부장제도 아래의 전통문화를 상징한다. 오늘날 그런 집은 보기 어렵기에, 자료를 동원해서라도 학습할 필요가 있다.

6. 공간의 기능 2 ― 표현적 기능

공간은 그 이미지, 분위기, 문화적 의미 등으로 인물의 심리, 사건의 의미, 주제 등을 표현한다. 공간은 이런 내면적·추상적인 것들을 구체화하는 '객체적 상관물objective correlative'로서, 비유적으로 기능한다. 「소나기」「삼포 가는 길」「눈길」「공작나방」「돌다리」(이태준) 『탁류』(채만식) 등의 작품 제목이 다 공간소인 것은, 그것이 비유물로 쓰여 함축성, 상징성을 띠므로 제목에 적합하기 때문이다. 앞에서 공간은 근대소설부터 의식적으로, 또 예술적으로 활용되었다고 하였다. 이는 공간이 근대소설에서 사실적 기능은 물론 표현적 기능까지 하게 되었음을 함축한다. 한국소설사에서 그 예를 찾아보면, 신소설『치악산』(1908, 이인직)의 제목은 대부분의 고소설과 달리 공간소로 되어 있고, 그것도 단지 지리적 공간이기만 한 것이 아니라 주제와 인물들의 어두운 내면을 빗대어 표현하고 있다.

작자는 인물의 내면, 사건의 분위기, 주제의 색깔 따위를 그와 특성, 이미지, 상징성 등이 유사하거나(은유, 상징), 대조되거나(대조), 인접한(환유) 공간소를 가지고 표현한다. 공간소들은 특히 인물의 내면적 특질을 형상화한다. 사랑에 빠진 남녀 옆에서 타는 모닥불처럼, 공간소는 거기 그냥 있지만 인물의 타오르는 심정과 유사하다든지, 인물이 그것을 바라보거나 다가가는 것 같은 행동의 대상이 됨으로써 '뜨거움' '따뜻함' '정열적임' 등을 뜻하게 된다. 시에서 흔히 쓰이는 수사(修辭)의 원리가 이렇게 소설에서도 작용한다. 공간이 소설의 예술성을 높이는 요소임을 여기서 다시 알 수 있다.

「운수 좋은 날」의 덥고 기름지고 탁한 선술집은 김 첨지의 심리적 갈등을 강화하고 그럴듯하게 할 뿐 아니라, 그 갈등하는 내면 자체를 '객체적'으로 보여주고 '체험'하게 하는 사물이다. 「무명(無明)」(이광수)의 감옥이 그렇듯이, 공간이 곧 인물의 내면인 것이다. 선술집이 아니라 들판이나 시장이었다면 이 작품의 분위기가 얼마나 달라졌겠는가를 상상해보면 얼른 알 수 있다. 이 객체적 상관물은 겹치고 반복되면서 계열체를 이루기도 하고, 하나가 여러 기능을 하기도 한다. 「메밀꽃 필 무렵」에서 허생원의 얽은 얼굴 생김새는 그의 성격과 인생을 암시하는데, 늙은 당나귀는 물론이고 결코 화려하지 않은 메밀꽃까지가 그와 이미지가 통한다. 또 「수난 이대」의 외나무다리는 아들 진수의 외다리(및 아버지 박만도의 외팔)의 모습은 물론 그 운명과 닮았다. 「삼포 가는 길」에서 세 인물이 쉬어 가는 폐가(廢家)는, 영달과 백화가 가까워지는 사건의 전개를 돕는 한편, 집 또는 고향에 정착하고 싶은 그들의 욕망을 연상시킨다. 물론 폐가가 그들과 인접해 있을 뿐 아니라 그들의 욕망과 유사하기도 하다고 보는 독자는, 그 집이 무너지고 비었기에 욕망은 이루어질 수 없으리라 예측까지 할 수도 있다.

공간의 이러한 표현적 기능을 탁월하게 보여주는 한국 근대 초기의 명장면 하나를 보자.

형식과 우선 두 사람의 눈은 노파가 없어지던 문으로 몰렸다. 두 사람은 무슨 큰 사건이 발생하기를 기다리는 듯이 숨소리를 죽였다. 여름볕이 모닥불을 퍼붓는 모양으로 마당을 내리쪼여 마치 흙에서 금시에 불길이 피어오를 듯하다. 기왓장에 볕이 비치어 천장으로서 단김이 확확 내려온다. 형식의 오늘 아침에 새로 입은 모시 두루마기 등에는 땀이 두어 군데 내비친다. 우선도 이마에 땀방울이 솟건마는 씻으려 하지도 아니하고 대팻밥모자로 부치려 하지도 아니한다. 함롱 밑 유리로 만든 파리통에는 네다섯 놈 파리가 빠져서 벽으로 헤어 오르려다가 빠지고 오르려다가는 빠지고 한다. 어디로서 얼룩 고양이 하나가 낮잠을 자다가 뛰어나오는지 영채의 방 앞에 와서 하품을 하고 기지개를 켜면서 형식과 우선을 본다.

이윽고 노파가 봉투에 넣은 편지를 하나 들고 나오며 우선을 향하여 "월향이가 정거장에서 바로 차가 떠나려는데 이것을 주면서 이형식씨가 누군지 이형식씨라는 이가 오시거든 드리랍데다" 하고 그 편지를 우선에게 주며 얼른 형식의 얼굴을 본다.

(이광수, 『무정』, 문학과지성사, 2005. pp.189~90)

위에서 여름 볕이 쏟아지는 마당, 파리통에 빠진 파리, 영채의 방 앞에서 하품하는 고양이 등은, 영채라는 여성에게 불길한 일이 일어날까 봐 긴장한 두 인물의 내면을 적절한 공간소로 '보여줌'으로써, 독자가 그것을 보고 느끼게 한다. 이렇게 공간은 내면을 외면화하여 표현하는데, 그때 심리의 흐름이라든가 사건의 진행 같은 시간적인 것이 공간화된다.

한편 공간은 하나의 요소가 아니라 작품의 핵심 그 자체가 될 수도 있다. 「눈길」은 아예 집이라는 공간소가 주인공인 듯한 소설이다. 예전에 잘살던 시절의 집, 남의 손에 넘어갔음에도 어머니가 굳이 아들로 하여금 하룻밤을 지내게 했던 그 좋은 집은, 거기 살았던 이들의 안락과 화목의 상징이다. 그 집은 이제 없고, 개량을 기다리는 단칸 오두막이 있을 뿐이다. 아들은 개량을 돕지 않으려고 그 집을 떠나 서울로 가버리려 한다. 옛집을 잊지 못하고 그것의 환유물, 곧 거기 놓였던 옷궤를 지니고 사는 어머니와 대조되면서, 아들이 떠나고자 하는 오두막은 '어머니에게 진 빚이 없다'는 그의 좁고 황폐한 마음과 유사한 것이 된다. 그러므로 아내의 도움으로 '떠나서 피하지 않고' 오두막 개량을 돕게 되는 아들의 행동은, 자신의 마음의 집(가족, 안식처)을 되찾고 개량하는 행동이다. 이처럼 「눈길」에서 집은 물체이자 장소인 동시에 상징이다. 이런 예는 의외로 많은데, 그것은 집이 정착과 가족의 행복을 바라는 인간의 원형적 욕망을 상징하는 공간이기 때문이다.

이렇게 살피다 보니, 소설에 자주 등장하는 전형적인 공간소들이 있다. 집, 방, 길, 꽃, 기후와 관련된 자연 현상, 옷차림, 생김새 등이 그것이다. 그리고 그들은, 물론 작품마다 다른 점이 있고 참신한 작품일수록 변화를 주려고 하지만, 일단 관습과 전통에 따라 굳어진 규약적 의미를 바탕으로 의미작용을 한다. 얼굴에 난 칼자국이 노상 악당임을 뜻하는 식이다. 「운수 좋은 날」과 「비오는 날」(손창섭)의 비가 우울한 분위기를 조성하고 인물들 내면의 어두움을 느끼게 하는 것은, 비에 관한 일반적 이미지 때문이다. 『광장』(최인훈)의 경우, 소설에는 '광장'과 '밀실'이라는 줄거리공간이 등장하지 않지만, 상징적 의미 때문에 그들은 주제를 표현한다. 그런데, 소를 신성하게 여기는 곳이 있는가 하면 그렇지 않은 곳이 있듯이, 같은 사물이라도 시대와 문화권에 따라 그 의미가 다르다. 여기서 소설이나 영화의 어떤 공간소들은 국가, 문화권 등에 따라 아주 다르게 읽힐 가능성이 있음을 알 수 있다.

사실 모닥불을 바라보며 연인들이 대화를 나눈다고 해서, 모닥불과 그들의 감정 사이에 인과적 관계는 없다. 「삼포 가는 길」에 쌓인 눈과 그 등장인물들 사이에 오간 인간적 감정 사이에도 필연적 관계는 없다. 눈이 만든 분위기 때문에 그런 감정이 싹텄다거나, 그런 감정을 눈이 더 강하게 했다고 볼 수도 있지만 그렇게 보지 않을 수도 있다는 말이다. 영화에서 암흑가의 무법자들이 주차장이나 무너진 공장터에서만 싸워야 할 필연적 이유가 없는 것과 마찬가지이다. 이렇게 공간소가

'거기 있을' 뿐 '사건의 일부가 된' 것이라 보기 어려운데도 사건 및 인물과의 사이에 긴밀한 관계가 있다고 해석하는 것은, 읽기의 관습에 따른, 일종의 '의도적인 감정의 오류'이다. 이런 관습은 비단 소설에만 존재하는 것이 아니라 예술 전반에 존재한다. 따라서 공간소의 이런 의미기능을 적절히 포착하려면, 많은 작품을 읽어서 그 표현과 해석의 관습을 익혀야 한다.

공간소는 입과 발이 없고, 독자가 눈여겨보지 않을 수 있기에, 작품에 되풀이 등장하여 강조되는 경향이 있다. 관습적 의미에 따르는 공간소들보다 그 맥락을 벗어나는 것들, 그러니까 작품 고유의 '문학적 의미'를 지니는 공간소들은, 영화의 클로즈업 같은 효과를 내기 위하여, 더욱 강조되고 반복된다. 그러니 작품에서 반복되는 공간소에 주목하여 읽을 필요가 있다.

7. 공간의 기능 3—미적 기능

이제까지의 논의는 주로 줄거리공간에 관한 것이었다. 그것이 물리적인 (것을 전제하는) 공간이라면, 그것을 포함하여 온갖 요소가 어울려 이루는 의미의 공간—독자의 의식에 존재하는 추상적인 공간이 있다. 소설은 예술이므로, 요소들이 결합되어 낳는 통일된 형태라든가 리듬이 있고, 음악적(시간적) 특성과 회화적(공간적) 특성이 결합된 이들은, 읽는 동안 독자의 내면에 선이나 도형 같은 것으로 공간화될 수 있는데, 앞서 그것을 주제적 공간이라고 불렀다. 이는 예컨대 '권선징악(勸善懲惡)의 역전구조'와 같이, 대개 사건 혹은 줄거리 중심으로 파악된다. '상승적 구조/하강적 구조'는 줄거리 속에서도 인물의 욕망이나 인간적 성숙의 성취 여부에 초점을 둔 공간적 표상이다. 서술공간의 리듬, 즉 특정 서술의 반복, 요약과 묘사의 교체 등에 따른 서술 자체의 질서도 이들과 긴밀한 관계에 있다.

이러한 리듬, 질서, 형상 등은 작품을 하나의 평면(공간)에서 총체적으로, 또 미적으로 해석할 수 있게 한다. 소설은 부분을 놓치지 않으면서 전체를 보며, 섬세하면서도 거시적으로 읽어야 하는데, 작품을 통합적으로, 또 통일되게 해석하기 위해서는 이 미적 기능에 대한 관심이 긴요하다. 작품 전체의 질서와 구조를 판단하는 일이기 때문이다.

공간의 미적 기능 혹은 미적 공간을 살필 때, 앞에서 언급한 여러 측면들 — 사건의 전개, 인물의 성장, 서술의 반복과 교체 등 — 에 주목할 필요가 있다. 어느 측면에 주목하든, 부분들을 수렴하는 중심적 요소라든가 갈등의 종류에 따라 초점이 달라질 수 있다. 미적 기능 읽기는 심층적인 작업이기에 주관성을 띠는 게 당연하므로, 오히려 일정한 기준에 매일 필요가 없을 것이다. 중심사건이 있는 일반적인 소설과는 달리, 중편소설「소설가 구보씨의 일일」(박태원)처럼 사건 중심이 아닌 소설은, 하나의 선(線)이라기보다 여러 개의 선이나 아예 흩뿌려진 점들의 집합처럼 파악된다. 따라서 개나리〔관목〕같은 소설을 소나무〔교목〕같이 읽어서, 굳이 기둥줄기를 잡아 그것 위주로 읽으려 해서는 안 될 터이다.

여기서 주목할 것 가운데 하나가 공간의 배열, 즉 사건이 일어나는 공간의 이동이다. 그것이 과연 무엇이며 이것의 분석이 소설 해석에 어떻게 도움을 주는지 몇 가지 예를 들어본다.

「수난 이대」의 공간 이동은 비교적 단순하다. 집을 나와 역에 가서 아들을 맞이하고 함께 다시 집으로 돌아오는 원형을 이룬다. 원(圓)의 완결된 형태는 본래 무한함, 안정 등을 표상하고, 이 작품에서는 꺾이지 않는 생존과도 연관되어 있다. 그러나 그 안정과 행복은 집 중심이요 닫힌 공간에서의 그것이다. 징용과 전쟁 때문에 입은 박만도 부자의 상처는 역사적 상처로 읽히므로 그 '가족'은 '민족'을 표상할 수 있는데, 기차로 이루어지는 외부세계와의 만남에서, 외부로부터 당한 '수난'만이 지나치게 강조되고 있는 까닭이다. 이 점에서 「수난 이대」는 비판할 점이 있는 작품이다.

로드 무비에서처럼 '길 소설'의 공간은 직선으로 여겨진다. 하지만 「삼포 가는 길」과 「메밀꽃 필 무렵」에서의 길은 모양과 느낌이 같지 않은 듯하다. "내일 대화장 보고는 제천"(동이 어머니가 있는 곳)으로 가겠다는 결말부 허생원의 말은, 「메밀꽃 필 무렵」의 길을 원형, 즉 정착을 뜻하는 따스한 원형에 가깝게 구부린다. 같은 원이지만 이 원은 「수난 이대」와 달리 외부 공간이 존재하지 않으므로 사회성 자체가 빈약하다고 볼 수도 있고, 동화에 나오는 고래 뱃속이나 비밀스런 숲처럼 인간 욕망의 원형적(原型的) 공간을 그려냈다고 볼 수도 있다. 한편 「삼포 가는 길」 결말부에서 백화와 정 씨는 각각 고향으로 가는 기차를 타지만, 살아온 내력이 있고 삼포도 옛 삼포가 아니기에, 모두 영달처럼 떠도는 몸일 수밖에 없음이 암시된다. '삼포 가는 길'은 따스한 원이 되려다가 그대로 차가운 직선이 되는 것이다.

「소나기」는 원과 선이 겹친 작품으로 보인다. 소년과 소녀는 개울가에서 만났다 헤어지기를 반복한다. 그러다가 토요일 날 드디어 '만난다.' 그날 소나기를 맞으며 놀고 여러 날 후(제사 전날)에 다시 만난다. 그때 소년은 소녀가 이사 간다는 말을 듣고 헤어질 준비(호두 훔치기)를 하는데, 얼마 뒤 소녀가 죽어버려 주지 못했고, 자기 등에서 옮은 흙물이 든 분홍스웨터를 입고 묻혔음을 알게 된다. 이 과정은 둘의 만남과 헤어짐을 나타내는 두 개의 선이 만나고 멀어짐을 반복하다가, 영원히 멀어지기도 하고 만나기도 하는 느낌을 준다. 이 작품의 결말부가 슬픔을 주되 그 빛깔이 어둡지 않다면, 그것은 육체는 영원히 헤어졌으나 영혼은 분홍 스웨터를 매개로 영원히 만나는, 그 대조적인 선의 흐름이 한데 결합되었기 때문일 것이다.

8 인물
•• 인물은 무슨 특질을 지녔는가

1. 소설과 인물

소설은 무엇보다 인간에 관한 이야기이다. 그래서 대개 인물로 기억된다. 특히 장편소설이 그렇다. 『상록수』(심훈)라면 채영신과 박동혁이, 『광장』(최인훈)이라면 이명준이 먼저 떠오른다. 장편소설은 삶의 단면보다 총체적인 모습을 추구하며, 사물이 인간의 내면에 작용하는 양상을 입체적으로 그리는 까닭이다. 이런 사실로 미루어보면, 골짜기의 물이 저수지에 모이듯, 소설의 의미 요소들은 인물로 수렴된다고 생각할 수 있다.

소설이 인간의 이야기이므로 소설 읽기는 인간과 사회에 대한 이해와 적응을 도와준다. 독자는 소설을 읽는 과정에서 타인을 이해하고 그들과 더불어 살아가는 능력과 요령을, 실제 현실에서라면 큰 대가를 치를 수도 있으나, 간접적으로 쉽고 안전하게 체험을 통해 터득하게 된다. 아울러 인간과 얽히면서 속에 쌓이고 맺혔던 것을 풀고(카타르시스) 마음을 열게 되기도 한다.

  실제 삶에서, 타인의 내면과 됨됨이를 객관적으로 알고 판단할 수 있을까? 흔히 '보통 사람'이라는 말을 쓰면서 판단의 기준으로 삼는데, 과연 그런 사람이 있기나 한 것일까? 매우 답하기 어려운 문제이다. 그런데도 사람은, 왜 사는지 모르면서 계속 살아가듯이, 타인이 누구인지 잘 모르면서도 더불어 일하며, 믿고 사랑한다. 인간이 겪는 고통은 이 모순에서 비롯된 게 많다. 소설을 비롯한 이야기의 독자도 이와 흡사한 모순에 빠진다. 인물의 정체를 잘 알지 못한 채, 그에 대해 관심을 갖고 그와 자신을 동일시하기까지 한다. 하지만 현실에서와는 달리, 소설의 등장인물은 정체가 비교적 선명히 밝혀지게 되어 있다. 그렇지 않더라도 읽으면서 느끼고 생각한 것을 정리하기 위해서는, 소설책의 마지막 쪽을 읽고 나면, 독자는 인물에 대해 어떤 종합적 판단을 내리지 않을 수 없다.

  소설을 읽으면서 독자는 흔히 인물을 자기가 알거나 경험한, 현실의 어떤 존재와 견주어 이해한다. 그래서 작자 역시 현실의 어떤 실제 모델을 그대로 그려냈다고 생각하기도 한다. 액자소설의 액자에 해당되는 서술과 같이 '사실이라는 환상'을 일으키는 소설의 여러 장치들이 부추긴 결과이지만, 그런 생각은 다소 소박한 것이다. 겉모습마저 아예 인간을 닮지 않은 경우가 많은 환상소설이나 우화소설의 '인물(人

物)'은 물론이고, 모든 등장인물은 작품의 중심적 의미를 표현하는 데 이바지하도록 만들어진, 하나의 창조물이다. 만화의 인물 생김새가 매우 과장되고 변형되었듯이, 소설의 인물도 어떤 특질들이 강화되고 종합되어 '구성된' 존재라는 말이다. 그 구성 요소인 '어떤 특질들'이란 현실에 존재하며 작자가 인간을 그리는 데 필요하다고 여긴 것이기에, 독자 또한 현실에서의 앎과 체험을 바탕으로 인물을 파악함이 당연하다. 문제는 인물 역시 사건과 같이 현실에 존재하는 것을 단순히 재현한 게 아니라 재창조 또는 변용한 것이며, 그래서 인간과 사회를 새롭고 강렬하게 인식하도록 만드는 허구의 매개체임을 기억하는 일이다. 소설에서 사건은 어떤 사건이 벌어져도 놀라지 않으면서, 인물은 어떤 인물이 등장하면 이상하게 여기거나 거부감을 느끼는 독자가 많은 현상은, 인물 또한 허구적 구성물임을 잊기 때문으로 보인다.

허구적 이야기에 등장하는 인물은 인간을 닮았지만 인간과 다르다. 앞에서 인간의 내면을 객관적으로 알기란 매우 어렵다고 하였는데, 거기에는 물론 여러 이유가 있겠으나, 무엇보다 인간이라는 대상이 본래 종잡기 어려운 존재인 까닭일 터이다. ㅁ이라는 사람이 있다면, 그가 다른 이와 구별되는 어떤 일관된 특질을 지니고 있어야, 노상 ㅁ으로 여기게 된다. 하지만 과연 그런 게 있을까? 사람이 살아가면서 '나'를 변함없는 '나'로 인식하고, 오늘의 저 사람이 바로 어제의 그 사람이라고 확신하는 행위는 과연 근거가 있는 노릇일까? 심각한 철학적 문제가 걸린 이 질문은 그 방면의 논의에 맡기고, 여기서는 이야기의 관습만 살펴보기로 하자. 이야기를 읽으면서, 독자는 작자적 서술자가 인물을 창조하고 조종하듯이, 자기 역시 인물을 속속들이 인식하고 평가할 수 있다고 전제한다. 그 이유는, 실제 인간이 어떤 존재이든, 이야기의 인물은 어떤 목적에 따라 창조된 존재이기에, 일단 그가 일관되고 통일된 정체성을 지니고 있다고 가정하기 때문이다. 아울러, 인물은 그가 사는 특정한 환경 속의 유일무이한 존재이기도 하지만, 인간의 보편적 특질을 지닌 전형적 혹은 원형적(原型的)인 존재, 곧 타인과 공통점을 지닌 존재로 여기기 때문이다.

　물론 인물의 모습이 일정하지는 않다. 설화 같은 옛이야기, 동화처럼 아이들을 일차 독자로 삼는 이야기, 그리고 대중적인 이야기 등에서 등장인물의 성격은 대체로 평면적이고 유형적이다. 단순하고 알기 쉬우며, 끝까지 별로 변하지 않는다. 그와 대조되는 이야기, 곧 근대소설이나 영화 같은 근래의 이야기, 비교적 정교하고 대중성이 낮은 이야기 등의 인물의 성격은 입체적인 경향이 있다. 작품 전개 과정에서 변하여 독자에게 놀람을 주며, 그만큼 복합적인 것이다. 결국 각 갈래의 관습과 인간을 보는 관점이 다르기 때문에 생겼을 이러한 차이는, 어느 쪽이 낫고 못하고가 아니라, 등장인물의 성격이라는 것이 계층, 가치관, 예술적 관습 등에 따라 '만들어진' 것임을 말해준다.

　각종 이야기 가운데 소설 갈래가 지닌 중요한 장점 중 하나는, 서술 기법과 서술자의 중개 행위를 이용하여, 인간의 내면을 깊고도 구체적으로 서술할 수 있다는 점이다. 근대소설은 신(神)과 같은 절대적 존재, 소설로 치면 이른바 전지적 서술자의 존재를 의문시하는 시대의 산물이다. 그리고 인간이 어떤 사상이나 종교, 타고난 신분 등에 의해 정해진 삶을 사는 존재가 아니라, 독립된 개성과 권리를 지닌 존재라고 생각하는 시대의 산물이다. 이는 스스로 자신의 삶을 택할 자유를 지니되 그만큼 고독하며, 소외되고 오염된 물질 위주의 세상에서 진정한 가치를 찾아 헤매는 '문제적 인물'의 이야기요, 인물의 성격이 그러해야 진지하고 '사실적'이라고 평가되는 갈래이다. 근래에는 이러한 경향이 극단화되어 인물의 일관성과 통일성 자체까지 부정하는 양상이 나타나기도 한다. 따라서 근대소설의 인물은 설화나 고소설의 영웅, 공주 같은 재자가인(才子佳人)—지금도 컴퓨터 게임, 만화, 애니메이션 등에 여전히 살아 있는—이 아니라, 그보다 현저히 지위가 낮은 보통 사람이며, 그 정체를 파악하기도 어려워지고 있다.

2. 인물, 특질, 성격소

줄거리의 기본 문장형태(주어+동사)가 암시하듯이, 인물은 행동 혹은 그것이 결합된 사건과 밀접한 관계에 있다. 이는 사건의 일차 의미가 대개 그 주체인 인물의 내면(감정, 동기, 욕망, 가치관 등)에 의해 결정되는 데서 알 수 있다. 이 책 제7장에서는 인물을 사건과 구별되는 사물의 일종으로 보았으나, 인물이 아예 사건의 일부라는 주장도 있다. 하여간 작품을 읽다 보면, 독자는 인물이 그런 행동을 하기 때문에 그런 인물이라 여기기도 하고, 그런 인물이기 때문에 그런 행동을 한다고 여기기도 한다. 전자는 행동을 인물 해석의 자료로 활용하는 경우이고, 후자는 인물의 성격을 행동과 사건 해석에 활용하는 경우이다. 둘은 이렇게 긴밀한 관계에 있을 뿐 아니라, 심리소설 같은 인물 중심 소설이 있는가 하면 모험소설, 추리소설같이 사건 중심 소설이 있는 것으로 보아, 작품이나 갈래에 따라 그 관계와 비중이 다르다. 이런 점들로 미루어볼 때, 독자는 인물을 작품에서 따로 사는 존재처럼 여기거나, 작품 바깥 세계의 어떤 고정된 인간형과 성급히 동일시하기보다, 먼저 서술자의 서술과 그 자신의 행동을 통해 정체가 형성되고 드러나는 작품 내의 존재로 접근할 필요가 있다. 인물은 허공에 존재하지도 않고 허공 속에서 해석되지도 않으므로 작품 안팎의 여러 맥락에서 바라봐야 하지만, 먼저 줄거리 속에서 서술과 행동의 주체이자 객체로서 '살아가는' 존재인 까닭이다.

인물은 행동의 주체요, 어떤 역할 혹은 기능을 맡고 있는 독립된 개체이다. 그는 주제를 구현하고 독자의 욕망을 대변하는 하나의 '주체'요, 소설의 핵심적 '사물'이다. 인물의 본질은 고정되게 타고난다기보다, 그가 지닌 내적 동기(動機)와 그것이 환경 및 타자와 관련되고 갈등하는 과정, 말하자면 사건의 주체로서 살아가는 양상에 따라 형성되고 변화된다.

작품 속에서 인물은, 특질(特質)들의 총체이다. 특질이란 지속적인 속성 또는 자질로서, 인물 해석의 기본 단위이며, 다른 인물과 구별되는 것이 보다 의미를 지닌다. 그것이 모이고 종합되어 관심, 욕망, 윤리적 원칙 등의 복합체, 곧 '성격'을 이룬다. 특질 및 성격은 개성적일 수도 있고 전형적일 수도 있으며, 개인적인가 하면 집단적·원형적일 수 있고, 작품 특유의 것이거나 여러 작품에 관습적인 것일 수 있다.

뒤에 다시 언급하겠지만, 또 한 인물은 내면과 심리, 사회, 작품 구조 등의 측면에서 여러 성격을 지닐 수 있다.

특질은 작품에서 서술자나 인물의 말에 의해 직접적으로 제시되기도 하고, 행동, 모습, 신분 사항 따위를 가지고 독자가 상상하고 추측하여 알도록 간접적으로 제시되기도 한다. '인물형상화(인물 그리기)'란 이 양쪽을 다 가리키되 특히 후자에 중점을 둔 말이다. 한편 특질은 유사한 것이 반복되어 계열(패러다임)을 이루기도 하고, 추리소설에서와 같이, 결정적인 것의 제시가 의도적으로 지체되기도 한다. 어떤 방식을 취하든, 소설에서 특질을 제시하는 매체 즉 관련 서술이나 그에 내포된 요소, 소재 등을 성격소(性格素)라 부를 수 있다. 특질은 간접적으로 제시되는 경우가 많으므로 대개 독자가 성격소로부터 '읽어내는' 것이다. 이때 성격소는 독자가 어떤 맥락을 동원하여 그 의미를 읽어내야 할 기호 혹은 상징에 해당되기에, 다른 말로 '특질 지표'라 일컬을 수 있다.

특질은 '영리하다' '고향을 떠날 수밖에 없다' '사회 개혁에 적극적이다'와 같이 '상태'를 가리키는 형용사적인 것도 있고, '농업에 종사한 적이 있다' '부자이다' '주인공이다'와 같이 '사실'을 가리키는 명사적(정보적)인 것도 있다. 이들은 엄격히 분리될 수 없고, 또 경우에 따라 부자라는 사실이 해당 인물의 어떤 심리적 상태, 예컨대 '여유 있다' '거만하다' 따위를 추리하게 하는 성격소가 되기도 한다. 그러므로, 단순화시켜 본다면, 궁극적으로 특질은 어떤 특성을 나타내는 추상적 자질 즉 형용사적인 것이라 할 수 있다. 이렇게 볼 때 앞의 '상태 특질'과 '사실 특질' 구분은 특질이 작품에 크게 두 가지 양태로 서술되거나, 일차적으로 두 가지 양태로 해석되며, 그 가운데는 명사적인 것도 있음을 드러내기 위한 이론적 구분일 따름이다.

특질은 어떤 상황에서 인물이 잠시 동안 품는 감정이나 욕망이 아니다. 예컨대 상대방 때문에 기분이 상한 심정, 혹은 그런 심정을 품는 행동이 그 주체의 특질을 드러내는 성격소 역할을 할 수 있지만, 그 자체를 특질로 보기는 어렵다. 작품에 흩어져 존재하며, 변할 수 있고, 단 한 번만 서술될 수도 있으나, 작품에서 사건이 전개되는 동안 지속되며 둘 이상의 성격소에서 일관되게 파악됨을 논리적으로 전제하는 까닭이다.

한편 특질은 그 본질 혹은 내용에 따라 대체로 세 가지로 나뉜다. 바꿔 말하면, 인물의 성격은 크게 세 가지 맥락에서 해석된 세 종류의 특질들이 복합된 것이다. 이들은 내면적·개인적 특질, 외면적·사회적 특질, 그리고 작품 구조에서의 기능적 특질 등이다. 이에 따라 인물은 세 가지 얼굴을 지닌 존재, 곧 심리와 욕망의 소유자요, 이념과 가치의 모색자이며, 기능과 역할의 행위자라 할 수 있다. 간추리자면 이들은 각각 심리, 사회, 작품 구조의 측면에서 파악한 인물의 특질이요 성격인데, 인물은 결국 이들의 복합체이지만 그 가운데 어느 것을 중시하느냐에 따라 작품의 한 인물, 나아가 인물이라는 존재 일반에 대한 판단이 좌우된다. 성격소─특질─성격─인물의 관계 속에서 가운데 둘 중심으로 이상을 정리하면 다음 표와 같다.

개인 측면	… 심리와 욕망의 소유자	… 내면적·개인적 특질	… 심리적 성격
사회 측면	… 이념과 가치의 모색자	… 외면적·이념적 특질	… 사회적 성격
작품 구조 측면	… 기능과 역할의 행위자	… 기능적 특질	… 기능적 성격

위에서 '이념(이데올로기)'이란 정치적 이념만 가리키지 않는다. 이는 집단의 이해관계와 삶의 조건에 바탕을 둔 사상과 신념을 뜻한다. 달리 말하면, 그것은 사회적 존재를 형성하는 집단적 관념과 태도로서, 세계관, 가치관 등과 가깝다. 그래서 심리적 성격이 내면적·개인적인 특질로 이루어진다면, 사회적 성격은 외면적·이념적 특질로 이루어진다고 본 것이다. 이념은 시대와 환경에 따라 달라질 수 있으며, 개인의 내면에 완벽하고 자연스런 것처럼 의식화되는 경향이 있다.

작품의 특성이나 수준을 이러한 특질 혹은 성격의 갈래를 활용하여 드러낼 수 있다. 이른바 리얼리즘 계열의 소설은 인물의 사회적 성격을 중요시한다. 또한 오락 위주의 상업적 이야기의 인물들은 흔히 기능적 성격이 유형화되어 있고, 사회적 성격은 약하고 부정적인 면을 지니고 있다. 폭력이 난무하는 만화나 영화의 등장인물들은 유독 심리적 성격이 빈약하거나 비인간적인 경향이 있다.

소설의 다양하고 수많은 서술에서 어떤 것을 의미 있는 성격소로 판단하며, 그것이 어떤 특질을 제시한다고 해석하고, 나아가 그런 것들이 결합되어 인물형상화와 사건 전개에 어떻게 이바지하는지를 분석하는 작업은 결코 단순하지 않다. 독자에게 다양한 경험과 배경지식, 섬세한 감수성, 추리하고 상상하는 능력, 작품 전체를 보는 통찰력 등이 필요한 까닭이다. 「소나기」에서, 소년은 징검다리에서 자기가 하던 행동을 소녀한테 들키자 뛰어가다 코피를 흘리는데, 거기서 소년이 '수줍음이 많다'와 같은 특질을 알고 또 기억하지 않으면, 후에 소년이 소녀 앞에서 소의 등에 올라타는 이유, 그 심리적 동기를 추리하기 어렵다. 또한 그런 성격소들에 더하여, 소년이 처음부터 소녀가 지주(地主) 집안의 증손녀라는 '사실'을 의식했음을 (알아차리지 못하거나 기억하지 못하여) 연관짓지 못하면, 소년이 수줍은 동시에 소작인집 아이로서의 열등감을 지녔고 그것을 이기고자 애쓴다는 점도 상상하기 어렵다. 특질이 간접적으로 제시될 때, 어떤 경우에는 무슨 맥락 혹은 논리를 동원하여 해석하느냐에 따라 하나의 성격소가 여러 의미를 지니게 될 수 있다. 언어가 매우 '문학적 기능'을 하게 되는 것이다. 이런 복합적 양상에 대하여는 다음 제9장에서 자세히 살피려고 한다.

3. 인물의 종류

인물을 종류나 유형에 가두는 것은 바람직하지 않지만, 그에 대한 이해는 인물 읽기에 도움이 된다. 앞에서 나온 평면적 인물/입체적 인물(E. M. 포스터)은 어떤 특질이 아니라 특질의 변화 여부, 그에 따라 독자를 놀라게 하는가의 여부에 따른 구분이다. 특질의 변화는 그 주체의 의지 및 갈등과 관계가 깊으므로, 정적 인물/동적 인물(E. 뮤어), 단순형 인물/갈등형 인물(송하춘) 등도 이와 유사한 구분이다.

하지만 인물의 종류 논의는 주로 특질을 가지고 이루어지는데, 특질은 뒤섞여 있게 마련이므로 무리가 따를 수 있다. 또 악한, 영웅, 의적, 익살꾼 등과 같이 관습적·역사적으로 존재하는 종류들까지 대상으로 삼으면 범위가 너무 넓어진다. 이런 점을 염두에 두면서 특질 중심으로, 또 이론적 분류 위주로 인물의 종류를 살펴보자.

먼저 심리적 특질 중심의 인물 구분은, 인간의 내면에 관한 이론 즉 심리학, 정신분석학 등의 도움을 많이 받게 된다. 그런데 특질을 설명하는 데서 나아가 그것을 분류하는 데 이르면, 일반적 기준을 찾기 어렵다. 흔히 쓰는 용어 위주로 살펴보면, 기질과 지향하는 것에 따라 내향적 인물/외향적 인물, 소극적(방어적) 인물/적극적(공격적) 인물, 이기적 인물/이타적 인물, 이성적 인물/감성적 인물, 세속적 인물/초월적 인물 등이 있다. 널리 사랑받는 작품의 인물을 빌려서, 그를 어떤 심리적 특질의 전형으로 분류하기도 한다. 햄릿형 인물(셰익스피어의 『햄릿』), 돈키호테형 인물(세르반테스의 『돈키호테』) 등이 그 예이다.

한국 이야기문학의 전통에서 한 예를 들어보면, '가련한 여인' 또는 '수난받는 여인'이라 일컬을 수 있는 유형이 있다. 앞의 제2장에서 언급한 춘향, 심청, 영채, 초봉, 선비 등과 함께 도미(설화「도미」), 바리데기(서사무가「바리데기」), 아사녀(현진건의 『무영탑』) 등이 그에 속한다. 이 유형은 특질이 수동적이고, 가난하고 용모가 예쁘며, 혼사장애를 비롯한 수난을 거듭 겪는다. 그리고 가족이 없거나 집으로부터 멀리 떨어져 있어서 보호를 받지 못한다. 이 유형은 오늘날 텔레비전 드라마, 영화 등에서도 흔히 발견된다.

심리적 특질 중심의 분류에 심리학의 도움이 필요하다면, 사회적 특질 중심의 분류는 사회학의 도움이 필요하다. 사회학에서 중요시하는 것들, 즉 가족, 계층, 직업, 권력, 재물, 인종 등 사회적 성격을 구성하는 요인들이 중시되게 마련인 까닭이다. 흔한 예로 보수적 인물/개혁적 인물, 가진 자/못 가진 자, 지배자/피지배자, 주류/비주류 등이 있다. '전형'이란 말이 개인의 내면적 특질보다 사회적 계층 혹은 집단의 특질에 초점을 둔다고 보면, 개성적 인물/전형적 인물도 이에 속한다. 직업 위주로 지식인, 노동자, 예술가 등 여러 유형을 설정할 수 있다. 아웃사이더(소외된 자, 주변인)는 심리적 특질과 사회적 특질이 복합된 유형이라 볼 수 있다.

흔히 긍정적 인물/부정적 인물을 나누는데, 이는 독자가 어떻게 보느냐에 따른 구분이 아니다. 작품의 지배적 이념 혹은 주제의 맥락에서 긍정되는가 부정되는가, 곧 작가가 주제를 표현함에 있어 긍정적으로 설정한 인물인가 그 반대인가에 따른 분류이다. 주동인물(主動人物, protagonist)/반동인물(反動人物, antagonist)은 이와 거의 같은 뜻의 용어로 볼 수도 있지만, 그 번역어가 암시하듯이, 사건 전개를 이끄는가 그에 거스르는가에 초점을 둔 기능적 분류라고 볼 수도 있다.

한편 루카치는 『소설의 이론』에서 근대소설을 '문제적 인물(개인)'의 이야기라고 보았다. 이 인물은, 세계와 자아가 분열된 현실에서, 잃어버린 진정한 것을 찾아 헤매는 존재이다. 이는 소설의 '내적 형식'을 체현(體現)한 인물, 즉 소설 갈래의 특성을 보여주는 일반적 인물유형이라 할 수 있다.

기능적 특질 위주의 분류는 사건 전개에서 하는 역할에 따른 것으로, 흔히 쓰는 주인공/보조 인물이 이에 속한다. A. J. 그레마스의 분류가 대표적인데, 이것은 세 개의 짝으로 구성되어 있다. 주체/객체(욕망 관계), 돕는 자/막는 자(적대자)(투쟁 관계), 보내는 자/받는 자(전달 관계)가 그것이다. 이는 이야기를 이루는 행위의 기본항을 바탕으로 설정한 유형이므로, 실제 작품에서는 한 인물이 여럿을 겸할 수 있다. 근대소설에서는 객체, 보내는 자 등이 남이 아니라 자기(주체) 자신이거나 인물이 아니라 어떤 추상적인 것인 경우가 많다.

4. 인물 읽기 비판

인물은 소설을 비롯한 이야기 전반의 핵심 요소이다. 이야기를 행동 중심으로 볼 경우에도, 항상 그 주체는 인물이고, 행동들도 인물에 수렴될 때 통합된 의미를 지닌다. 역사 서술의 한 형식이 기전체(紀傳體. 일대기 서술형식)이고, 그것을 본뜬 고소설의 제목이 대부분 주인공 이름에 '전'이 붙어 있음은 우연이 아니다. 이야기라는 것이 인간에 관한 관심에서 지어지고 향수되는 만큼 이는 자연스러운 일이다.

그럼에도 불구하고 인물을 적절히 파악하고 해석하는 방법에 관한 논의는 그다지 활발하거나 정리되어 있지 않은 듯하다. 그래서 인물은 사건에 녹아버리기도 하고, 해석자의 잣대에 맞춘 기계적인 유형 분류나 윤리적 평가의 대상이 되어버리는 경향이 있다. 인물이 지닌 고민과 개성의 결은 무시된 채, 단지 어떤 전형이나 상징으로 환원되기도 한다. 소설에서 인물이 차지하는 역할과 비중에 걸맞은 방법, 독자의 직관에만 의존하지 말고, 가령 인물의 성격과 그가 주제 형성에 이바지하는 바를 분석할 기본 개념과 단위를 설정하고, 그들의 관련 양상을 분석하여 합리적인 해석에 이를 방법이 아쉬운 실정인 것이다.

인물 해석의 특성과 방법에 대해 이렇게 관심이 적었던 까닭은 무엇일까? 여기에 초점을 두어, 이제까지의 인물 읽기를 비판적으로 살펴보자.

첫째, 제7장에서 지적했듯이, 인물은 주로 공간적(수직적) 의미작용을 하는 '사물'의 하나라는 점에 주목하지 않았기 때문이다. 사건이 이 행동과 저 행동 사이의 인과관계를 따져보면 윤곽이 드러나는 데 비해, 인물은 작품 도처에 갖가지 형태로 흩어져 있는 성격소들로부터 특질을 '읽어내고 종합해야' 정체가 드러난다. 예를 들어「역마(驛馬)」(김동리)의 성기(性驥)라는 인물은 사주에 역마살이 끼었고, 떠도는 이들이 만나고 헤어지는 화개장터에서 자랐으며, 자기주장이 강하지 못한 성격을 지녔다는 점 등을 독자가 여러 형태의 성격소로부터 섬세하게 포착하고 해석·종합해야 그 성격이 드러난다. 또 그런 특질들은 작품 내의 다른 요소들과 결합되고 갈등하면서 사건을 낳고 의미구조를 형성하는데, 이 역시 독자가 종합적인 상상력과 사고력을 발휘하여 나름대로 '구성하고' 해석해야 파악된다. 그러므로 인물 읽기는 사건 읽기에 비해 그 과정과 방법이 일정하지 않고, 독자의 교양과 정신능력, 읽는 태도 등에 따라 내용과 수준이 크게 달라지기 쉽다. 학문적으로 접근할 경우, 특히 사회학, 역사학, 정신분석학, 철학 등에 관한 폭넓은 이해가 요구된다. 이제까지의 인물 읽기는 이런 점들에 대해 소홀했던 것이다.

둘째, 인물의 형식적 국면에 대한 관심이 적었던 까닭이다. 허구세계를 만들어내는 소설에서 형식은 매우 중요한 문제인데, 사건의 형식을 다루는 플롯에 대한 관심은 전통적으로 매우 높은 편이다. 하지만 인물이 서술되는 형식 곧 인물형상화characterization는, 용어로 굳어지지 않아서 뒤에 '방식'이라는 말을 덧붙여 써야 이해가 빠를 정도로 관심이 낮다. 관심이 있어도 그것을 주로 창작기법 쪽에서만 바라봄으로써, 작자가 인물형상화를 통해 의미를 생성하는 기법을 되돌려서 읽기에 활용하지 않은 결과, 소설에서 무엇을 어떻게 읽어야 인물을 적절하고 깊게 파악할 수 있는지, 그 길이 잘 나서지 않은 것이다.

셋째, 용어의 혼란 때문이다. 전통적으로 인물에 해당되는 영어 character는 '(등장)인물'과 함께 '성격'으로 번역된다. 앞에 언급한 characterization을 '인물형상화'라고도 하고 '성격(형상)화'라고도 하는 것이 그 예이다. character란 단어가 인물, 성격 외에도 기질, 개성. 특징 등의 뜻을 지니고 있기에 문맥에 따라 여러 가지 의미로 쓰일 수 있고, '캐릭터 산업'에서처럼 인물의 생김새(와 이미지를 활용한 물품)까지 포괄할 수 있다. 하지만 용어는 되도록 통일하여 엄격히 써야 하기에, 특히 '성격'을 '인물'과 거의 같은 뜻으로 뒤섞어 쓰는 것은 바람직하지 않아 보인다. '개성적 인물'과 '개성적 성격'이란 말을 비교해보면 드러나듯이, 한국어에서 '인물'이 하나의 존재나 주체라면 '성격'은 그가 지닌 특질들 혹은 기능들의 총합에 가깝기 때문이다. 이는

'성격비극' '성격배우' 등에서 '성격'이 특질을 가리키지 그 소유자를 가리키지 않는다는 사실로 확인된다.

넷째, 성격이란 말의 지시 대상의 혼란도 혼란이지만, 그 개념이 너무 심리적 혹은 개인적 특질 중심으로 이해되는 경향 때문이다. 흔히 말하는 '성질,' 곧 심리적 기질이나 상태 위주로만 인물을 파악하여, 인물의 사회적 성격, 기능적 성격 등에 대한 이해의 폭을 좁힌 결과, 작품의 의미를 축소시킴은 물론, 인물을 단순화시킨 것이다.

다섯째, 앞의 넷째와는 대조적으로, 인물을 지나치게 도덕이나 규범의 잣대로 판단하는 경향 탓이다. 인물을 너무 심리적 성격 위주로 보는 것도 문제지만, 사회적 성격 위주로만 보는 것도 문제이다. 가령 일제강점기 소설의 인물을 해석할 때 민족주의, 독립운동 등의 이념적 맥락에 초점을 두고, 어떤 전형 혹은 상징으로만, 관념적으로 '거창하게' 파악하는 것도 바람직하지 않다. 소설은 인간의 삶을 다루므로 많든 적든 윤리와 사회적 효용 문제와 관련되게 마련이고, 그에 따른 어떤 가치를 지닌다. 그러나 소설에서 '윤리'라든가 '효용'은, 정해진 도덕이나 당위(當爲)를 확인하고 선전하기보다 그것을 반성하고 나아가 초월하기 위한 것이다. 소설은 단순히 어떤 가치를 전파하기 위한 도구가 아니며 독자 또한 그것을 바라고 읽지 않는다. 권선징악의 구조가 확연한 『춘향전』 같은 고소설까지도, 그것이 사랑을 받는 이유는 춘향이 열녀이기 때문이라기보다, 열녀 사상을 무기로 꿈을 이루면서, 이를 통해 재미를 느끼고 현실을 되돌아보게 하기 때문이다. 「공작나방」의 에밀은 규범에 충실한 모범생이나, 독자들은 그를 좋아하지 않는다. 오히려 규범을 어기고 벌을 받는 '나'를 동정함으로써 에밀을 지탱하는 규범에 회의의 눈초리를 던지고 그것이 과연 타당하고 최선의 것인지를 문제 삼는다.

통속소설이나 상업주의 소설은 기존의 규범과 인습을 오히려 더 굳어지게 하는 데 비해, 진지한 소설은 가치의 시험장이자 이념의 싸움터이다. 인물이 '이념과 가치의 모색자'라는 앞의 지적은, 기존 관념의 단순한 전달자나 대리자가 아니라 새롭게 진실된 삶을 위해 고민하는 존재이며, 그런 고민을 적극적으로 하지 않는다 해도, 그 속에 놓임으로써 독자로 하여금 어떤 가치를 '모색하게' 하는, 그래서 '형성시키는' 존재임을 뜻한다. 소설 작품은 논설이나 광고 전단이 아니다. 의미 있는 작품은 독자에게 어떤 관념을 주입하거나 독자가 바라는 것을 확인시키기보다, 도리어 독자를 혼란과 고민에 빠뜨린다. 이는, 동화적이거나 우화적인 일부 작품을 제외하고는, 어떤 주장을 절대적인 것인 양 드러내는 인물이나 소설이 높이 평가되지 않는 데서 역으로 알 수 있는 사실이다.

그러므로 독자는 읽는 과정에서 특정의 가치나 윤리를 확인하려고 하기보다는, 과연 무엇이 가치 있는 것인가를 따지면서, 그에 대한 예민한 의식 곧 '가치의식' 혹은 '윤리의식'을 기르고자 해야 한다. 이는 인물이 어떤 상황에서, 어떤 욕망을 가지고 무엇을 위해, 어떻게 삶을 영위해가는가를 알기 위해 노력하는 과정에서 이루어지는, 인간 탐구이자 의사소통이며 내면적 성장 노력이다. 「공작나방」을 읽고 '사람은 정직해야 한다'는 생각 정도를 하는 데 그친 독자는 '나'라는 인물에 대해 충분히 알지 못함은 물론, '나'가 뼈아프게 체험한 잘못과 처벌(죄와 벌)의 고통을 적절히 이해하고 체험하지 못한 사람이다. '나'는 정직했는데도 비참한 심정으로 자기 나비를 망가뜨렸으며, 평생 동안 다시는 나비 수집을 할 수 없을 만큼 상처를 입었기 때문이다.

이렇게 볼 때 독자는 인물에게 간단히 도덕과 규범의 잣대를 들이대거나 그를 어떤 유형에 가두어버려서는 안 된다. 일상생활에서도 타인에게 그러는 것이 폭력이듯이, 이는 인물에 대한 폭력이다. 독자는 사랑에 빠져서 상대방을 열렬히 관찰하고 이해하려 애쓰는 사람이나, 판단을 미룬 채 냉정하게 피의자에 대한 정보를 모으고 추리하는 수사관을 닮아야 한다. 타자에 대한 애정과 깊은 이해는 소설 읽기에서도 소중한 미덕이다. 아니, 소설 읽기를 통해 우리는 그것을 배운다. 이제까지 살핀 인물 읽기의 문제점들은, 궁극적으로 소설적 의사소통 방식에 대한 이해가 미흡하고, 인간과 환경의 관계에 둔감하며, 인간이라는 존재, 특히 그 내면에 대한 애정과 이해가 부족했기 때문에 생긴 것이다.

5. 심리적 특질 읽기

이제까지의 논의를 바탕으로, 「역마」(김동리)를 가지고 특질 읽기를 하여보자. 작자가 특질을 형상화하는 기법을 활용하여 인물 읽기를 해 보는 게 다음 장이라면, 여기서는 그에 앞서 특질이란 무엇이며, 어디서 읽어내는 무엇을 가리키는지를 아는 데 중점을 둔다. 먼저 심리적 특질 중심으로 살펴보자.

「역마」의 계연(契姸)은 "한 줌이나 될 듯한 가느다란 허리와 호리호리한 몸매에 비하여 발달된 팔다리와 토실토실한 두 손등과 조그맣게 도톰한 입술을 가진" 열대여섯 되는 아가씨인데, "어디서 그렇게 힘차고 쾌활한 음성이 울려 나오는 것인지 알 수가 없"는 목청을 지니고 있다. 그녀의 "작고 도톰한 입술"에 대한 서술은 모두 네 차례나 나오는 성격소로서, 음성과 함께 육감적이면서 담대한 특질을 간접적으로 제시한다. 이러한 심리적 특질은 그녀와 성기가 맺는 관계의 발전을 그럴듯하게 하고, 결말부에서 성기와 이별하는 대목의 고통스러운 분위기를 고조시키는 데 이바지한다.

　한편 성기의 심리적 성격은 "본래 심장이 약하고 남의 미움받기를 유달리 싫어한"다고 보다 직접적으로 제시되어 있다. 이는 계연이 떠남을 안 순간에 당황하는 행동, 그 심리를 제시하는 관형절이 중첩된 긴 문장에서 확인된다. 그와 함께 그의 사주에 역마살이 끼었다는 사실, 그에 어울리게 "당초부터 어디로 훨훨 가보고나 싶던 것이 소망"이라는 서술 등이 그에 관한 중요한 성격소이다. 심장 약한 기질과 떠나려는 욕망이 동시에 작용하는 것은 계연과의 결합이 무산되는 사건에서이다. 「역마」의 중심사건은 '집을 떠나 떠도는 운명을 타고난 자가 집을 떠나게 된다'로 요약할 수 있는데, 그것은 이 작품에서 가정을 이루고 머물러 사는 삶, 또는 그런 삶을 살게 하려고 애쓰는 계연, 옥화, 옥화의 어머니 등 여성들의 대를 이어 반복되는 욕망과 대립된다. 따라서 중심사건은 다시, '떠도는 운명을 지닌 남자를 머물게 하려는 여자의 시도가 좌절된다.' 혹은 '운명을 거스르려는 개인적 욕망이 좌절된다'로 정리할 수 있다. 헤어지는 사건에서 계연은 성기가 자기를 붙잡아주기를 간절히 바란다. 그러나 긴장된 상황에서, 툭하면 코를 골며 잠에 빠지는 '행동'을 하는 무디고 단순한 면이 있는 성기는, 둘의 결합을 적극 추진하다가 돌연 반대로 돌아선 어머니를 끝내 거역하지 못하고, "오빠, 편히 사시오"라는 말을 세 번이나 하며 간절히 기다리는 계연을 "우두커니 지켜보고 있을 뿐"이다. 그래서 결국 성기는 집을 떠나게 되는데, 이는 성격 때문에 역마살대로 살게 되는, 다시 말해 당사자의 심리적 특질에서 비롯된 행동이 역마살 낀 사주를 합리화하는 결과이다.

성기와 계연이 이모와 조카 사이라는 정보, 그래서 어머니 옥화가 갑자기 둘의 결합을 막게 되었다는 '혈연관계의 비밀'은, 그렇게 이별을 한 한참 뒤에야 성기와 독자에게 주어진다. 먼저 제시되었다면 아주 뻔한 이야기가 됨은 물론, 역마살에 관한 전근대적 민간 신앙을 선전하는 것처럼 여겨져 작자에 대한 불신까지 일으켰을 정보가, 당사자 개인의 성격에 따른 행동에 의해 필연성 있게 형상화된 후에야 제시되는 것이다. 그 때문에 역마살을 믿지 않는 이도 역마살이 합리화되는 전체 사건을 그럴듯하게 받아들이게 되는데, 이를 가능케 한 것이 성기의 심리적 특질과 플롯이다. 인물을 읽을 때 행위의 결과(역마살대로 살게 됨)를 파악하기 이전에, (성격 때문에 역마살대로 살게 되는) 행위의 원인과 과정을 인물 자신에게서 찾는 노력이 중요함을 여기서 알 수 있다.

6. 이념적 특질 읽기

성기와 계연의 결합이 이루어지지 않는 데는 계연 쪽 특질도 작용한다. 계연이 담대한 성격임에도 적극적으로 매달려 이별을 막지 못하는 것은, 그녀가 여자이며 늙은 아버지에 복종하고 그를 장차 돌봐야 할 입장이라는 가부장제 사회의 규범적·사회적 특질 때문이다. 그렇다면 계연이 "오빠, 편히 사시오"라는 말을 되풀이하는 행동은, 담대한 기질과 여자이자 딸로서의 구속이라는 서로 다른 특질, 즉 심리적 특질과 이념적 특질을 함께 제시하는 셈이다. 이렇게 하나의 성격소에 내포된 특질을 몇 가지로, 어떤 의미로, 또 무엇을 더 중요시하여 해석하는가는, 앞서 말했듯이 작품의 구조와 독자의 판단, 경험 등에 따르며, 아울러 그 특징에 따라 경향과 수준이 좌우된다.

「역마」의 결말부에서 성기가 집을 떠나 세상을 떠돌게 됨은, 그가 사주에 역마살이 끼었다는 사실을 소설적으로 합리화하는 것이라고 하였다. 다시 말해, 그 사건은 사주에 역마살이 낀 사람은 집을 떠나게 마련이라는 속신(俗信) 혹은 민간 신앙의 믿음과 이념에 따른 특질을 내포하고 있고, 따라서 그 맥락에서 사실성을 지니며 해석된다. 김동리 소설의 일부가 토속적(전통주의적)이요 보수적이라는 해석은 이런 점을 근거로 한 것인데, 이 작품에는 그런 사건이 또 있다. 옥화는 계연의 왼쪽 귓바퀴에도 자기처럼 사마귀가 있음을 알고 점쟁이에게 간다. 점쟁이가 둘이 형제간이라고 하자 옥화는 그 말을 믿고 성기와 계연의 결합을 막게 된다.

그런데 그런 사건이 일어난 때를 언제로 보든, 옥화가 점쟁이의 말을 믿음으로써 사건이 반전되는 것은, 나아가 독자 또한 그것을 그럴 듯하게 여기는 것은, 근대적 합리주의와 거리가 있다. 물론 성기의 성격이 적절히 형상화되어 소설 내부 사건의 필연성은 얻어졌지만, 작품 밖의 사회문화적 맥락에서 보면, 이는 한국의 전통문화를 이어받는 면과 함께, 보수적 이념에 사로잡혀 합리주의로 가는 역사의 흐름에 역행하는 면이 내포되어 있다. 따라서 이 소설을 서구인이 읽는다면 이러한 행동들을 이해하거나 받아들이기 어려울 수도 있다. 아니, 서구인까지 갈 것 없이 오늘의 청소년이 읽어도, 그런 시대와 믿음이 있었구나 하는 문화적 체험은 할 수 있겠지만, 그 이념에서 비롯된 행동과 사건 전개를 현실적으로 타당하게 받아들이기는 어려울 터이다.

  거듭 말하지만, 성기의 성격이 적절히 형상화됨으로써 사건은 필연적이 되었고, 그래서 '의지가 운명을 거스를 수 없다,' 혹은 '인간은 헤어져 떠돌게 마련이다'라는 주제적 차원의 이념은 나름대로 설득력을 얻는다. 사주며 역마살에 관한 믿음은 어디까지나 그것을 형상화하기 위한 도구에 불과하다고 보아 크게 중시하지 않을 수도 있다. 그러나 어떤 사실이나 행위도 이념을 떠날 수 없고, 이 작품에서 그것은 작품의 주제와 문학적 가치, 그리고 작가의 사상과 직결될 정도의 비중을 지니고 있기 때문에, 비판적 판단이 필요하다. 그것이 화개장터라는 공간의 운명성, 성기 할머니와 어머니의 반복되는 '팔자'의 운명성 등과 결합되어 있기에, 이 작품은 이념적으로 보수성 혹은 전근대성을 지니고 있고, 그에 따라 성기나 옥화라는 인물도 전근대적이라고 볼 수 있는 것이다. 「메밀꽃 필 무렵」의 '왼손잡이'처럼 이 작품에서 피붙이 확인의 도구가 되는 '귓바퀴의 사마귀'를, 과학적으로 근거가 없더라도 문학적 관습에 따라 그럴듯하다고 인정해주는 것과는 다른 차원의 문제이다.

여기서 두 가지를 알 수 있다. 첫째, 인물이 가치와 이념의 형성자이니까, 인물을 이해하고 동정하다가 독자 역시 그가 추구하는 '이념에 따르게' 되므로, 동시에 비판적 거리를 유지할 필요가 있다는 점이다. 「역마」의 경우 토속적이라 하여 무조건 높이 평가하는 태도는, 무엇이 소설의 가치 있는 주제요 제재인가, 한국인은 한국의 전통문화에서 무엇을 가치 있다고 판단하여 후손에게 전승할 것인가 등에 관한 비판적 성찰을 아예 하지 못하게 만든다.

둘째, 소설의 형식 혹은 기법이 관습처럼 굳어진 것을 빌려 쓰는 경우가 많듯이, 인물의 이념적 특질은 작가가 의식적으로 불어넣기도 하지만, 무의식적으로 반영되고 '불어넣어지기도' 한다는 점이다. 이는 어떤 개인이 주장을 내세울 때, 개인적 욕망과 이상에 따르기도 하지만, 자기도 모르는 사이에, 자신이 속한 집단과 계층의 이해관계에 따라 주장을 펼치기도 하는 현상과 비슷하다. 「역마」라는 작품의 이념적 경향과 그 인물들의 이념적 특질은, 작가 김동리가 의식적으로 창조한 것도 있지만 그가 살았던 시대의 이념이 창작에 반영되었거나, 독자가 사는 시대의 이념이 독서 과정에서 무의식적으로 침투한 것일 수 있다. 읽으면서 이들을 섬세하게 구별하지 않으면, 독자는 객관적으로 작품을 해석하고 평가하기 어렵게 된다.

7. 기능적 특질 읽기

장편이 아니라 단편소설을 가지고 인물에 대해 논의하는 작업의 문제점이, 특히 이 기능적 특질 읽기에서 크게 드러난다. 그러나 규모가 작으면 작은 대로, 밀고 나가보자.
　「역마」의 주인공은 누구일까? 성기가 주인공이라면 집을 떠나고 싶은 그의 욕망을 가로막는 인물은 어머니 옥화이다. 그녀는 어떻게든 성기를 못 떠나게 하는 역할을 맡고 있는데, 그녀의 노력은 도리어 성기로 하여금 집을 떠나게 만드는 반어(아이러니)적 결과를 낳는다. 계연과 이별한 후 자리에 누워 거의 죽다가 살아난 성기는, 이제 어차피 누구하고도 맺어지기 어렵다는 심정이 되었고, 옥화는 아들이 그냥 죽기보다 원대로 떠돌면서라도 살아주는 편이 낫게 되었기 때문이다. 이런 관계로 볼 때, 계연은 두 가지 면에서 희생자이다. 성기의 애정 행위의 대상이기에 운명의 희생자이고, 옥화가 벌인 아들 잡아두기 행위의 수단이기에 욕망의 희생자이다. 도톰한 입술에 "흰자위 검은자위가 꽃같이 선연한 두 눈"을 지닌 계연의 가여운 신세가 후반부로 갈수록 이 소설의 분위기를 지배하게 되는 것은, 이렇게 그녀가 이중의 희생자인 까닭이라고 본다.
　그런데 이 작품은 슬픈 사건을 담고 있지만 비교적 어두운 분위기가 아니다. 성기와 계연이 친해지는 과정이 매우 재미있고, 둘이 여름 숲에서 가까워지는 과정은, 한국 소설에서 보기 드물게 성적(性的) 이미지로 가득 차 있다. 하지만 그것들이 작품 분위기가 어둡지 않게 된 근본 요인은 아닌 듯하다.

성기와 계연은 희생자이기만 한가? 옥화의 시도는 실패했지만, 그녀의 실패는 모든 것이 끝장난 비극적 실패인가? 뜨내기 남자와 잠시 맺어져 자식을 얻었던 그녀와 그녀 어머니의 삶을 성기와 계연이 반복한 것이라면, 그들 모두의 삶은 희생이나 패배의 특질을 지녔다고만 보기 어려우며, 보기에 따라 아무도 희생자가 아닐 수 있다. 물과 길이 만나고 헤어지는 화개장터이기에 사람도 만나고 헤어지는 게 당연하며, 인간의 떠도는 본성 혹은 사주팔자가 합리화되는 이 작품의 맥락 속에서, 그들은 희생자인 동시에 순종자, 그것도 적극적인 순종자이다. 이 소설의 마지막 문장을 보면, 집을 떠나는 성기는 "한 걸음, 한 걸음, 발을 옮겨놓을수록 그의 마음은 한결 가벼워져, 〔……〕 육자배기 가락으로 제법 콧노래까지 흥얼거리며 가고" 있다. 이렇게 운명에 저항하다가 그것을 수용하는 과정에서, 인물들의 기능은 바뀌고 역전된다. 주체가 스스로 보내는 자인 동시에 받는 자가 되고, 막는 자가 돕는 자가 된다. 음양(陰陽)의 원리와도 같은 이런 상호 의존과 교환이 인물 사이에 일어나는 것이다.

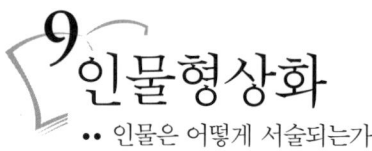
9 인물형상화
•• 인물은 어떻게 서술되는가

1. 성격소의 문학적 기능

성격소에 내포된 특질은, 곧 그것의 의미이다. 일상생활에서 누군가가 한 하나의 행동이 여러 의미로 해석될 수 있듯이, 서술의 어느 위치, 사건의 어떤 상황에 제시된 하나의 성격소는, 하나의 의미를 지니기도 하고 여러 의미를 지니기도 한다. 바꿔 말하면, 하나의 성격소는 둘 이상의 측면이나 맥락에서 서로 다른 의미로 해석될 수 있다.

가령 어떤 인물이 자기의 출신 대학에 유난히 신경을 쓴다고 할 때, 그것을 개인적 심리의 맥락에 놓고, 그가 자기 학력에 열등감이나 자부심을 지녔다고 읽을 수 있다. 한편 한국 사회의 학벌주의라는 사회문화적·이념적 맥락에 놓고, 그것을 그가 속한 계층 혹은 집단의 전형적 습관으로 해석할 수도 있다. 그런가 하면, 특정 대학 졸업생만 살해하는 범인을 추적하는 플롯의 맥락에서, 이는 형사가 줄곧 추적해온 범인이 바로 그임을 암시하는 것일 수 있다.

예를 하나 더 들면, 『무영탑』(현진건)에서 신라의 귀족인 주만이, 신라인 아닌 부여인이고 석수장이에 불과한 아사달을 사랑하는 행동은, 개인적 심리의 맥락에서 자아가 강하고 열정적·낭만적인 특질을 표현한다고 해석할 수 있다. 또한 작품 내의 신라 시대 현실과 작품이 발표된 1930년대 일제강점기의 현실 맥락에 놓고 보면, 그것은 신분 계급을 타파하고 여성의 존엄과 해방을 추구하는 개혁성을 지니고 있다. 아울러 그 행동은, 함께 아사달을 사랑하여 삼각관계를 이루는 '가련한 여인' 아사녀와 그녀의 성격이 대립됨을 보여준다. 그래서 아사녀를 부정적으로 보는 독자들한테는, 주만의 그런 행동이 아사녀가 아니라 그녀를 주인공이라 여기게 만드는 기능적 특질을 내포하게 된다.

이러한 양상은 제8장에서 다룬, 성격소에 내포된 특질에 일반적으로 어떤 종류가 있느냐와는 다른 문제, 즉 하나의 성격소가 어떻게 기능하여 하나 이상의 특질을 지니게 되느냐에 관한 문제이다. 앞에서 인물은 시간적·수평적보다 공간적·수직적으로 해석된다고 하였는데, 그것은 이렇게 하나의 성격소가, 또 성격소와 다른 요소들이 선적(線的)이기보다 면적(面的)으로, 한 방향보다 여러 방향으로, 또 한 층(層)보다 여러 층에서 의미 관계를 맺기 때문이다. 달리 비유하면, 특질이 작품에 차례로 줄을 서 있거나 모여 있기보다 여기저기 흩어져 있기 때문이다. 성격소가 이렇게 복합적으로 기능하는 양상, 그리하여 해당 서술이 지시적 의미에 더하여 다른 의미를 함축하게 되는 양상이 바로 성격소가 하는 '문학적(시적) 기능'의 실체이다. 물론 소설의 모든 요소가 그런 기능을 하지만, 성격소가 특히 더 그렇다는 뜻이다.
　작자는 건축가가 건물을 짓듯이, 갖가지 요소들을 다양한 기법으로 동원하여 인물을 형상화한다. 벽돌이나 유리는 그 자체만으로는 예술품이라 할 수 없으나, 그들이 결합된 건축물은 예술품일 수 있고, 예술적 구조의 일부가 되면 그것들은 단순한 벽돌이나 유리가 아니게 된다. 물리적인 기능과 함께 미적인 기능을 지니기 때문이다.
　이 예에서 벽돌, 유리 따위에 해당하는 것 가운데 일부가 성격소이다. 성격소는 인물형상화의 질료이다. 소설의 특성상, 그것의 의미는 기본적으로 서술자가 어떤 태도로 바라보고 서술하느냐에 좌우되는 한편, 일단 그 주체인 인물의 개인적인 심리와 동기의 측면에서 의미를 지닌다. 그리고 인물이 처한 상황의 변화 즉 사건 속에서 특정한 의미 기능을 한다. 또한, 여러 측면에서 이렇게 지니는 의미는 항상 작품 내외의, 독자가 동원하는 의미 맥락에 따라 달라진다.
　작품을 읽는 과정에서 보자. 인물의 기본적 특질과 상황이 소개되는 도입부를 지나, 점차 사건이 전개되고 인물 간의 관계가 복잡해짐에 따라 특질은 쌓이고 변하며, 사회적·이념적 맥락, 또 작품 전체 구조 맥락에서의 의미를 띠게 된다. 바꿔 말하면, 인물은 처음에는 낯설고 개인적인 존재이다가 점차 타자와의 관계 속에서, 또 환경과 문화 속에서 개성 및 역할을 지닌 존재가 되어간다. 그 읽는 과정에서 특질 가운데 중심적인 사건 혹은 갈등과 밀접한 것은 남고 부수적인 것은 수렴되거나 제외되며, 어떤 것은 의미가 바뀌게 된다. 물론 입체적 인물과 평면적 인물에 차이가 있지만, 선택과 집중, 변화와 강화가 이루어지는 것이다.

「오발탄」(이범선)에서 송철호는 의사가 말리는데도 충치를 두 대나 빼고 끝내 혼수상태에 빠진다. 그의 행동은, 개인 심리 맥락에서 보면 가난에 치여 이제껏 충치를 치료하지 못한 무능과 소심함을 드러내는 용렬한 행동일 수도 있고, 그것을 깨뜨리려는, 자학적이지만 다소 적극적인 행동일 수도 있다.

그런데 사회적 측면과 작품 구조 측면에서 볼 때, 둘 중 어느 쪽을 선택하는가는 작품 해석상 다소 중요한 문제이다. 전자로 볼 경우, 송철호는 한국전쟁 후의 궁핍하고 타락한 현실에 짓눌려 수동적으로 그냥 파멸해버리는 인물들——아기를 낳다가 죽는 그의 아내, 북쪽의 고향에 돌아가지 못해 실성해버린 어머니——의 계열에 접근하게 된다. 후자로 볼 경우, 송철호는 보다 능동적으로, 하지만 바람직하지 못한 방법으로 현실에서 벗어나려다가 전락하고 파멸하는 인물들——몸을 팔아 생계를 돕는 여동생, 강도짓 하다가 경찰에 체포되는 남동생——의 자기파괴적 특질을 지닌 자에 가까워진다. 송철호의 충치 빼기는, 나아가 송철호라는 인물은, 자기파괴적인 성격을 지니게 되는 것이다.

송철호를 둘 중 어느 쪽에 속한 자로 볼 것인가, 아니면 둘을 다 지닌, 그 중간에 있는 자(중간자)로 볼 것인가에 따라 이 작품의 해석은 달라질 수 있다. 양쪽 다 참담한 결말에 이르기에 매우 비극적이라는 점에는 변함없으나, 예컨대 전자로 볼 경우, 이 작품이 너무 염세주의적이라는 비판을 할 수 있을 터이다.

이렇게 볼 때 성격소에 함축된 특질들을 해석하고 선택하며, 또 다른 의미 요소들과 결합하는 능력이 인물 읽기에 필요한 핵심적 '문학 능력'이요 독해력이다. 특질의 파악과 종합을 얼마나 다양하고 적절하게 하는가에 따라, 해석이 달라짐은 물론 해석 자체의 수준이 결정된다.

2. 성격소 읽기

어떻게 하면 인물을 잘 읽을 수 있을까? 어떻게 해야 어느 서술이나 요소가 뜻있는 성격소임을 알 수 있으며, 또 그에 내포된 상태와 사실을 겉으로만 아는 데 그치지 않고 깊이 해석할 수 있을까? 소설 연구자와 문학 교육자들이 오랜 세월 고민해온 이 물음에 대해 여기서 선명한 답을 내놓기는 어렵다. 미흡한 대로, 먼저 '원론적인' 방안을 몇 가지 지적한 후, 작자가 인물을 형상화하는 데 흔히 사용하는 성격소들과 그 기법을 활용하여 그 길을 찾아보기로 한다.

첫째, 다양한 맥락을 동원하여, 되도록 여러 특질을 파악해야 한다.

무엇이 의미를 지니기 위해서는 항상 그것이 놓이는 맥락, 그러니까 의미작용을 일으키고 통어하는 일종의 문법 혹은 논리체계가 필요하다. 하나의 성격소가 지닌 의미를 최대한 해석하기 위해서는 그 맥락을 다양하게 또 적절히 동원할 수 있어야 한다. 하나의 성격소가 여러 기능을 할 수 있다는 앞서의 진술은, 그것이 다른 의미 요소들과 다양하게 연관될 수 있다는 뜻인 동시에, 그 자체의 해석에 여러 맥락을 동원할 수 있고 또 그래야 함을 뜻한다. 성격소는 기본적으로 심리적·사회적·기능적 특질을 많든 적든 모두 지닌다고 볼 수 있으니, 일단 그것을 두루 살펴야 함을 뜻하기도 한다. 인물의 가치관만 따진다든지, 어떤 상황에서 인물이 지닌 일시적 감정이나 욕망을 상상하는 것만으로는 충분하지 않다. 일제 강점 시대의 저항적 행동이면 으레 조국 광복의 염원을 표현한다는 식의, 지나치게 역사적 맥락에 치우쳐 해석하는 단순함과 '의도의 오류'도 경계할 필요가 있다.

둘째, 특질과 특질, 맥락과 맥락 등을 합리적이고 창조적이게 선택하고 통합해야 한다.

제6~7장에서 살폈듯이, 작품 해석의 의미 맥락은 소설과 관련된 여러 주체들(창작주체, 서술주체, 초점주체, 행동주체, 독서주체)이 처한 시간과 공간에 다양하게 존재하고, 경우에 따라 서로 부딪히기도 한다. 소설을 읽는 과정에서, 「사랑손님과 어머니」의 옥희 어머니가 하는 재혼 포기를 두고 그러하듯이, 여러 주체들이 처한 시대의 사회문화적 관습, 규범, 이념 등은 갈등하며, 비판되고, 뒤얽혀 변형된다. 작자가 조성한 이 창조적 혼돈의 축제마당은, 인간과 사회현실의 본모습을 반영한 것이며, 결국 작품의 지배적 의미(주제)나 고유의 논리에 의해 조정되고 통합됨으로써 새로운 질서와 형태를 얻는다. 그러므로 독자는 작품 외적인 맥락과 내적인 맥락, 곧 경험세계에서 형성되어 줄거리의 질료가 된 사회문화적 의미 체계와, 작품 고유의 논리체계 양쪽에 모두 관심을 기울이며 읽어야 한다. 아는 만큼 보이니까, 지식을 쌓고 자료를 찾으며 온갖 경험을 동원하여 '해석의 지평'을 넓히되,

작품 구조와 인물이 처한 상황에 걸맞게 선택하고 조정하면서, 작자의 창조적 비전에 접근하는 노력이 필요한 것이다.

「붉은 산」(김동인)에서는 정익호가 동포의 억울함을 풀어주려고 중국인 지주한테 갔다가 매를 맞고 돌아온다. 그는 만주 벌판에서 죽어 가면서 붉은 산과 흰 옷, 즉 고국의 산천과 동포가 보인다 하고, 애국가를 불러달라고 한다. 이 마지막 행동이 그의 동포애와 조국애라는 특질을 제시한다고 보아, 그를 수난받는 한민족의 한 전형처럼 해석하는 예가 있다.

그러나 이러한 이념 중심의 해석은, 그의 별명이 삵(살쾡이. 고양잇과의 사나운 짐승)이라는 사실을 고려하지 않고 있다. 그는 조선족만 모여 사는 동네에서 한없이 무례하고 툭하면 칼부림을 해온 "커다란 암종"으로 서술된다. 또 누가 뭐라든 콧방귀만 뀌는 게 "가장 커다란 처세철학"인 인물이다. 이런 성격소들을 보면, 그가 마지막에 한 행동은 이전에 해온 행동 혹은 특질들과 어울리지 않는다. 성격에 일관성이 없는 것이다.

따라서 마지막 행동을 이념적 맥락에서만 읽고, 나아가 그가 패륜아임을 제시한 성격소들도 모두 나라 잃은 백성의 한 때문인 것으로 합리화하면서 이 작품을 높이 평가하는 것은, '작자의 의도'에 사로잡혀, 작품 자체의 모순을 간과한 해석이다. 그 모순이 이 작품의 논리 혹은 플롯을 파탄내고 있으므로, 제재가 된 일제강점기의 역사적 맥락만 중시하고 작품 구조의 맥락, 혹은 인간을 판단하는 보편적 상식의 맥락을 소홀히 한 해석이라고 할 수도 있다.

한편 중요한 성격소는 소설의 앞부분에 집중적으로 제시되는 경향이 있다. 그러므로 인물 해석을 잘하려면 셋째, 소설의 서두 부분(발단과 초기 전개부)을 주목하여 읽어야 한다. 인물의 이름, 생김새, 직업, 상호 관계 등은 물론이고 사건이 전개되는 시간과 공간, 갈등의 발생 환경과 과정 등이 소개됨으로써 독자가 상상하고 추리해갈 바탕이 마련되고, 해석의 기본 맥락이 가정(假定)되는 곳인 까닭이다. 특히 거기에서 앞으로 일어날 사건을 예시하는 플롯상의 준비 사건과 그 속에서 인물이 하는 행동을 눈여겨 살필 필요가 있다. 가령 앞의 제5장에서 살폈듯이, 「소나기」 「공작나방」 등에서 반복되는 사건의 앞 사건('헤어짐 1' '이해받지 못함 1')에서 '나'와 '소년'이 하는 행동은, 각 인물의 성격은 물론 중심사건의 의미와 모습을 규정하고 예시하는, 작품 전체에서 매우 핵심적인 성격소이다.

요컨대 인물 해석 능력은, 작품에서 어떤 것을 성격소로 인지하고, 그로부터 여러 특질들을 파악하며, 나아가 '창조적 혼돈' 속에서 그것들을 선택하고 통합하여 성격을 구성하는 동시에 작품의 의미구조를 구축하는 능력이다. 아울러, 그런 활동을 통해 자신과 세계를 새롭게 알고 쇄신하는 능력이다. 소설을 가지고 수준 높은 언어능력과 사고능력, 감성능력(감수성) 등을 기를 수 있는 이유는, 소설 읽기가 이렇게 섬세하면서도 복잡한 정신능력을 요구하는 활동인 까닭이다.

3. 인물형상화의 기본 방법

　성격소는 따로 정해져 있지 않다. 작품마다 특유의 질료와 방법으로 인물을 조형하며, 또 독자가 맥락을 설정하고 동원하기에 따라 어느 것이 성격소가 될 수도 있고 그렇지 않을 수도 있기 때문이다. 따라서 앞서 지적했듯이, 한 작품에서 어떤 요소나 서술을 성격소로 간주하는 행위 자체가 해석의 일부요 해석 능력을 요구하는 일이다.

　그러나 관습적으로 있어 왔고, 이론적으로도 있게 마련인 인물형상화의 방식, 작자가 인물 서술에 흔히 사용하는 성격소와 그 기법이 있다. 따라서 이를 활용하여 서술을 분석하면, 좀더 쉽고 적절하게 인물의 성격을 재구성하며 그의 존재를 실감할 길을 찾을 수 있을 것이다.

　인물형상화에 주로 사용되는 성격소들은 크게 네 가지로 분류할 수 있다. 이름, 행동, 신분사항, 특질을 제시하는 공간소 등이 그들이다. 이들에 대해 자세히 살피기 전에, 성격소를 성격소로 만드는, 인물형상화의 기본적 서술기법에 대해 먼저 살펴볼 필요가 있다.

　앞 장에서 특질은 상태 특질과 사실 특질로 구별할 수 있다고 했다. 작자는 이들이 내포된 성격소를 사용하여 인물을 조형하므로, 독자는 두 가지 모두에 주목할 필요가 있다. 특히 사실(특질을 표현하는) 성격소는, 이것도 결국은 형용사적인 상태 특질의 제시를 위한 것이므로, 상태 특질을 발견할 때까지 상상과 추리를 밀고 나갈 필요가 있다. 「오발탄」에서 주인공 송철호는 휴전선에 막혀 고향에 돌아가지 못하는 실향민이고, 집안의 가장이며, 계리사 사무실의 서기이다. 이들은 신분에 관한 사실이요, 여러 가지를 함축한 정보이다. 이들을 바탕으로 그가 책임감이 강하다든가, 궁핍한 현실에 찌들어 있으며, 한국전쟁의 희생자라는 특질을 읽을 수 있다. 그 자체로는 평면적이고 단순한 편인 게 사실성격소이지만, 독자의 상상을 자극하기만 한다면, 오히려 서술의 평면화를 막고 독자의 참여를 더 유도할 수 있다. 예를 들어 지금은 농사를 짓고 있는 인물이 전에 항해사였으며, 얼굴에 큰 칼자국이 있다는 사실은, 상황에 따라 많은 상상을 불러일으킨다.

한편, 제2장에서 잠깐 살폈듯이, 인간이 대상을 표현하고 전달하는 기본 담화 양식에는 들려주기와 보여주기가 있다. 들려주기는 대상에 관한 것을 화자(작자)가 요약하고 설명해주는 양식이며, 보여주기는 대상의 모습과 상태를 언어로 그려 보여줌으로써, 청자(독자)로 하여금 상상하고 추리하여 짐작하게 하는 양식이다. 들려주기가 설명적이고 직접적이라면 보여주기는 묘사적이고 간접적이다.

이 개념은 인물형상화 방식을 구별하는 데도 매우 쓸모가 있다. 소설에서 성격소가 될 것을 '말(서술)하는' 이는 서술자와 인물인데, 그들 역시 특질을 직접적으로 제시할 수도 있고 간접적으로 제시할 수도 있다. 이론적으로는 제한적 서술보다 주권적 서술이, 인물-초점자 서술보다 서술자-초점자 서술이, 그리고 상태성격소가 사실성격소보다 더 직접적이요 들려주기에 가까워 보이지만, 양상이 그리 단순하지 않다.

작자적 서술상황에서 남의 이야기를 하는 서술자의 주권적인 서술(이른바 삼인칭 전지적 서술)은 대개 인물의 특질을 직접적으로 '들려준다.' 그런데 일인칭 서술이든 삼인칭 서술이든, 서술자가 아니라 작중인물에 의한 특질의 직접적 제시는, 같은 직접적 제시라도 차이가 있다. 「오발탄」에서 동생 송영호는 형 송철호에게 "형님은 약한 사람이야요. 용기가 없는 거지요. 너무 양심이 강해요"라고 말한다. 반대로 형은 동생에게 "너는 아직 사람이란 어떻게 살아야만 하는 것인지조차 모르고 있"다고 말한다. 이는 인물에 의한, 다른 인물에 대한 직접적인 특질 서술인데, 이 말을 곧이곧대로 좇아 성격을 판단하기는 곤란하다. 「사랑손님과 어머니」「치숙」(채만식) 등의 서술자이자 인물인 '나'와 같이, 그 자신이 '신뢰할 수 없는' 존재이기 때문인 경우도 있지만, 무엇보다 그런 말을 하는 것 자체가, 어떤 욕망과 의도를 바탕으로 한 하나의 '행동'이기 때문이다. 실상 「오발탄」에서 송영호가 자기 형이 약하고 용기 없다고 말하는 것은, 형의 특질에 대한 사실적 발언인 면도 있지만, 곧 은행 강도짓을 저지르려는 자기를 합리화하기 위해 하는 발언의 성격이 짙다.

　근대소설은 절대적 가치를 인정하지 않는 시대의 문학이기에, 절대적 권위를 지닌 서술자가 드물다. 그 서술이 들려주기보다 극화(劇化, dramatize)하여 '보여주기'를 지향하는 갈래인 것이다. 따라서 들려주기는 사라져간다거나 심지어 나쁘다고 생각하기 쉽지만, 그렇지 않다. 비중의 변화는 있어도, 서술자가 존재하는 소설의 특성상 들려주기와 보여주기는 항상 공존하고 또 뒤섞여 있게 마련이다. 다만, 보여주기 위주로 서술될 때, 독자가 비교적 읽기 어렵다는 점에 유의할 필요가 있다. 인물형상화의 경우, 특히 공간소 같은 것으로 특질이 간접적으로 제시되면, 그것이 인물의 내면 혹은 성격을 표현하는 줄도 모르고 지나치기 쉽다. 작자가 인물형상화에 흔히 사용하는 성격소들을 분류하여 살피는 일은, 그래서 인물 읽기에 도움이 된다.

4. 성격소 1—이름

'이름'에 대하여는 긴 설명이 필요하지 않다. 이름으로 인물의 성격을 제시하는 기법, 즉 명명법(命名法, apellation)은 잘 알려져 있다. 다만 여기서 지적해둘 것은, 이름에 쓰이는 말이 사용 언어에 따라 다른 것은 물론이고, 이름을 짓는 방법 또한 같은 언어권이라 하더라도 문화, 시대, 작품의 갈래 등에 따라 달라서, 그 점을 알지 못하면 이름에 함축된 특질을 인식하기 어렵다는 점이다. 한국인이라면 「오발탄」의 송철호, 송영호는 얼른 형제임을 알 수 있는데, 한국어에 대해 모르거나 이름에 돌림자를 넣지 않는 문화권의 사람은 이 작품의 번역본을 읽을 때 이름만 가지고는 둘이 형제임을 짐작하기 어려울 것이다. 한국어 이름은 성씨마다의 고정된 특질이 별로 없고 돌림자를 쓰면 한 글자밖에 남지 않아서, "꺼삐딴 리"(전광용의 「꺼삐딴 리」)처럼 별명을 쓰거나 "윤 직원(영감)"(채만식의 『태평천하』)처럼 호칭이나 직함을 붙여야 특질을 다소 표현한다. 성을 예로 들면 '윤' 같은 성에 비해 영어의 Goodman 같은 성은 많은 것을 함축하고 표현할 수 있다. 독자 입장에서는, 한국 소설에서는 호칭에 주목하고, 영어 소설에서는 이름 전체(풀 네임)의 어원적 의미 혹은 이미지를 섬세하게 챙길 필요가 있다.

5. 성격소 2—행동

'행동'은 인물을 주체로 한 움직임 혹은 상태의 변화이다. 인물의 특질을 가장 잘 드러내는 것은 이 행동이다. 일상생활에서 대개 행동을 보고 그 사람을 판단하듯이, 독자는 무엇보다 행동으로 미루어 인물의 특질을 안다. 추리소설을 읽을 때, 독자는 어느 인물을 범인으로 지목하고 그가 범인이니까 그런 행동을 한다고 여기기도 하고, 하는 행동들이 범인이 지녔을 법한 특질을 보여주니까 그 주체가 범인이라고 추리하기도 한다. 이렇듯 행동과 인물, 나아가 행동의 연쇄로 이루어지는 사건과 인물 간의 긴밀하고 순환적인 관계는, 줄거리의 기본 문장(주어+동사)에서 주어가 인물이라는 사실에 확연히 못 박혀 있다. 이는 인물이 사건의 의미를 형성하기도 하지만 사건이 인물의 특질을 규정하기도 한다는 것, 따라서 사건에 대한 이해가 인물 이해에도 긴요하다는 것을 일깨워준다.

행동은 외면적 행동과 함께 내면적 행동——자신과 타자에 대한 심리, 반응, 태도 등——을 모두 포함한다. 「오발탄」에서 대부분의 인물이 한 번 이상 우는데, 극한상황에서 괴로워하는 내면 상태를 보여주는 외면적 행동이다. 또 행동은 일관성과 필연성이 있어야 성격소로 인정되고, 다양성을 지닐 경우 작품의 폭과 깊이를 확장시킨다. 『무영탑』의 주만은 신분을 뛰어넘어 아사달을 사랑하지만, 그녀의 의지와 그녀가 갈등하는 대상이 신분 문제와 관련이 적게 설정되어 있으므로, 그 행동은 사회적 의미를 별로 얻지 못하고 개인적 성격에 따른 낭만적인 것에 머물고 만다.

한편 내면적 행동은 눈에 보이지 않으므로 논란의 여지가 있다. 욕망이라든가 심리의 움직임을 외면적 행동과 같은 행동이라고 볼 수 있는가, 외면적 행동은 내면의 심리에 따라 하게 마련인데 과연 둘을 나눌 필요가 있는가 등이 문제가 될 수 있다. 하지만 내면적인 '변화'도 사건과 직결된 것이고, 외면적 사건과 별도로 내면적 사건이나 갈등이 중시되므로, 여기서는 행동이라고 본다.「오발탄」에는 이와 관련된 매우 흥미로운 예가 있는데, 초점화와도 관련되어 있어서 소설의 특성을 종합적으로 엿보기에 좋으므로 자세히 살펴본다.

「오발탄」은 삼인칭 서술이다. 그런데 서술자는 주로 주인공 송철호를 초점자 삼아 그의 눈으로 본 것 중심으로 서술한다. 이른바 '인물적 서술상황'인 것이다. 이 작품에서 철호의 눈으로 본, 그래서 철호의 관점과 심리가 투영된 사물들은 비슷한 모습과 색채를 지니고 있다. 그것들은 음산한 선율처럼 되풀이된다.

이마에 길게 흐트러진 머리카락. 그 밑에 우묵하니 팬 두 눈. 깎아진 볼. 날카롭게 여윈 턱. 송장처럼 꺼멓고 윤기 없는 얼굴. 그것(철호 자신의 얼굴-인용자)은 까마득한 원시인의 한 사나이였다.

그건(어머니-인용자) 꼭 솜 누더기에 싸놓은 미라였다.

만삭이 되어서 꼭 바가지를 엎어놓은 것 같은 배를 안은 아내는 몽유

병자처럼 철호의 앞을 지나 나갔다.

딸애가 반듯이 누워서 잠이 들었다. 담요를 몸에다 돌돌 말고 반듯이 누운 것이 꼭 송장 같았다.

꼽추처럼 꼬부리고 앉은 아내의 그림자는 헝클어진 머리카락이 괴물스러웠다.

지금 철호 앞에 쭈그리고 앉은 아내는 그때의 그네가 아니었다. 무슨 둔한 동물처럼 되어버린 그네.

위의 인용들은 철호의 외면적인 움직임이라기보다 내면적인 움직임, 혹은 둘이 결합된 행동을 서술하고 있다. 초점자인 철호가 자기 자신과 식구들을 생명이 없고 비인간적인 존재로 '보는 행동'과 그 '심리 상태'를 제시하고 있다. 그것은 대상이 된 식구들의 모습 이전에 그것을 보는 주체인 철호의 심리적 특질을 간접적으로 드러내며, 아울러 뒤에 가서 철호가 더 참지 못해 폭발하고, 이를 자꾸 빼어 초죽음에 이르는 행동과 결합되면서, 이 작품의 심리적 중심사건(참고 견딤—무너짐)을 형성한다. 여기서, 내면적 행동도 행동이라는 점, 외면적 움직임을 구체적으로 그린 것만이 행동의 성격소가 아니라는 점 등을 알 수 있다. 그리고 소설에서는 서술자와 초점자의 '서술하고 보는 행동 자체'도 매우 중요한 행동임을 알 수 있다.

한편 행동 가운데 인물의 특질을 가장 잘 드러내는 것은 습관과 말하는 행위, 곧 발화(發話) 행동이다. 습관은 반복되는 행동이므로 당연히 성격형상화에 자주 사용된다. 「오발탄」의 송철호가 "괴로울 때의 버릇으로 어금니를 꽉 꽉 씹"는 행동, "언제나 새로 사무를 맡아 시작하기 전에 하는 버릇"인 담배 피우기, 눈앞의 것을 파괴해버리고 싶은 반복된 충동 등에서, 그가 처한 심리적 긴장상태와 참기 잘하는 기질을 잘 알 수 있다.

발화에는 대화와 내적 독백이 있다. 대화 위주로 이루어져 그것이 '언어를 사용한 서술'의 거의 전부를 차지하는 연극, 텔레비전 드라마, 영화 등에 비해서는 덜하지만, 소설에서도 대화는 중요한 성격소이다. 「오발탄」에서 송철호와 송영호가 오래 벌이는 논쟁은, 참아야 한다는 형과 그럴 필요가 없다는 동생 간의 성격과 가치관을 낱낱이 드러낸다. 한편 철호의 어머니는 거의 독백처럼 "가자!"를 수없이 되풀이한다. 이는 그녀가 이북의 고향으로 돌아가는 게 소원이라는 사실, 또 그러지 못해 실성했다는 사실을 강조한다. 또한 작품 전체의 긴장되고 불길한 분위기를 형성함과 아울러, 결말부에서 아들 철호가 그 말을 되풀이하는 행동과 결합되면서, 남북의 분단과 전쟁으로 말미암아 그들이 빠지게 된 '오발탄' 같은 상태를 절실히 느끼도록 한다.

6. 성격소 3—신분 사항

'신분 사항'이란 인물의 소속과 계층에 관한 사실을 제시하는 성격소의 한 갈래를 싸잡아 가리키기 위해 설정한 용어이다. 그것은 나이, 집안, 학력, 출생지, 친분관계 등으로부터 직업, 지위, 계층, 인종 등에 이르기까지 매우 다양하다. 이들은 주로 사회문화적인 맥락에서, '그런 사람은 대개 그렇다'는 관습적 이미지, 전형적 관념 등을 바탕으로 특질이 파악된다. 그래서 특히 인물의 사회적 성격을 해석하는 데 긴요하다. 사회적 존재인 독자가, 역시 사회적 존재인 인물을 어떤 환경과 시대 속에 위치시키고 파악하는 데 주로 활용하는 성격소가 신분 사항인 것이다.

제6~7장에서 시간과 공간을 살피면서 논의했듯이, 사건과 인물은 시대와 환경을 떠나 존재할 수 없다. 따라서 소설에서 신분 사항 성격소가 충분하지 않으면 인물은 발가벗은 채 허공에 뜬 존재가 되어 정체를 알기 어려워진다. 또 그것이 충분하다고 해도, 독자가 시대적·문화적 거리 때문에 그 특질을 적절히 읽지 못하면, 그것은 하찮은 사실이나 난해한 상징으로 남고 말 것이다. 외국 소설이나 역사소설을 읽을 때 특히 그러한데, 일반 소설을 읽을 때도 마찬가지이다. 「눈길」의 주인공이 집안의 맏아들, 그것도 형이 죽어서 억지로 된 맏아들이라는 사실은 그가 집안 문제에 신경질적으로 민감하다는 특질을 알아내고 이해하는 데 중요하다. 하지만 핵가족 시대에 태어나 장자(長子)의 책임에 대해 모르는 사람은 이 점을 놓치기 쉽다.

신분의 성격소에 내포된 특질을 적절히 읽기 위해서는, 독자는 작품 안팎의 사실과 자료를 모으고 학습함으로써 '해석의 지평'을 새로 마련하거나 기존의 지평을 그에 접근시킬 필요가 있다. 관련 경험이 많은 이에게 묻기도 하고 백과사전, 역사책 따위를 참고하면서 읽어야 한다는 말이다. SF소설이라든지 『반지의 제왕』 같은 환상소설처럼 인간세계와 다른 시공에 존재하는 인물들을 그릴 경우, 작가가 앞에다 따로 그 세계의 시간과 공간은 물론 신분 제도, 규범, 복장 등에 관한 설명을 따로 제공하여 이해를 돕는 것은, 이러한 작업의 중요성을 말해준다.

「오발탄」 등장인물들의 신분적 특질은 앞에서 다른 논의를 하면서 꽤 드러났다. 송철호네가 이북에 고향을 둔 실향민이라는 것, 송철호가 가난한 그 집안의 맏아들, 곧 가장이며, 동생 송영호가 국가를 위해 희생했으나 보상을 못 받은 대학 중퇴의 전상자라는 것 등이다. 이런 사실들은 이 작품을 한국전쟁 후의 "물고 뜯고 하는 마당"에서 정당하게 보상받거나 보호를 받지 못한 계층이 극한상황에 몰린 이야기로 해석하게 한다.

「오발탄」의 인물 가운데 철호의 여동생 명숙이 있다. 명숙은 미국인 상대 매춘부로서, 그 사실이 처음에는 그녀가 색안경을 끼고 미군 지프에 타고 있는 장면 서술을 통해 간접적으로 제시된다. 그 장면에서 주위 사람들은 그녀를 비웃는데, 막상 철호의 아내가 급히 병원에 입원해야 할 때 돈을 내놓는 사람은 그녀이다. 이러한 장면과 행동은, 그녀를 전쟁 후의 궁핍 속에서 이중으로 억압당하는 여성의 전형으로 보게 한다. 그리고 그녀를 통해 흘러들어오는 달러로 생존해가는 사회의 비루함을 날카롭게 제시한다.

7. 성격소 4 — 공간소

공간 중 하나인 줄거리공간이 인물의 내면과 성격을 표현하는 데 대하여는 앞의 제7장에서 이미 살폈다. 줄거리공간이란 일차적으로 인물과 사건이 존재하고 벌어지는 장소와 함께 그 장소를 구성하는 물체들을 가리킨다. 그리고 그 주된 기능이 인물과 사건을 사실적으로 보이게 하며, 인물의 심리, 사건의 의미, 주제 등을 간접적으로 표현한다.

공간 또는 공간소는, 인물의 특질을 형성하고 표현하는 데 자주 사용된다. 공간소 자체가 앞에서 살핀 행동이나 신분사항에 비해 뚜렷한 형상을 지닌 것이므로, 어찌 보면 공간소야말로 '인물형상화'라는 행위에 가장 부합하는 성격소라 할 수 있다. 인물형상화에 흔히 사용되는 공간소는 인물의 생김새, 차림새, 그가 생활하는 방, 집, 거리, 풍경, 비나 눈 같은 기후 현상 따위이다.

그림으로 '보여주는' 영화, 텔레비전 드라마, 만화 등은 물론이고, 어떤 공간에서 '보여지는(공연되는)' 연극, 뮤지컬, 오페라 등에 비하면, 소설에서 공간소의 기능은 약하다고 볼 수 있다. 하지만 소설 역시 형상화, 곧 추상적인 의미와 정서를 구체적인 형상을 통해 표현하는 예술이므로 그 중요성이 크다.

'공간소는 입이 없다.' 그래서 항상 인물의 특질을 간접적으로 제시한다. 공간소는 그 모습, 이미지, 분위기, 상징성 등이 인물의 심리, 욕망, 상황 등과 유사하거나(은유), 가까이 인접해 있거나(환유), 대조되는 방식으로 특질을 표현한다. 공간소의 이미지라든가 상징성은,

문학적 관습에 따라, 또 시대와 문화 환경에 따라 정해지고 변한다. 한국에서의 소의 의미와 인도에서의 소의 의미를 비교해보면 얼른 알 수 있다. 그러므로 공간소가 전달하는 특질을 읽기 위해서는 문학사적 맥락, 사회문화적 맥락 등을 잘 알 필요가 있다.

「오발탄」에서 "산등성이를 악착스레 깎아내고 거기에다 게딱지 같은 판잣집을 다닥다닥 붙여놓은" 해방촌 동네는, 거기서 내려다보이는 "술 광고 네온사인 핑그르르" 도 거리와 대조되면서, 거기 사는 철호네의 가난과 계층적 위치를 보여준다. 철호가 입은 "다 낡아빠진 해군 작업복 저고리," 그의 아내가 입은 꺼먼 헝겊과 회색 헝겊으로 기운 담요바지는 한국전쟁 후의 그들의 가난한 상태를 구체적으로 형상화한다. 철호가 피우는 값싼 파랑새 담뱃갑과 영호가 피우는 양담뱃갑은 둘의 기질적 차이를 극명하게 대조시켜 제시하는 환유물이다. 결말부에서 "목적지를 모르는 대로 행렬에 끼어서 움직이는 수밖에 없"는 택시는 거기에 탄 송철호와 처한 상태가 유사하므로, '오발탄'과 함께 그의 삶의 의지와 목표를 잃은 처지를 은유적으로 보여준다.

공간소가 주로 사회문화적 맥락에서 의미를 지닌다 하더라도, 작품 자체의 맥락을 떠나서 존재할 수 없다. 그것 역시 외적 의미와 함께 내적 의미, 즉 시대적·관습적 의미와 함께 각 인물이 처한 상황 맥락에서의 의미를 함께 지니며, 이 둘이 잘 결합될 때 그럴듯함과 감동을 낳는다.

「오발탄」의 송철호의 아내는 남편과 거의 말을 주고받지 않는다. 그녀는 단 한 번, 다섯 살 먹은 딸이 신을 빨간 운동화를 들어 보이며 삼촌(송영호)이 사왔다고 말한다. 그녀가 이 새 신발을 만지는 행동은 두 번 더 서술된다. 그녀는 남편과 시동생의 긴 언쟁과 시어머니가 끊임없이 외치는 "가자!" 소리를 들으면서, 만삭의 배를 끌어안은 채 말없이 그 동작을 반복한다. 그리고 밤중에 자다가 깬 아이한테 그것을 보여주면서, 의외로 아주 밝고 사랑스럽게 내일부터 신어도 된다는 말을 덧붙인다. 이어서 "다들 다시 잠이 들"고 달빛이 "칼날 같은 빛을 철호의 가슴으로 옮"긴 시각에, "어린 것"은 깨어나서 몇 번이나 그 신발을 만져보고 신어본다. 한국 소설의 명장면 가운데 하나로 여겨지는 이 대목에서, 빨강 신발이라는 공간소는 곧 둘째 아기를 낳을 그녀의 행복해지고 싶은 꿈을 상징하며, 하지만 그럴 수 없는 현실의 궁핍을 대조적으로 부각시키고, 나아가 발단부와 결말부에 반복되는 모티프인 '피'와 어울려, 극도로 궁핍한 이 가족의 불길한 미래를 강렬하게 느끼도록 한다. 그녀는 결국 아기를 낳다가 죽는다. 의미심장한 장면은 이렇게, 사건과 사물, 상황과 성격, 시간과 공간 등이 구별할 수 없이 융합된 하나의 형상으로, 강렬하게 독자를 사로잡는다.

주요 대상 작품 목록

다음은 이 책에서 비중 있게, 또 자주 읽기 대상으로 삼은 작품들을 가나다 순으로 배열하고, 그 판본에 관하여 필자가 조사한 내용을 정리한 것이다.

아래에 나오든 나오지 않든, 이 책에서 해석 대상으로 삼거나 예로 든 여러 작품들에 관한 진술은 이 책 말미의 '찾아보기'를 활용하여 해당 쪽을 찾을 수 있다.

「기억 속의 들꽃」

윤흥길이 지은 단편소설. 『세계의문학』 1979년 봄호에 처음 발표됨. 작품집 『장마』(민음사, 1980) 수록분에서 약간의 표현 수정이 이루어짐. 국어교과서 『중학교 국어 2-1』(교육인적자원부, 2002) 수록분 역시 표현이 약간 수정됨. 이 책에서는 교과서 수록분을 대상으로 삼음.

「공작나방」(「나비」, Das Nachtpfauenauge)

헤르만 헤세가 1911년에 발표한 단편소설.

『중학교 국어 1-2』(교육인적자원부, 2001)에 일부(이 책 제5장에 제시된 줄거리의 ④~⑦)만, 그게 일부임을 밝히지 않은 채 수록되어 있음. 이전의 제5차 교육과정에 따른 교과서 『중학교 국어 1-2』(문교부, 1991)에는 「나비」라는 제목으로 실려 있었는데, 그것도 전체의 약 5분의 1 분량(줄거리의

①~③)이 삭제되어 있음.

김은형 엮음, 『국어시간에 소설 읽기 1』(나라말, 1998) 수록분을 대상으로 함.

「눈길」

이청준이 지은 단편소설. 『문예중앙』1977년 여름호에 처음 발표됨. 작품집 『예언자』(문학과지성사, 1977)에 수록될 때 표현이 많이 다듬어지고 바뀜. 이후의 선집들(홍성사, 1984; 문학과지성사, 1997)은 이 판본을 따르고 있음.

국어 교과서 『고등학교 국어(하)』(교육인적자원부, 2002) 수록분에는 표현상의 오류가 수정되고("달리 소식을 알아볼 곳이 없었기" → "있었기"), 완성도를 높이기 위해 작자가 직접 손질한 것으로 보이는 부분들이 있음. 특히 마지막 대목 어머니의 말 중간에, "아침 햇살이" 다음에 "너무 눈에 시리더구나. 그때는 벌써 동네 아래까지 햇살이"가 빠짐. 이 책에서는 교과서 수록분을 대상으로 삼음.

「메밀꽃 필 무렵」

이효석이 지은 단편소설. 1936년 10월 『조광(朝光)』에 처음 발표되었고 작품집 『이효석 단편선』(박문서관, 1941)에 수록됨. 이를 바탕으로 한, '문학과지성사 한국문학전집' 제33권 『메밀꽃 필 무렵』(2007) 수록분을 대상으로 삼음.

『무영탑』

현진건이 지은 장편 역사소설. 1938년 7월 20일부터 1939년 2월 7일까지

동아일보에 연재됨. 이 책에서는 '한국소설문학대계' 제7권 『무영탑』(동아출판사, 1995)을 대상으로 삼음.

「무녀도」

김동리가 지은 단편소설. 『중앙』(1936. 5)에 처음 발표됨. 작품집 『무녀도』(1947)에서 전면 개작되고 제5단편집 『등신불』(정음사, 1963)과 『김동리 대표작선집 1—단편선집』(삼성출판사, 1967) 등에서 계속 다소 개작됨. 이후 판본들은 대개 이 선집본을 바탕으로 한 듯함. 이 책에서는 '문학과지성사 한국문학전집' 제7권 『무녀도』(2004) 수록분을 대상으로 함.

「사랑손님과 어머니」

주요섭이 지은 단편소설. 『조광』 창간호(1935. 11)에 처음 발표되고, 작품집 『사랑손님과 어머니』(수선사, 1928)에 수록됨. 이때 총 12장이 14장으로 바뀜. 이 책에서는 수선사 판본을 바탕으로 한 '한국소설문학대계' 제22권(동아출판사, 1995) 수록분을 대상으로 함.

국어 교과서 『중학교 국어 2-1』(교육인적자원부, 2002)에는 전문이 수록되어 있는데, 필자가 『소설의 해석과 교육』(문학과지성사, 2005) 54쪽에서 밝혔듯이, 원문에 충실하지 않거나 그것을 변조한 데가 많음. 우선 장(章) 번호가 모두 빠짐. "우리 사랑" → "윗사랑" "상(床) 심부름" → "잔심부름" "구슬프고 고즈넉한 곡조" → "구슬픈 곡조" 등으로 말이 바뀜. 일부가 빠져서 흐름이 자연스럽지 못한 곳도 세 곳이나 됨(229쪽의 "예배당에?" 다음의 두 줄, 232쪽의 어머니와 외할머니의 "글쎄" 사이의 네 줄, 242쪽의 "두 팔을 쫙쫙 벌리었습니다" 다음의 한 줄).

「소나기」

황순원이 지은 단편소설. 1953년 3월 『신문학』 제4집에 발표되었고, 단편집 『학』(중앙문화사, 1956)에 수록됨.

필자가 "흙물 든 분홍 스웨터 ―「소나기」의 플롯 분석"(『한국소설연구』 제2집, 한국소설학회, 1998)에서 지적했듯이, 단편집 수록분 끝에는 "1952년 시월"이라고 지은 시기가 적혀 있고, 이것과 '황순원전집' 제3권(문학과지성사, 1991) 사이에 달라진 부분이 있음. 사투리와 대화 위주로 몇 군데가 바뀌고, 소녀와의 마지막 만남 이후의 때가 '추석' 전후에서 '제사' 전후로 바뀜. 국어 교과서 『중학교 국어 1-2』(교육인적자원부, 2001)에 수록된 것은 전집본과 차이가 있음.

이 책에서는 전집본과 같은 '문학과지성사 한국문학전집' 제8권 『독 짓는 늙은이』(문학과지성사, 2004) 수록분을 대상으로 삼음.

「역마(驛馬)」

김동리가 지은 단편소설. 『백민(白民)』 제12호(1948. 1)에 처음 발표됨. 필자가 "김동리 소설의 개작과정"(「현대소설의 구조시학적 연구―김동리 소설을 중심으로」, 서강대학교 대학원, 1980)에서 밝혔듯이, 단편집 『실존무』(인간사, 1958)에서 대폭 수정이 이루어지고, 후에 『김동리 대표작선집 1―단편선집』(삼성출판사, 1967)에서도 다소 개작됨. 이후의 판본들은 대개 이 선집본을 바탕으로 한 듯함. 이 책에서는 '문학과지성사 한국문학전집' 제7권 『무녀도』(2004) 수록분을 대상으로 함.

「오발탄(誤發彈)」

이범선이 지은 단편소설. 『현대문학』 1959년 10월호에 처음 발표됨. 작품집 『오발탄』(신흥출판사, 1959. 12)에서 표현이 약간 수정됨("금"→"선

(線)" "이번엔 발을"→"이번엔 신발을" 등). 작자 사후에 출간된 『표구된 휴지』(책세상, 1989)에서는 작품집에서 누락된 한 문장이 살아나고 단락 나누기 및 표현이 다소 바뀜("북한"→"북쪽" 등). 이 책에서는 『표구된 휴지』 수록분을 바탕으로 한 '한국소설문학대계' 제35권, 서기원·이범선, 『암사지도/오발탄』(동아출판사, 1995) 수록분을 대상으로 삼음.

국어 교과서 『중학교 국어 3-1』(교육인적자원부, 2003)에 일부가 수록되어 있는데, 처음 발표된 것을 대상으로 삼은 듯하고, "약속한 선"을 "약속한 것"으로, "잘라낼 여유"를 "갈라낼 여유"로 잘못 적고 있음.

「우리들의 일그러진 영웅」

이문열이 지은 중편소설. 『세계의 문학』 제44호(① 1987년 여름)에 처음 발표됨. 총 3장으로 구성됨. 이 작품은 판본이 많은 데다 변모가 일정하지 않아 의도적인 개작과 제작상의 실수를 구별하기 어려움.

발표된 해에 이상문학상 수상작으로 선정되어 『제11회 이상문학상 작품집』(② 문학사상사, 1987. 9)에 수록됨. 총 3장이기는 하나 나눈 곳이 다르고 마지막 문장에서 "그를 위한 것이었는지"가 빠짐.

작품집 『귀두산에는 낙타가 산다』(③ 열린책들, 1988) 수록분은 ②보다 원본에 충실하되, 일부 개작된 것으로 보임. 즉 장이 총 4장이고, 특히 원본의 다음 부분이 바뀜.

"자비스러워 뵈기까지" → "신비스러워 뵈기까지"

"한쪽은 너무도 민주(民主)의 대의에 충실해 우왕좌왕하는 다수와 함께 우왕좌왕했고" → "한쪽은 너무도 민주의 대의에 충실해 우왕좌왕했고"

"근무하기에 자유롭지도 않고 경영이 합리적이지도 않으며 성장과정조차 정의롭지 못한 집단 속에서" → "근무하기에 자유롭지 못한 집단 속에서"

이문열 중단편선집 제4권 『우리들의 일그러진 영웅』(1쇄: 1994. 둥지출판사, ④ 2쇄: 2001. 아침나라)에서는 장이 전혀 나뉘어 있지 않음. 위에서 지적한, ③에서 바뀌거나 빠진 말들이 ③과 같은 것으로 보아 ③을 바탕으로 한 것으로 보임.

'오늘의 작가총서' 제20권 『우리들의 일그러진 영웅』(민음사, 1992)의 "개정증보판"이라는 2005년판(⑤)에서는 ③에서 바뀐 부분이 바뀌지 않았고 장 구분이 처음과 같으므로 원본을 바탕으로 한 듯함. 원본의 "다시 아이들을 돌아보며 물었다"와 "너희들은 나무를 주워 와" 사이의 여섯 줄이 빠짐.

"어린이들에게 맞게 문장 구조를 손보고 낱말을 바꾸"었다는 『우리들의 일그러진 영웅』(다림, 1998)은 ③에서 바꾼 말들이 대체로 살려져 있고 장 구분이 처음과 같은 것으로 보아 원본을 바탕으로 삼은 듯함.

『20세기 한국소설·37』(⑥ 창비, 2006) 수록분은 원본을 바탕으로 삼은 듯하나, ⑤와 빠진 부분이 같고, 그 밖에 1~2문장 분량의 세 부분이 더 누락 혹은 삭제됨.

이상의 과정은, 일부 개작, 수정, 누락이 있었으나 대체로 원본이 유지되거나 그것으로 돌아갔음을 보여줌. 최근본 ⑤⑥에 흠이 있으므로, 이 책에서는 원본을 대상으로 삼음.

「운수 좋은 날」

현진건이 지은 단편소설. 『개벽(開闢)』 1924년 6월호에 처음 발표됨. 의도적으로 개작된 적은 없는 듯함. '현진건전집' 제4권 『운수 좋은 날』(문학과비평사, 1988) 및 '문학과지성사 한국문학전집' 제34권 『운수 좋은 날』(문학과지성사, 2008)에는 표기법을 바꾸는 과정에서 생긴 차이나 오류가 다소 보임.

국어 교과서 『중학교 국어 3-1』(교육인적자원부, 2003) 수록분에는 욕설이 여러 곳 삭제됨. 이 책에서는 교과서 수록분을 대상으로 삼음.

「원미동 사람들」(「일용할 양식」)

양귀자가 지은 단편소설. 본래의 작품명은 「일용할 양식」. 부정기간행 문학 잡지 『우리 시대의 문학』 제6집(문학과지성사, 1987)에 처음 발표됨. 같은 해, 같은 출판사에서 펴낸 연작소설집 『원미동 사람들』에 수록됨. 이 과정에서 "풍년 슈퍼" → "김포 슈퍼"와 같이 고유명사가 여러 개 달라지고 표현이 몇 곳 바뀌며, 마지막 대목이 자세히 묘사됨. 『원미동 사람들』(살림, 2004)에서는 "너무 표시나게 굴었던 까닭이었다" 다음의 한 문장이 빠짐.

국어 교과서 『중학교 국어 3-1』(교육인적자원부, 2003)에 수록하면서 이 작품의 제목을 전체 연작의 제목으로 바꾸어 혼란이 일어남. 교과서 수록분에서는 여러 곳의 표현이 표준어로 바뀌고, 싱싱 청과물 사내와 김 반장이 상스런 말을 뱉으며 싸우는 대목 두 곳의 여러 문장이 삭제됨. "어느 쪽으로 가나 한쪽의" 다음에 "눈총이"가 누락되고, 아이 이름 "시내"를 잘못 표기하여("네 살짜리 사내 하나") 문맥이 통하지 않는 오류가 있음.

이 책에서는 문학과지성사판(1987) 연작소설집 수록분을 대상으로 삼음.

「유예」

오상원이 지은 단편소설. 1955년 『한국일보』 신춘문예 당선작. '한국소설문학대계' 제36권 『갯마을·유예 외』(동아출판사, 1995) 수록분을 대상으로 함.

「장마」

윤흥길이 지은 중편소설. 『문학과지성』 1973년 봄호에 처음 발표됨. 첫 작품집 『황혼의 집』(문학과지성사, 1976)에 수록됨. 이 책의 개정판(2007)에서는 제4장의 "외할머니가 거처하는"부터 절이 한 번 더 나뉘고, 『장마』(민음사, 1980)에서 빠졌던 "외할머니가 사람들을 내쫓고 감나무 밑에 가서 타이른 이야기" 부분이 원전과 같게 회복됨. 이 개정판을 대상으로 삼음.

　이 작품의 총 6장 중 마지막 장이 국어 교과서 『고등학교 국어(상)』(교육인적자원부, 2002)에 수록되었는데, 원본과 달리 단락을 많이 나누고, "양쪽 팔"을 "한쪽 팔"로 잘못 적었으며, 하나의 독립된 절인 마지막 문장 "정말 지루한 장마였다"를 그냥 이어서 적었음.

「학」

　황순원이 지은 단편소설. 1953년 5월 『신천지』에 처음 발표되고 작품집 『학』(중앙문화사, 1956)에 수록됨. 말미에 "1953년 정월"이라고 창작 시기가 적혀 있음. 이 작품은 본디 총 3장인데, 성삼이와 덕재가 고갯마루를 넘는 대목에서 장을 한 번 더 나눈 경우가 있음.

　이 책에서는 '황순원전집' 제3권 『학/잃어버린 사람들』(문학과지성사, 1991) 수록분을 대상으로 삼음.

참고 서적

권택영, 『소설을 어떻게 볼 것인가』, 동서문학사, 1991.
나병철, 『소설의 이해』, 문예출판사, 1993.
박혜숙, 『소설의 등장인물』, 연세대학교출판부, 2004.
우한용, 『문학교육과 문화론』, 서울대학교출판부, 1997.
이남호, 『교과서에 실린 문학작품을 어떻게 가르칠 것인가』, 현대문학, 2001.
이상섭, 『아리스토텔레스의 『시학』 연구』, 문학과지성사, 2002.
이재선, 『현대소설의 서사시학』, 학연사, 2002.
정명환, 『젊은이를 위한 문학 이야기』, 현대문학, 2005.
조남현, 『소설신론』, 서울대학교출판부, 2004.
조동일, 『한국소설의 이론』, 지식산업사, 1977.
최시한, 『소설의 해석과 교육』, 문학과지성사, 2005.
———, 『현대소설의 이야기학』, 역락, 2008.
한용환, 『소설학사전』, 문예출판사, 1999.

한일섭, 『서사의 이론』, 한국문화사, 2009.

랜서, 수잔 스나이더 지음, 김형민 옮김, 『시점의 시학』, 좋은날, 1998.
루카치, 죄르지 지음, 반성완 옮김, 『소설의 이론』, 심설당, 1985.
리먼-케넌, S. 지음, 최상규 옮김, 『소설의 시학』, 문학과지성사, 1985.
리쾨르, 폴 지음, 김한식 옮김, 『시간과 이야기』(1~3), 문학과지성사, 1999~2004.
마틴, 월리스 지음, 김문현 옮김, 『소설이론의 역사』, 현대소설사, 1991.
발, 미케 지음, 한용환·강덕화 공역, 『서사란 무엇인가』, 문예출판사, 1999.
부르네프, 롤랑·웰레, 레알 지음, 김화영 편역, 『현대소설론』, 현대문학, 1996.
부스, 웨인 C. 지음, 최상규 옮김, 『소설의 수사학』, 새문사, 1985.
숄스, 로버트 외, 임병권 옮김, 『서사문학의 본질』, 예림기획, 2007.
슈탄젤, F. K. 지음, 김정신 옮김, 『소설의 이론』, 문학과비평사, 1990.
주네트, 제라르 지음, 권택영 옮김, 『서사담론』, 교보문고, 1992.
지마, 페터 V. 지음, 서영상·김창주 옮김, 『소설과 이데올로기』, 문예출판사, 1996.
채트먼, 시모어 지음, 김경수 옮김, 『소설과 영화의 서사구조』, 민음사, 1990.
코핸, 스티븐·샤이어스, 린다 지음, 임병권·이호 옮김, 『이야기하기의 이론』, 한나래, 1997.
토도로프, 츠베탕 지음, 곽광수 옮김, 『구조시학』, 문학과지성사, 1977.
툴란, 마이클 J. 지음, 김병욱·오연희 옮김, 『서사론』, 형설출판사, 1993.
홀, 존 지음, 최상규 옮김, 『문예사회학』, 예림기획, 1999.

Bal, Mieke. ed. *Narrative Theory* I~IV. Routledge, 2004.
Brooks, Peter. *Reading for the Plot*. Vintage Books, 1984.
Culler, Jonathan. *Structuralist Poetics*. Cornell Univ. Press, 1975.

Herman, David. Ryan, Manfred J. and Marie-Laure. ed. *Routledge Encyclopedia of Narrative Theory*. Routledge Ltd, 2005.

Smitten, J. R., Daghistany A. ed. *Spatial Form in Narrative*. Cornell Univ. Press, 1981.

찾아보기(용어, 작품)

ㄱ

가련한 여인 57, 205, 221
가치의식 65, 77, 89, 108, 165, 169, 211
각색 91, 171
갈등 62, 85, 90, 116
갈래(장르) 27, 29
감정의 오류 24, 191
객체적 상관물 objective correlative 186
거리 17, 41, 45, 165
겉 초점자 서술 41
계단식 구성 178
계열(패러다임) 19, 95, 127, 156, 201, 223

고리식 구성 178
고소설 37, 177, 207
공간 21, 113, 171, 216
공간소(空間素) 176, 184, 238
공간적 배경 174~75
「공작나방」 134, 210, 241
과거사건 81, 86, 88, 126, 133
관점 41, 45
『관촌수필』 154
『광장』 190
구성 114
권선징악 93, 100, 192
그럴듯함 73, 75, 114, 183
긍정적 인물 206
기능적 특질 203, 218

「기억 속의 들꽃」 101, 241
기전체(紀傳體) 207
기준사건 126, 149 ·
길(여로)의 플롯 178

ㄴ

「나비」 134, 241
「난장이가 쏘아올린 작은 공」 44
「날개」 36, 177
낯설게 하기 14, 17, 68, 79, 120, 142
내적 독백 151, 235
내포 독자 implied reader 33
내포 작자 implied author 33
놀람의 결말 surprise ending 124, 129
농촌소설 182
「눈길」 72, 78, 80, 95, 143, 175, 189, 242

ㄷ

단편소설 62, 96
닫힌 결말 100, 178
대조 127, 133, 187, 238
대하소설 123
대화 37, 235
『데미안』 117
도시소설 182
독자 15, 23, 120, 149
「돌다리」 186
동기화 114

「동백꽃」 98, 185
동종서술 41
동화 17, 44, 64, 99, 177, 182, 193, 198
들려주기 telling 37, 149, 229

ㄹ

리얼리즘 소설 70, 203
리얼리티(사실성) 72, 75

ㅁ

『만세전』 117, 149
만화 30, 170, 173, 197, 238
매체 13, 30, 171
맥락 21, 68, 80, 89, 98, 110, 143, 201, 220, 224
「메밀꽃 필 무렵」 65, 75, 96, 125, 127, 242
명명법(命名法, apellation) 231
모험소설 64, 99, 182, 200
목소리 38, 41, 44, 155
묘사 37, 178, 192
「무녀도」 106, 178, 243
「무명(無明)」 187
『무영탑』 205, 221, 232, 242
『무정』 57, 189
「무진기행」 175
무협소설 182
문제적 인물 199, 206
문체 37

문학적 관습 58, 68, 76, 239
문학적(시적) 기능 75, 204, 222
문화산업 30
문화콘텐츠 31
뮤지컬 238
미적 공간 176, 192

ㅂ

「바리공주 이야기」 117
바탕글 38
반동인물(反動人物, antagonist) 206
반복 127, 129, 135, 146, 150, 159, 187, 191
반소설(反小說) 63
반어(아이러니) 44, 48, 163, 218
『반지의 제왕』 237
발단 91, 121, 178, 227
배경(背景) 145, 175
배경지식 21, 181, 185, 203
병치 97, 127, 168
보여주기 showing 37, 149, 229
복선(伏線) 128
「봄·봄」 98, 127
부수플롯 subplot 128
부정적 인물 206
「붉은 산」 226
「비 오는 날」 175
비유적 읽기 21, 155, 174

ㅅ

사건 22, 60, 63, 67, 92, 172
「사랑손님과 어머니」 34, 45~46, 49, 54, 243
사물(事物) 19, 172, 175, 199
『사상의 월야(月夜)』 117
사실 72, 78, 201
사실성 72, 75, 184
사실성격소 229
사실주의 184
사회문화적 맥락 57, 80, 85, 142, 169, 173, 184, 236
『삼대』 90, 186
삼인칭 전지적 서술 229
삼인칭 전지적 시점 42
「삼포 가는 길」 175, 193
『상록수』 195
상승적 구조 178
상태성격소 229
서사(敍事, narrative) 28
서사문학 28, 30, 38
서술 16, 18, 28
서술공간 176, 192
서술된 시간 81, 148, 152
서술상황 26, 32, 40, 153
서술 양태 38
서술자 narrator 14~15, 32~33, 35, 39, 44
서술자-초점자 서술 41
서술주체 → 서술자

서술 층위 16, 174
서술 태도 17, 37, 164, 166
서술하는 시간 81, 148
서술하는 현재 80
서술행위 16, 34, 39~40
서스펜스 127, 221
서정적 소설 93, 109
설화 17, 29, 44, 177, 182, 198
성격 90, 200
성격소 201, 220, 224
「소나기」 43, 78, 128, 175, 180, 194, 204, 244
소설 12, 16, 25, 35, 64, 186, 198, 230
「소설가 구보씨의 일일」 192
속 초점자 서술 41
「수난 이대」 180, 193
수직적 읽기 19, 174, 221
수평적 읽기 19, 173
수필 30, 36, 154
스토리story → 줄거리
스토리텔링storytelling 12, 30
시각주체 → 초점자
시간 21, 70, 113, 117, 140
시간 변조anachrony 124, 129
시간의 차원 132, 147, 152
시간적 배경 70, 89, 145, 149, 179
시공성chronotope 179
시점(視點) 36, 40
신분 사항 235
신소설 181
신뢰할 수 없는 서술 47, 165, 230

심리소설 182, 200
심리적 특질 203, 212
심층적 사건 66

ㅇ

아이러니 → 반어
알려진 비밀 124
암시 75, 115, 128
액자소설 147, 149, 196
『어린 왕자』 47, 184
SF소설 237
「역마(驛馬)」 208, 212, 244
역사 25, 29, 73, 177
역사소설 25, 70, 149, 177
역사적 시간 142
역전 133
연극 30, 36, 173, 235, 238
열린 결말 178
영상예술 182
영화 13, 28, 36, 173, 178, 182, 235, 238
예시(豫示) 136, 227
「오발탄」 223, 232, 244
『오즈의 마법사』 117
오페라 238
요약 37, 149, 192
「우리들의 일그러진 영웅」 48, 144, 152, 245
우화 71, 168, 211
우화소설 196

「운수 좋은 날」 171, 175, 246
『운현궁의 봄』 73
「원미동 사람들」 247
『원미동 사람들』 108
원형archetype 181
「유예」 150, 247
은유 105, 187, 238
의도의 오류 24, 225
의식의 흐름 151
이념 45, 54, 203
이념적 특질 203, 215
이름 231
이야기[narrative, 서사(敍事)] 12, 28
이종서술 41
『인간문제』 57
인과성 12, 21, 63, 86, 114~15, 117, 119, 145, 184
인물 16, 78, 195, 200
인물적 서술상황 41, 233
인물-초점자 서술 41
인물형상화characterization 16, 173, 201, 209, 228
「일용할 양식」 108, 247
일인칭 서술 41, 81
『잃어버린 시간을 찾아서』 151
입체적 구성 128, 149
입체적 인물 204, 223

ㅈ

자연적 시간 119, 146

작자 14~15, 32, 34, 44
작자의 의도 22, 67, 150, 226
작자적 서술 41, 46, 229
작중독자 33
「잔등」 149, 175
「장마」 22, 99, 247
장면 149
장편소설 62, 96
전형 89, 206
정보 조절 78, 115, 121, 124
제재(題材) 19, 58, 97, 106, 108, 139, 145
제한적 서술 41
주권적 서술 41
주동인물(主動人物, protagonist) 206
주제 19, 22, 61, 145, 156, 206, 225
주제적 층위 19~20, 61, 95, 176
주제적 공간 19, 176, 178, 191
줄거리story 12, 16, 18, 28, 62, 117, 171
줄거리공간 176, 183, 238
줄거리선(線, story line) 17, 61
줄거리 잡기 12, 61
줄거리 층위 16, 61, 174
중간자 101
「중국인 거리」 177
중심사건 19, 51, 61, 63, 65, 81, 92, 101, 126
중심적 인물(중간자) 99
중심플롯mainplot 128
지시적 읽기 21, 155, 174

ㅊ

창작주체 → 작자
초점자 focalizer 15, 17, 38, 40, 42, 44, 66, 70, 233
초점화 focalization 16, 36, 40, 43, 54, 233
추리소설 78, 99, 182, 200, 232
『춘향전』 210
층위 16, 18
「치숙(痴叔)」 48
『치악산』 186

ㅋ

카타르시스 196
「큰 바위 얼굴」 47, 76

ㅌ

『탁류』 57, 186
『태평천하』 177
텔레비전 드라마 235
통속소설 211
특질(特質) 200~04
틈 20, 86, 89, 124, 130, 167

ㅍ

패러디 91
평면적 구성 128
평면적 인물 204, 223

포스트모더니즘 소설 63
표층적 사건 64, 126
풍속소설 182
프라이타크의 삼각형 Freytag's Triangle 121, 178
플롯 91, 115, 149
플롯의 단계 91, 121

ㅎ

하강적 구조 178
「학」 100, 128, 248
「해방 전후」 149
해석 20, 63, 68~69, 92, 96
해석의 교환 69
해석의 순환 69
해석의 지평 186, 225, 236
해석적 맥락 143
행동 12, 61, 232
허구 13, 34, 74, 120
허구적 시간 120, 142, 146
현실 68
현재사건 81, 86, 89, 126, 133
혈연관계의 비밀 214
형상(形象) 63, 170
형상화 15, 64, 164, 170, 187, 222, 238
화소 62, 125, 130
화자 32
환상소설 70, 74, 149, 196, 237
환유(換喩) 105, 129, 187, 189, 238
희곡 14, 30, 37